Geschichte des mestizischen Europas

Helge Wendt

Geschichte des mestizischen Europas

Vermischung als Leitkategorie
europäischer Geschichtsschreibung

Springer VS

Helge Wendt
Max-Planck-Institut für
Wissenschaftsgeschichte
Berlin, Deutschland

ISBN 978-3-658-22457-8   ISBN 978-3-658-22458-5   (eBook)
https://doi.org/10.1007/978-3-658-22458-5

Die Deutsche Nationalbibliothek verzeichnet diese Publikation in der Deutschen Nationalbibliografie; detaillierte bibliografische Daten sind im Internet über http://dnb.d-nb.de abrufbar.

Springer VS

Verantwortlich im Verlag: Frank Schindler

Springer VS ist ein Imprint der eingetragenen Gesellschaft Springer Fachmedien Wiesbaden GmbH und ist ein Teil von Springer Nature
Die Anschrift der Gesellschaft ist: Abraham-Lincoln-Str. 46, 65189 Wiesbaden, Germany

*Dans toutes les pensées des hommes, il y
a du mélange: du meilleur et du pire.*
(Georges Duhamel 1939)[1]

---

[1]Georges Duhamel, Combat contre les ombres, Paris 1939, S. 135.

Inhaltsverzeichnis

Vorrede

Die Einführung stellt den Ansatz des Buches einer Vermischungsgeschichte vor. Vermischungsgeschichte wird als eine Anleihe für die europäische Geschichtswissenschaft skizziert, die aus der Kolonialgeschichte kommend die europäische Geschichtsschreibung bereichern kann. Für diesen Schritt wird angeregt, das untersuchte historische Objekt selbst in seiner Vielfältigkeit zu verstehen. Besonders die europäische Nation wird als ein Untersuchungsgegenstand vorgestellt, dass durch die multiperspektive Herangehensweise gewinnbringend eingesetzt werden kann. Weniger als die Einheit und Einheitlichkeit, wird die Vielfalt und die Beziehung von Teilen dies- und jenseits nationaler Grenzen besprochen. Damit soll ein neuer Schritt gemacht werden, die europäische Geschichtswissenschaft zu globalisieren.

Dieses Buch hat vielleicht keine lange, aber für einen so schmalen Band eine zu lange Geschichte –, eine, die bis vor die Ereignisse zurückgeht, die in den letzten Jahren die politische Landschaften in Deutschland und Europa eingehend verändert haben. Die Idee zum Buch kam mit meiner Beschäftigung der nicht leicht zu definierenden Gesellschaften, die im Kontext der christlichen Missionen in den Kolonien im achtzehnten und neunzehnten Jahrhundert entstanden. Waren diese Gesellschaften nun christliche Gesellschaften? Waren sie „indigene"? Wie gestaltete sich das Verhältnis zwischen „Mutterland" und Kolonie? Wie stark war der Einfluss der zentralen Kirchenorganisationen in Europa (Rom, Paris, London) in den einzelnen Missionsgebieten und –stationen? Ich kam damals, 2009, zum Schluss, diese „missionarischen Gesellschaften" als relativ autonome Einheiten zu verstehen, die in sich stark differenziert als mestizische Gesellschaften zu bezeichnen sind – voller Widersprüche, aber in einer Gemeinschaft lebend.

© Springer Fachmedien Wiesbaden GmbH, ein Teil von Springer Nature 2019
H. Wendt, *Geschichte des mestizischen Europas*,
https://doi.org/10.1007/978-3-658-22458-5_1

Weil mich mein Schluss (zum Glück!) überzeugte, hörte ich nicht auf, über das Problem dieses Vielen in Einem nachzudenken. Ich stellte mir im Zuge dieser Überlegungen die Frage, ob dieses Viele in Einem, dieses Aufeinanderangewiesensein der Teile nicht auch eine hilfreiche Beschreibung für die Geschichte Europas wäre. Worauf sich natürlich gleich eine Menge Fragen anschlossen; besonders aber die, ob diese Art der Beschreibung europäischer Geschichte nicht schon vorhanden wäre, vielleicht sogar üblich. Ich, als Kolonialhistoriker musste mir die Literatur dazu erst anlesen und ich war nicht wenig überrascht, wie wenig oder wie wenig umfangreich diese Perspektive auf die Geschichte des alten Kontinents doch war.

Oder war sie nur nicht explizit? Handelte es sich bei europäischer Geschichte nicht immer um eine Geschichte von zueinander angeordneten, nicht voneinander trennbaren Teilen? Nein, so stellte sich heraus, denn europäische Geschichte war und ist häufig Geschichte eines Teils, in seiner herausragenden Bedeutung, eingefügt in einem nachgeordneten Kontext.

Dieses Buch soll, so war mein erster Anspruch, die Perspektive deutlich machen, europäische Geschichte als ein Zusammenspiel der Teile zu verstehen, als das ständig Vermischte. Es sollte jedoch nicht zu einer Anklageschrift werden und auch nicht zu einem der vielen historischen Manifesten – vielmehr beabsichtigte ich eine „Schatzbergung." Ich wollte ans Tageslicht bringen, welche Möglichkeiten mit einer leichten Perspektivverschiebung für eine globalisierte Geschichtsschreibung zu Europa verbunden sind. Und dies ist immer noch der Hauptteil des Buches.

Doch dann kamen die politischen Ereignisse hinzu und die Renationalisierung von Politik in der europäischen Finanzkrise und der Flüchtlingspolitik. Diese ging einher mit einem fast schon bemerkenswerten Schweigen der in EU-Europa geschaffenen Institutionen und der dort tätigen Politiker. So, als gäbe es keinen europäischen Gegendiskurs (oder wenigstens seine Möglichkeiten), wurde dieser allein aus den Nationalstaaten heraus geführt (wenn denn überhaupt): die entstehende Supranation EU wurde innerhalb von wenigen Monaten zurückgestuft auf ein multi-nationales Gebilde, teilweise auf bi-lateraler Grundlage. Aber die Quadratur des Kreises, globale Krisen aus einer nationalen Perspektive zu überwinden, konnte so nicht geschehen und wird nicht geschehen können. Denn die Nation ist im Bewusstsein Europas die Leit-Einheit, die vor Unklarheit und Unheil wahrende Letztinstanz – aber sie ist auch die Scheuklappe, die eine Vielzahl von Entwicklungen verbirgt.

Und eine andere, dazu eigentlich widersprüchliche, aber häufig von denselben politischen Bewegungen getragene Ideologie wurde wieder hervorgezaubert: die eines christlichen Europas, das eben zumindest in seiner Religion – und sei es in der des Mittelalters und vor der Reformation – als eindeutig unterschiedlich zu den benachbarten Regionen war. Im Buch wird deutlich werden, wie stark Mittelalterhistoriker von der These des einheitlichen Abendlandes abgerückt sind. Jedoch wird auch aus einer eher geschichtsphilosophischen Betrachtung aus anderen Zeiten deutlich, wie absurd eine solche Annahme ist:

> So wird das erweiterte Europa eben nicht mehr Europa sein, und doch, was bisher den Grundcharakter von Europa ausmacht, eine Fortsetzung, aber auch ungemeine Vertiefung; innere und äußere Erweiterung der Philosophierung des historischen Daseins scheint sich als irdische Menschheit zukünftig fortzuzeugen.[1]

Dieses Zitat stammt von Edmund Husserl, geschrieben Mitte der 1930er Jahre. Es war gemünzt auf die nachrömische Welt. Die Öffnung Europas, die Verzahnung der Kontinente hat also eine lange Geschichte – und diese soll in diesem Band ein Grundtenor sein.

Die politischen Fehlentwicklungen wurden nun zu einer Hintergrundmusik zu diesem Buch, in der die Nation eine starke Kraft im unaufhaltsamen Vermischungsprozess der europäischen Geschichten ist. Dabei ist dieser Essayband keineswegs eine aus der Mikrowelle aufgetaute Version von Multi-Kulti aus den 1980er Jahren. Ich schreibe das so ausdrücklich, weil Themenstellung, eine schnelle Lektüre und vorschnelle Schlüsse, (und das sage ich voraus) diese Lesart provozieren werden. Aber es geht in dem Buch nicht vorrangig um das einvernehmliche Zusammenleben unterschiedlicher Kulturen (dabei ist es grundfalsch den zumeist soziologischen Arbeiten zum Multikulturalismus diese Naivität vorzuwerfen!). Es geht darum, dass die Geschichtswissenschaft häufig die Augen davor verschlossen hat, dass es in der Geschichte vielfältigere Einflüsse gegeben hat. Und es ist ein Buch darüber, dass neben dem „Fremdem" auch das „Eigene" nicht eindeutig zu definieren ist. Und dennoch treten sie immer in Erscheinung, stehen immer in Beziehungen zueinander und verlangen immer neu, eingeordnet zu werden.

Der Essay verdankt viel den Diskussionen in Abteilung 1 am Max-Planck-Institut für Wissenschaftsgeschichte (Berlin) und seinem Direktor Jürgen Renn. Besonders im Projekt „Convivencia. From Iberian to Global Dynamics" konnten Überlegungen geschärft werden. Auch der SFB „Transformationen der Antike" und der SFB „Episteme in Bewegung" haben Anregungen gegeben.

---

[1]Edmund Husserl, Die Krisis der europäischen Wissenschaften und die transzendentale Phänomenologie. Ergänzungsband – Texte aus dem Nachlass 1934–1937, hg. v. Reinhold N. Smid, Husserliana 29, Dordrecht, Boston, London 1993, S. 16.

Europäische Geschichte in einer globalen Geschichtswissenschaft?

Vermischungsprozesse: An diesem Beispiel möchte ich in diesem Essay eine komplizierte Seite der europäischen Geschichtsschreibungstradition behandeln. Vermischungen ergeben sich aus der europäischen und der außereuropäischen Vergangenheit. Das Thema verschwand jedoch – und die Begründungen hierfür werden später behandelt werden – größtenteils aus dem Blickfeld der europäischen Historiografie. Als Beispiel, wie komplexe Narrative in der Geschichtswissenschaft sich gestalten ließen, liefert uns die aktuelle Globalgeschichte mit ihren methodischen und theoretischen Ansätzen ein reichhaltiges Angebot. Sie hat in den vergangenen Jahren eine dermaßen große Dynamik entwickelt, dass die europäische Geschichtswissenschaft verstehen muss, was sie bisher zum Thema der Vermischung in kulturellen und sozialen Belangen an Einsichten gewonnen hat. Vermischung als akademischer Untersuchungsgegenstand ist darüber hinaus auch eine Möglichkeit, die häufig auftretenden und politisch motivierten Engführungen um Beschreibungen (vergangener) sozialer Entwicklungen zu bereichern.

Es ist in diesem Zusammenhang sicherlich nicht ganz falsch zu behaupten, die europäische Geschichtswissenschaft habe es in den letzten Jahrzehnten versäumt ihr Verhältnis zur Globalgeschichte zu klären. Gemeint ist, dass sie sich jenseits der Geschichtsschreibung von Europa in der Welt und die Welt in Europa sowie jenseits der Verbreitung „europäischer" Geschichtswissenschaften in alle Teile der Welt kaum auf eine methodische Offenheit für Anregungen aus Außereuropa eingelassen hat, die eigene europäische Geschichte aus anderen Perspektiven zu betrachten. Die Alternative zu dem hergebrachten, doch noch an kolonialen oder eurozentrischen Narrativen orientierten Globalgeschichten lautet, wie die Geschichtswissenschaft in Europa mit Methoden umgehen kann, die nicht in Europa entwickelt oder angewendet wurden. Um dies zu erreichen, müsste Geschichtswissenschaft in Europa aufhören, ihre Darstellung und Methodologie jenseits nicht-europäischen Tendenzen gestalten zu wollen. Denn durch eine Dichotomie Außereuropa-Europa[2] verpasst sie die Chance, ihren eigenen Reichtum zu verdeutlichen und Argumente in einem dynamischen Diskursfeld

---

[2]Publikationen aus dem Feld der Politikwissenschaft und Soziologie zeigen, dass es auch anders geht: Ulrich Beck und Edgar Grende, Das kosmopolitische Europa: Gesellschaft und Politik in der Zweiten Moderne, Frankfurt am Main 2004. Ähnlich argumentiert der Sammelband von Gerard Delanty (Hrsg.), Europe and Asia Beyond East and West, London, New York 2006.

einbringen zu können. Ein Grundproblem liegt nämlich darin, dass sie oft unhinterfragt von der Prämisse einer Einheitlichkeit ausgeht, die auf vielen unterschiedlichen Ebenen vorherrscht: die Gesellschaft, der Staat, die Nation, Europa. Eine Bereicherung wäre jedoch durch die Neubewertung der eigenen Produktion zu erreichen, die die Komplexität der europäischen Geschichtswissenschaft nachvollziehen kann. Denn in der Geschichte des Faches selbst lassen sich ebenjene Beispiele finden, die es erlauben, mit den theoretischen und methodischen Avantgarden in Indien, Afrika oder Lateinamerika in einen symmetrischen Austausch zu treten.

In dem folgenden Essay wird die Möglichkeit ausgiebig behandelt, durch eine sich reformierende Geschichtswissenschaft in Europa Kommunikationsbrücken mit Geschichtswissenschaften außereuropäischer Produktion zu bauen. Zur Debatte steht die bisher unterbliebene Integration von nicht-europäischen Leistungen in eine europäische Geschichtsbetrachtung, ohne dass diese in den aktuellen globalen Interaktionen (anders als in vorherigen) die Autoren dieser Leistungen enteignete.

Es ist das Ziel, Europa in eine Weltgeschichte einzuschreiben, die sich in Nord-, Mittel- und Südamerika, in der Karibik, in weiten Teilen Asiens und Afrikas als Geschichte der Vermischung darstellt. Europa wird hierdurch noch viel weniger zu einer Besonderheit, als wenn es den Status einer Provinz der Welt beibehielte.[3] Europa wird zu einem nicht Besonderen, zu einem Teil der vielfältigen Prozesshaftigkeit des Globalen, das sich aufgrund seiner *Vermischtheit* oder *Métissage* beschreiben lässt.

Geschichtsschreibung und ihre disziplinären Erweiterungen

In der zweiten Hälfte des zwanzigsten Jahrhundert wurde die Nation zum dominierenden Thema der Geschichtswissenschaft. Alles, was sich beschreiben ließ, alles was in der Geschichte je abgelaufen war, jede Person und jeder Gegenstand wurde mit der Nation in Verbindung gebracht und zum Ausdruck des Nationalen. Wie Pierre Nora schreibt, ist die Nation weder Mythos, noch Mystikum von Gedächtnis- und Erinnerungsritualen – die Nation in der Geschichtswissenschaft ist analytisch und kritisch zu untersuchen. Und weil sie mit diesen

---

[3] Wie Dipesh Chakrabarty vorschlägt: Provincializing Europe: Postcolonial Thought and Historical Difference, Princeton 2000.

Werkzeugen der Geschichtsschreibung untersucht werden kann, ist es begründet, sie als geschichtsmächtigen Untersuchungsgegenstand anzunehmen. Die Nation ist aus der Sicht der Geschichtstheorie des späteren zwanzigsten Jahrhunderts ein Untersuchungsfeld, das sich in seiner Klarheit und Eindeutigkeit von einem reinen Symbol abgrenzen lässt. Nora geht sogar so weit, dass er die Gedächtnisorte als in sich geschlossene, ja autosuffiziente Entitäten bestimmt, die demnach auch keine kommunikative oder interrationale Untersuchung benötigten.[4]

Jedes, was nicht diesen Fokus aufwies oder in einem Verhältnis zwischen nationalen Entitäten oder Teilen dieser beschrieben wurde, musste seitdem in komplexen methodischen Konstruktionen den nationalen Raum als Präpositiv anerkennen. Dieses Denken in der Disziplinenbildung der Geschichtsschreibung zur Geschichtswissenschaft beinhaltete, dass in der chronologischen Abfolge all jene Untersuchungsgegenstände aufhörten von Interesse zu sein, die in dieses Schema nicht passten. Alles musste sich in der geografischen Logik auch territorial zur Nation verhalten, weil es ansonsten seine Legitimierung, nicht nur als historisches Faktum, sondern eben auch als Thema in der Geschichtsschreibung verlor. Erreicht wurde hierdurch ein hohes Verständnis historischer Abläufe, denn nun war es möglich, komplexe Sachverhalte in relativ einfachen Narrativen zu präsentieren, ein Unterscheiden von Nützlichem und Unnützlichem, von Richtig und Falsch, von Konstantem und Vergänglichem, von Macht und Aufstand – durch diese Art der Narration konnten auch Zeitgenossen ihr als so widersprüchlich empfundenes Jahrhundert leichter verstehen lernen.[5] Letztendlich ermöglichte die Reduktion der Untersuchungsgegenstände, langfristige Geschichtsentwicklung erzählbar zu gestalten.

Wenn die zeitliche Ansiedlung dieser Entwicklung hin zur Dominanz des Nationalen in die zweite Hälfte des zwanzigsten Jahrhunderts als vergleichsweise spät überrascht, dann liegt dies in dem Verständnis verankert, das die Geschichtsschreibung dieser Zeit über die Geschichte als Wissenschaft seit dem neunzehnten Jahrhundert entwickelt hatte. Mehr noch als ihre eigenen Untersuchungsgegenstände in eine nationale Zwangsjacke, oder wie heute gerne formuliert wird, in einen nationalen Container zu stecken (was natürlich auch im Übermaß geschah), so wurde diese Haltung insbesondere den Vorgängern vorgeworfen. Dieses pauschale Urteil jedoch bedarf in gewisser Form einer

---

[4]Pierre Nora, Entre Mémoire et Histoire, in: Les Lieux de Mémoire. Band 1: La République, Paris 1984, S. viii–xii.

[5]Dieses Argument verwendet auch P. Nora in „De la République à la Nation" (in: Les Lieux de Mémoire, 1984, S. 651–653).

Revision, wie gleichfalls andere Formen der Abgrenzungen von geschichtlichen Untersuchungsgegenständen gegenüber einem konstruierten Außen Infrage gestellt werden müssen.

Es gilt, neben der Nation andere Episteme der Selbstbegrenzung zu nennen. Geschichtsschreibung unterliegt seit ihrer institutionalisierten Fassung gegen Ende des achtzehnten Jahrhunderts der epistemologischen Pfadabhängigkeit einer Trennung von Menschenwelt und Natur. Der Mensch, als der Naturwelt entrücktes Wesen ist im christlichen Kontext biblisch begründet. Diese Grund(ent)scheidung führte gleichweise zu einer fundamentalen Trennung von Geschichts- und Naturwissenschaften. Nicht nur wurden interdependente Entwicklungen von Tier- und Pflanzenwelt mit menschlichen Entwicklungen übersehen, es wurden auch Möglichkeiten außer Acht gelassen, Entwicklungen in Humangesellschaften mittels naturwissenschaftlichen Methoden, z. B. aus der Biologie stammend, ergänzend zu erforschen. Fächer wie Biologie und Geschichte hatten sich gegenseitig nichts zu sagen; in beiden Disziplinen verwendete Konzepte wie Evolution bleiben weitestgehende Eigenentwicklungen.[6]

Ähnlich verhält es sich mit Fächern, die ihren Ursprung eigentlich im gleichen Wissensmilieu hatten: Die Auseinanderentwicklung von Geografie und Geschichte führte über Jahrzehnte dazu, dass Fragen des Raums eigentlich nur in der Militärgeschichte zum Zweck der Schilderung von Schlachtformationen und geopolitischen Konstellationen behandelt wurden.

Diese Sichtweise auf die Entwicklung der Geschichtswissenschaft soll nicht ihren Reichtum übersehen, ihre methodische Strenge und wichtigen Themensetzungen, die bis heute Grundlagen für die historische Forschung sind. Genau dieser eigene Anspruch verlangt jedoch, dass eine Tiefenuntersuchung herausfiltert, wie die Ausschlussmechanismen zu wirken begannen und welch begrenzten epistemologischen Rahmen sie bedurften, um Wirksamkeit überhaupt zu entfalten. Es handelt sich um eine wirksame Epistemogenese, deren Beginn nicht im neunzehnten Jahrhundert zu suchen ist, und deren nachhaltige Narrationsmuster bis heute nachhallen.

Diese eben angeführten Beispiele sollen stellvertretend für andere ausgebliebenen Kooperationsmöglichkeiten zwischen der Geschichtswissenschaft und anderen Disziplinen stehen. Sie könnten zudem ergänzt werden durch Beispiele, in denen der verwendete Begriffsapparat der Geschichtsschreibung a priori

---

[6]Auch avancierte Theoretiker wie Michel Foucault scheiterten an einer Zusammenführung; vgl. Philipp Sarasin, Darwin und Foucault. Genealogie und Geschichte im Zeitalter der Biologie, Frankfurt am Main 2009.

die Form der Untersuchung prägten. Erinnert sei nur an die Festlegung der Unterscheidung von hoch entwickelten Kulturen oder Zivilisationen und Naturvölkern. Während ersteren problemlos eine Geschichtlichkeit attestiert wurde, verharrten die „Primitiven" in den gängigen Darstellungen geschichtslos im Verlauf der Zeit. Dass diese Form der Geschichtssicht keineswegs veraltet ist, zeigt die Tatsache, dass Geschichten über Außereuropa oder globale Beziehungen beinahe ausschließlich zwischenstaatliche Kontakte, koloniale und imperiale Ausweitungen oder Kontakte zwischen Hochkulturen untersuchen. Jahrzehntelang wirkten Modernisierung und Fortschritt als Leitmotive der Geschichtsschreibung.

Trotz der Auseinanderentwicklung von Fächern und trotz zunehmend narrativer Selbstbeschränkungen, gab es auch immer wieder neue Kontakte zu sogenannten Nachbardisziplinen, die das methodische Spektrum und die thematische Ausrichtungen der europäischen Geschichtsforschung erweiterten und umlenkten. Eine in den 1980er Jahren einsetzende Bewegung, Geschichte mit Kulturanthropologie oder Ethnologie in Verbindung zu setzen, brach den bis dahin vorherrschenden zivilisationsdeterministische Graben allmählich, aber eben nur teilweise auf. Historische Anthropologie mag als ein Resultat eine Öffnung und Grenzverwischung darstellen, die bereichernd auch auf andere Bereiche der Geschichtswissenschaft einwirken konnte. Sie steht im Verbund mit Mikrogeschichte und Alltagsgeschichte, und alle drei beziehen sich auf vor allem europäische Untersuchungsgegenstände. Die kurzzeitige Kommunikation zwischen zwei Wissenschaften hat dabei die Geschichtswissenschaft nachhaltiger verändert als eine (weiterhin) eher soziologisch arbeitende Ethnologie. Aber die situative Übernahme von Methoden und Forschungsfragen hat nur in einem eingeschränkten Sinne zu einem beständigen Austausch geführt. Untersucht man die methodische Grundlage dieser drei Bereiche von Geschichtswissenschaft heute, so wäre der Anteil der aus den 1970er Jahren stammenden ethnologischen Ansätzen überdimensional hoch, weniger jedoch werden aktuellere ethno-soziale Methoden von aktuellen Arbeiten der Historischen Anthropologie rezipiert.

Ähnlich verhält es sich mit den wenigen Überresten aus einer Ende der 1960er Jahre in die Geschichte übernommenen Soziologie. Die damalige Zukunftsdisziplin übte aufgrund ihrer rationalistischen Verfahren eine große Anziehungskraft auf damals überdurchschnittlich weit denkende, junge Historiker in Frankreich, England und Deutschland, wie auch in den USA und den Niederlanden aus. Fünfzig Jahre später hat sich der eigentliche Vorteil der soziologisch arbeitenden Historiker, nämlich mit Daten und mathematischen Verfahren umgehen zu können, nicht in dem Maße fortentwickelt, dass im Zeitalter von Big Data diese Form der Geschichtsschreibung gegenüber der Textinterpretation in Erscheinung treten würde.

Als letztes Beispiel kann der kurzeitige Kontakt zwischen Literaturwissenschaft und Geschichtsschreibung angeführt werden, der Ende der 1990er Jahre für einige Furore sorgte, dann aber mitsamt jeden anderen Ansätzen poststrukturalistischer Geschichtsschreibung aus dem kollektiven Gedächtnis der Historiker wieder verschwand.

Geschichtswissenschaft konnte sich in der Vergangenheit also dadurch auszeichnen, dass erstens der Untersuchungsgegenstand mit a priori formulierten Konzepten eindeutig gerichtet erforscht werden konnte. Es ergaben sich dabei immer wieder kurze Zeitfenster, in denen sie auf andere, als verwandt oder benachbart begriffene Wissenschaftsdisziplinen zurückgriff und ihre Fragestellungen reformieren konnte, ohne dabei unbedingt den eigenen methodischen Apparat zu verändern.

Nation und Multiperspektivität

Der Grundgedanke der Nation liegt darin, dass auf einem eindeutig eingegrenzten und auf Karten eingezeichneten Territorium, eine eindeutig verwaltungstechnisch erfasste Anzahl von Leuten wohnt, die sich selbst dieser Nation zugehörig fühlen. Diese Schuldefinition umfasst selbstredend so unterschiedliche Dinge wie das Sprechen einer Sprache und die Erinnerung der einen Nationalgeschichte. Es wiederholt sich dabei der Aspekt des Eindeutigen, der Einheit und des Einen, der Vielheit und Widersprüchlichkeiten auszuschließen bzw. auszublenden versucht. Die Nation in der Vielheit bewegt sich bis zu Beginn des einundzwanzigsten Jahrhunderts ständig zwischen administrativer, politischer und geschichts-memorialer Praxis, und fungiert besonders als in der Zeit zwar wandelbarer, dennoch in seiner Essenz unveränderter Gegenstand von Beobachtern.[7] Hierzu besteht eine alternative Sicht, eindrücklich – obwohl sehr abstrahierend – bei Jean-Paul Sartre formuliert, die die Vielfältigkeit einer nationalen Entität höher als die Darstellung ihrer Einheitlichkeit bewertet, wobei in die Vielfalt das Nationale mit einfließt. Anders als bei der „klassischen" Nationalgeschichtsschreibung stellt das Einheitliche keinen kategorialen Ausschluss von Widersprüchen dar.[8]

---

[7]So ließe sich das von Pierre Nora und anderen französischen Historikerinnen und Historikern präsentierte Projekt der „Lieux de Mémoire" von 1984 beschreiben.

[8]Jean-Paul Sartre, Critique de la raison dialectique. Band 1, Buch 2: Du groupe à l'HIstoire, Paris 1985(2), S. 449–894; hier bes. S. 720.

Diese Dichotomie der beiden Verständnisse dominierte die Geschichtswissenschaften unter der Voraussetzung, dass beide Seiten ihre eigenen Argumente als grundlegend stichfest betrachteten. Jedoch stimmt die Dichotomie halt nur zu Teilen. Denn den Historikern der Nationalgeschichtsschreibung stand durchaus vor Augen, dass sie nicht in einem nationalen Umfeld des Eindeutigen lebten und dass sie es mit historischen Kontexten zu tun hatten, die ebenfalls nicht der ideologisierten Eindeutigkeit entsprachen. Sie waren deswegen in der Lage, Widersprüche zu behandeln und sie mit ihren Methoden zu erforschen. Sie konnten sie sogar narrativ darstellen, hatten jedoch mit der Schwierigkeit zu kämpfen, dass das Eindeutige leichter den Gesetzen der wissenschaftlichen Zusammenfassung entspricht, als das Widerspruchhafte und die Uneindeutigkeit.[9] Auch deswegen wurde die Geschichtswissenschaft immer mehr zu einer Maschinerie der nationalen Autosuggestion.

Die Geschichtswissenschaft geht ursprünglich von der Überzeugung aus, dass *eine* Perspektive auf die Geschichte in den meisten Fällen nicht die vollständige Erklärung für einen historischen Sachverhalt bilden kann. Vielmehr verlangt historische Darstellung nach einer Multiperspektivität. Deswegen werden historische Studien zumeist so angelegt, den historischen Sachverhalt mit Zuhilfenahme von verschiedenen Quellen unterschiedlicher Provenienz zu beleuchten. So kommen mehrere Personen aus dem untersuchten Zeitraum ausführlich zu Wort oder statistische Zahlen werden mit Berichten und offiziellen Dokumenten kombiniert. Gleichfalls wird die Rezeptionsebene nicht mehr allein als Literaturbericht über bereits vorliegende Forschung verstanden, sondern als eine Möglichkeit besprochen, dieselbe Geschichte in unterschiedlichen Formen zu erzählen. Hierbei wird dann schlussfolgernd die eigene Interpretation als die älteren Darstellungen überformende präsentiert, die in der Lage sei, aufgrund der erhöhten Informiertheit und wissenschaftlichen, historisch-kritischen Akribie eine Wahrheit darzustellen. Die Multiperspektivität führt demnach dazu, den Untersuchungsgegenstand auf eine Erzählweise zu reduzieren, nämlich die, die in einer homogenisierenden Synthese widerspruchsfreie Schlüsse auf einen historischen Gegenstand herausfiltern kann.

In Bezug auf die Geltung nationaler Ansprüche in der Geschichte haben Historiker Methoden zur Relativierung gefunden. Jedoch werden Nation und nationaler Raum selten von innen heraus infrage gestellt. Häufig ergibt sich ein Anreiz nachzuforschen aus einem Vergleich der „Konzert der Mächte" und dem Zusammenspiel benachbarter Staaten. Heinrich August Winkler formuliert dies folgendermaßen:

---

[9]Vgl. zum Begriff der Uneindeutigkeit die Einleitung von Giovanni Levi, Das immaterielle Erbe. Eine bäuerliche Welt an der Schwelle zur Moderne, Berlin 1986, S. 10–11.

Zu den Hervorbringungen des Westens gehörte freilich auch der moderne Nationalismus: eine Ideologie, die die Nation zur höchsten Sinngebungs- und Rechtfertigungsinstanz erhob und daraus ihren Anspruch auf ein Loyalitätsmonopol ableitete. Nationale Vielfalt gehört zu den ältesten Merkmalen des Westens; mit dem modernen Nationalismus aber, wie er im Gefolge der Französischen Revolution von 1789 aufkam, trat das, was den Westen verband, immer mehr in den Hintergrund.[10]

Bei Winkler ist „nationale Vielfalt" demnach nicht zu verstehen als die einer Nation innewohnenden Vielfalt, sondern als eine Vielfalt der miteinander in Konkurrenz stehenden Staaten. Die Nation als einheitliches Gebilde wird in diesem Narrativ wenig hinterfragt, höchstens als ein Ort der Debatte und der Auseinandersetzung derer, die dem Ziel des einheitlichen Zusammenhangs gleichermaßen verschrieben sind.

Einen Schritt weiter gehend, wird in diesem Essay die Frage untersucht, welche Möglichkeiten in der Geschichtswissenschaft bestehen, den historischen Untersuchungsgegenstand selbst nur als Vielfalt verstehen zu können. Dieser Ansatz entgegnet einer latenten Tendenz der Geschichtsschreibung der vergangenen zweihundert Jahre, Untersuchungsgegenstände mit einer Eindeutigkeit zu definieren, die auch dann noch zutreffend sein soll, wenn die Perspektive auf den Gegenstand verändert wird. Es geht also in einem gewissen Grad darum, weder von der Forschungsleistung an einem historischen Gegenstand, noch von diesem selbst anzunehmen, diese seien dazu geeignet oder würden selbst eine Tendenz besitzen, einer einheitlichen Interpretation entsprechen zu können. Die Grundannahme ist folgende: Geschichtsschreibung heutzutage ist in zweifacher Weise eine rezipierende Geschichtsschreibung. Erstens rezipiert sie historische Quellen in ihrer ganzen Vielfalt und zweitens rezipiert sie vorangegangene Forschung, die sich mehr oder minder konkret auf das historische Objekt bezieht.

Zu einer Multiperspektivität sollte eine dritte Ebene in den Vordergrund treten, nämlich die Multiplität des historischen Objektes selbst. Dieses ist nie eins, nie abgeschlossen, nie eindeutig begrenzbar und nie aus sich selbst heraus erklärbar. Im Gegenteil ist es immer verbunden, vermischt und sich selbst überschreitend. Die Begrenztheit einer Perspektive auf den historischen Gegenstand als „Container" soll hier im Folgenden thematisiert werden. Mittels Beispielen aus der Forschung soll im weiteren das Potenzial auch älterer Forschung verdeutlicht werden, genau diesen Umstand verstanden zu haben, ohne jedoch entsprechende Konzepte und Methoden hierfür zu entwickeln oder aber sich dem Drang zur idealisierten oder stillschweigend angenommenen Eindeutigkeit entzogen zu haben.

---

[10]Heinrich August Winkler, Geschichte des Westens. Von den Anfängen in der Antike bis zum 20. Jahrhundert, München 2009, S. 1195.

Unter bestehenden historiografischen Konzepten besitzt hauptsächlich das kulturwissenschaftliche Feld der Hybridität das Potenzial, den Untersuchungsgegenstand in seinem Facettenreichtum zu erfassen. Hybridität, im Anschluss an Homi Bhabha und Néstor Canclini (sein Werk wird später ausführlicher vorgestellt) als Erklärungsmodell des Zusammenspiels von Einzelbestandteilen, hat sich im deutschen Sprachraum kaum, in der Geschichtswissenschaft beinah gar nicht durchgesetzt. Als Ausnahme jüngeren Datums müsste der von Michael Borgolte herausgegebene Sammelband *Integration und Desintegration der Kulturen im europäischen Mittelalter* gelten.[11] Langanhaltende Widersprüche zwischen Religionsgemeinschaften, die sich in religiösen und sozialen Konflikten ausdrücken, werden in diesem Sammelband ausführlich besprochen und konzeptualisiert. Es stellt dies den ersten Versuch einer Übertragung eines Konzeptes in eine europäische Geschichtsschreibung dar, das an außereuropäischen Beispielen entwickelt wurde. Problematisch an den hier gewählten Beispielen scheint, dass immer „kulturelle" Unterschiede in den Vordergrund treten, besonders solche im Zusammenleben der monotheistischen Religionen[12] – somit wird der Eindruck erweckt, es würde sich trotz aller Kommunikation um unhintergehbare Entitäten handeln. Borgolte, in dem Nachwort zum Sammelband, kann jedoch den großen Schritt deutlich machen, den er und viele andere Kollegen in der Community der Mittelalterhistoriker gewagt haben: nämlich die Geschichte des mittelalterlichen Europas von der Idee des Abendlandes zu lösen, Europa im Mittelalter nicht mehr als ausschließlich papstchristliches und lateinisches Europa zu verstehen und beispielsweise die arabischen Herrschaftsräume sowie die „neuen Roms", Byzanz und Moskau, als Teil der historischen Entwicklung genauso zu verstehen, wie die jüdischen und muslimischen Bevölkerungsteile in mehrheitlich christlichen Territorien. Borgolte zeigt auf, dass dieser Schritt eine Umdeutung oder Umbewertung der Quellen, eine Verlagerung der Gewichtungen in Narrativen bedeutet, was aber nicht *en passant* geschehen kann, sondern begründet werden muss.[13] So scheint es in diesem Schritt der Entwicklung der Mediävistik also besonders notwendig gewesen zu sein, überhaupt die Bedeutung von Gruppen, die religiös zu definieren waren, herauszustellen.

---

[11]Michael Borgolte und Bernd Schneidmüller, Hybride Kulturen im mittelalterlichen Europa. Vorträge und Workshops einer internationalen Frühlingsschule, Berlin 2011.

[12]Michael Borgolte, Über den Tag hinaus. Was nach dem Schwerpunktprogramm kommen könnte, in: Borgolte und Schneidmüller, Hybride Kulturen im mittelalterlichen Europa, Berlin 2011, S. 309–328.

[13]Ebd.

Auch in Frankreich ist zu beobachten, dass Mediävisten vorneweg marschieren, wenn es darum geht, feste gesellschaftliche Einheiten aufzulösen. Erst kürzlich erschien der Band, herausgegeben vom Mittelalterhistoriker Patrick Boucheron „Histoire mondiale de la France". Er hat den Anspruch, Frankreich nicht mehr als unzeitliches Gebilde zu sehen, dessen territorial Grenzen bereits in der Antike festgelegt waren. Die 122 Beiträge in diesem Band verstehen Frankreich auch nicht mehr als geschlossene Einheit, sondern als ein politisches Gebilde, das unter Einflüssen von außen ständig mitgeformt wurde, sodass auch die großen politischen Ereignisse sich durch diese Einwirkungen verstehen lassen. Die Nation wird hier nicht mehr als abgeschlossene Einheit verstanden, selbst dann nicht, als sie einer moderner Staat wird.[14]

Mit den beiden Diagnosen des Unterschieds und der „offenen Nation" wird jedoch auf halbem Wege halt gemacht. Erst im Folgeschritt kann auch den feinen Unterschieden als ebenso wichtige Beschreibungsmerkmale von Gesellschaften in der Geschichte Bedeutung zugeschrieben werden. Darüber hinaus weisen diese Unterschiede eben nicht allein auf ein Innen-Außen-Verhältnis hin, sondern auch auf die beständigen Vermischungs- und Abstoßungsprozesse zwischen unterschiedlichen Bereichen im Inneren. Dieses könnte mit einem anderen Konzept gelingen, das hauptsächlich in der französischen, teilweise auch in der spanischsprachigen Kolonialgeschichtsschreibung sowie in einigen literaturwissenschaftlichen Arbeiten entwickelt und verwendet wurde, die sich allesamt mit kolonialen Kontexten auseinandersetzen. Dieses Konzept – die Rede ist von *métissage* oder *mestizaje* – soll ausführlicher besprochen werden, weil es das Potenzial zu haben scheint, über die Kolonialgeschichtsschreibung hinaus, auch die europäische Geschichtsschreibung bereichern zu können. Im gängigen Sprachgebrauch, wie weiter unten ausgeführt wird, bezeichnet Métissage/Vermischung den Zustand des Vermischten und den Prozess des sich Vermischens. Zuallererst biologisch als frühe Form von Rassismus für administrative Zwecke im kolonialen Raum auftauchend, konnte Métissage, historiografisch konzeptualisiert, auch für kulturhistorische Fragestellungen überzeugende Untersuchungsergebnisse liefern, die beispielsweise Vermischungsprozesse im religiösen und sozialen Leben oder in darstellender Kunst erforschten.

Für den vorliegenden Essay werden die Möglichkeiten dieses erweiterten Konzepts der Métissage erprobt, indem es an Beispielen jenseits der Kolonialgeschichte angewendet wird. Im Zentrum der Betrachtung stehen Themen aus der europäischen Geschichte sowie einige Arbeiten der europäischen

---

[14]Patrick Boucheron (Hrsg.), Histoire mondiale de la France, Paris 2017.

Geschichtsschreibung. Das Ziel der Untersuchung ist es, die Nützlichkeit einer Diversifizierung von historischen Gegenständen aus der europäischen Geschichtsschreibung zu verifizieren. Gleichzeitig wird auch untersucht, wie sich die europäische Geschichtswissenschaft in der globalen Wissenschaftslandschaft neuen, von außen kommenden Einflüssen öffnen und sich, indem sie diese Einflüsse aufnimmt, weiter entwickeln kann.

Anders als bei den in den letzten Jahrzehnten verkündeten theoretischen Wenden, ist hier nicht angedacht, Métissage als einen weiteren „turn" darzustellen. Es gibt vielmehr drei Untersuchungsebenen, die diesen Essay motivieren. Die erste ergibt sich aus einigen Themen der europäischen Geschichtswissenschaft selbst. Da wäre beispielsweise die Frage und die eingeräumte Bedeutung der Nation und der Formierung des Nationalen, die weite Teile der Geschichtsschreibung über Europa dominiert. Ein anderes Beispiel wäre die Biografie, die als Genre zur Herstellung personenbezogener Eindeutigkeit dient. In diesen Fällen regt das historische Faktum – von dem der Mythos ausgeht, selbsterklärend zu sein – demnach zur Nachprüfung seiner scheinbar selbstevidenten Eindeutigkeit an.

Métissage berührt dabei zunächst die epistemologische Frage, wie das, was historisch untersucht und erklärt wird, einer Erklärung zugeführt werden kann, die nicht auf Eindeutigkeit besteht, sondern „vermischten" Zustand und Prozess des zuweilen Gegensätzlichen hin zu einer Erklärung der Multiplität leitet. Damit stellt sich das Problem, dass universelle Erklärungsmodelle nur schwierig zu verwenden sind. Das Modell, das hier umgesetzt werden kann, ist das des epistemologischen Kontextualismus',[15] mit dessen Hilfe bestimmte historische oder soziale Kontexte für einen gegebenen Zeitraum eine homogene Wissensstruktur aufweisen, die Erklärungen ermöglicht.

Die zweite Motivation ist die Frage, inwieweit Vermischungsprozesse in der Historiografie bisher thematisiert wurden. Die hier angestellten Überlegungen gehen nicht von der Annahme aus, dass in älterer oder neuerer Geschichtsschreibung Vermischungen und Vermischungsprozesse nicht behandelt worden wären. Ganz im Gegenteil wird angenommen (und ausführlich besprochen werden), dass Ansätze von Vermischungsnarrativen vielmehr untergegangen sind, weil Diskursen der Eindeutigkeit und „Entmischung" Vorrang eingeräumt wurde. Deswegen ist die Analyse von bestehender Literatur über Themen der europäischen Geschichte so wichtig: Es wird eine unterreflektierte Traditionslinie europäischer Geschichtsschreibung in den Vordergrund gebracht.

---

[15]Wolfgang Detel, Grundkurs Philosophie, Band 4: Erkenntnis- und Wissenschaftstheorie, Stuttgart 2007, S. 72–81.

Die dritte Motivation erklärt sich aus der Reflexion der Geschichtswissenschaft über ihr eigenes Tun. Neben dem Erkenntnisinteresse an historischen Inhalten und der Aufarbeitung der eigenen Vergangenheit besteht eine ständige Notwendigkeit, aktuelle historische Forschung und Darstellung an neue wissenschaftliche und soziale Kontexte anzupassen, die aus dem wissenschaftlichen Bereich an die Geschichtswissenschaft herangetragen werden oder mit denen sich Zweige der Geschichtsschreibung aufgrund eigener Entwicklungen konfrontiert sehen. Die neuere Globalgeschichtsschreibung hat fraglos zu der Aufgabe geführt, Formen von Geschichtsschreibung zu finden, die nicht mehr allein europäische Konzepte reproduzieren, sondern auch Konzepte aus Außereuropa verwenden sowie Konzepte, die insbesondere an außereuropäischen Beispielen Anwendung gefunden haben. In diesem Sinne stellt der hier präsentierte Essay einen Versuch dar, für die europäische Geschichtsschreibung einen Vorschlag zu präsentieren, wie die Darstellung neuer Forschungsergebnisse und die Rezeption älterer Schriften gemeinsam in eine komplex gefasste Historiografie münden können.

Perspektiven europäischer Geschichte

Im Kapitel *Perspektiven europäischer Geschichte* wird zuerst die für die europäische Geschichtsschreibung fundamentale Idee der Einheitlichkeit vorgestellt. Dabei wird deutlich, wie sehr diese Idee auf der Auseinandersetzung und sukzessiven Ablehnung von beobachteten Vermischungsprozessen aufsitzt. Seit dem 18. Jahrhundert bis ins 21. Jahrhundert ist diese Abwehrreaktion zu beobachten: Das Kapitel stellt deswegen narrative Momente vor, in denen die Strategie der Konstruktion von Einheitlichkeit brüchig wird und Historiker ihre Auseinandersetzung mit dem Thema der Vermischung verdeutlichen. Es werden historiographische Ansätze vorgestellt, die als Teil einer langen Entwicklung hin zu Multiperspektivität gelten können. Die narrativen Brüche in der Auseinandersetzung mit Vermischung werden mithilfe einer begriffsgeschichtlichen Auseinandersetzung zusätzlich verdeutlicht.

Europa der Vermischungen

Nur wenige Historiker würden behaupten, Europa habe sich vollständig aus sich selbst heraus entwickelt – das steht bereits in Arnold Toynbees Einleitung zu seiner Weltgeschichte.[1] Noch weniger sind wahrscheinlich solche Historiker zu finden, die der Meinung wären, dass ein bestimmtes Land oder eine Region ihre sozialen und kulturellen Eigenschaften, die politischen und juristischen Institutionen und Prozesse sowie wirtschaftlichen Einrichtungen selbst geschaffen habe, ohne Anleihen aus einem anderen Land oder einem anderen Gebiet als Europa zu machen.

---

[1]Arnold Toynbee, A Study of History. Abridgement of Volumes 1–6, hg.v. D. C. Somervell, New York, Oxford 1974 (1946), S. 1 und 11 (dt.: Der Gang der Weltgeschichte. Bd. 1: Aufstieg und Verfall der Kulturen, München (1979)).

© Springer Fachmedien Wiesbaden GmbH, ein Teil von Springer Nature 2019
H. Wendt, *Geschichte des mestizischen Europas,*
https://doi.org/10.1007/978-3-658-22458-5_2

Ähnliches gilt für die Geschichte der Wissenschaft, in der nicht erst die Transfergeschichte um französische und deutsche Bildungsinstitutionen und -formen den innereuropäischen Zusammenhang von zutiefst in einem nationalen Diskurs verankerten Phänomenen deutlich gemacht hat.[2] Dennoch: die europäische Geschichtsschreibung hat eine Tendenz dazu, die jeweiligen Besonderheiten, seien sie nun kontinentaler, nationaler oder regionaler Art, als Prozesse oder Ergebnisse von Prozessen hin zur Besonderheit und zur Eindeutigkeit darzustellen.[3] Aus mehreren, zumeist als bekannt und klar unterscheidbaren sogenannten Ursprungskontexten wird eine Geschichte durch bestimmte und klar hervortretende Ereignisse erzählt, deren Bedeutung für den Prozess ebenso deutlich zu belegen ist, und in einem bestimmten, ebenfalls klar mit Anfangs- und Enddatum bezeichneten Zustand münden.

Die Spielarten der Erzählung reichen dabei von einer zwangsläufigen Entwicklung, die zumeist abwertend als Determinismus abgelehnt wird, bis hin zur Anerkennung recht zufälligen Zustandekommens des im Endeffekt jedoch nicht unterschiedenen historischen Phänomens.[4] Schon Franz Boas, aus Wien stammender und in den USA tätiger Ethnologe, hatte Ende der 1920er über dieses Denken mehr Spott als Bewunderung übrig:

> Although Europeans begin to understand that each nationality embraces individuals of many different types, the belief prevails that in this mixture certain pure types continue to persist which possess qualities that make them the true bearers of national culture. Local 'races' among which are these 'pure' types have disappeared or are disappearing are believed to be in danger of losing their national culture and the ideal type is admonished to see to it that it may not be swamped by so-called inferior types and that it preserve its purity and with it its national culture.[5]

Boas führt in dem Kapitel zu *Nationalism* aus, wie die Fehlannahme von Reinheit durch einen Blick in die Geschichte schnell zu widerlegen sei. Er selbst geht dabei von ethnisch recht eindeutig identifizierbaren Einheiten aus, die in der Geschichte miteinander in Kontakt standen, wanderten und durch Herrschaft assimiliert wurden. So vergleicht er beispielsweise die Situation der Slawen unter

---

[2]Vgl. Michel Espagne und Michael Werner, Deutsch-französischer Kulturtransfer im 18. und 19. Jahrhundert. Zu einem neuen interdisziplinären Forschungsprogramm des CNRS, in: Francia 13 (1986), S. 502–510.

[3]Vgl. dazu. William H. McNeill, The Shape of European History, New York 1974, S. 5.

[4]Vgl. William H. McNeill, Polyethnicity and National Unity in World History, Toronto 1985.

[5]Franz Boas, Anthropology and Modern Life, New Brunswick 2009(2) [Org. 1932], S. 84.

deutscher mit der von mexikanischen Indigenen unter spanischer Herrschaft.[6] Letztendlich wäre das Reinheitspostulat keine historische, sondern eine nationalistische Wahrheit, schreibt Boas, die dadurch verkompliziert wird, dass die Einheit der Nation durch aus rassischen und sozialen Kategorien gefassten Gründen wiederum sozial stratifiziert werde.[7]

Der Frage, welche Einheitlichkeit für eine Nation denn dann angenommen werden könne, wenn die ethnische, rassische oder soziale schon kein Kriterium zu sein scheint, nähert sich Boas mit der Antwort, die Sprache müsste doch ein eindeutiges Indiz sein. Jedoch findet er auch hier ausreichend Gründe, diese Annahme als „ideal bond"[8] zu widerlegen. Denn entweder existierten auf einem nationalen Territorium unterschiedliche Sprachen oder die sogenannten Dialekte einer Sprache erschwerten die Kommunikation unter den Staatsangehörigen empfindlich.[9] Aber auch Boas erkennt an, dass Nationalismus und Nation Realitäten seien. Er führt dies auf die Rolle eines starken Staates zurück, der in vielen Gesellschaften und zu vielen Zeiten der Menschheitsgeschichte nicht bestanden habe, aber in dem Moment, in dem er Herrschaft, Institutionen und Meinung gebende Rhetorik monopolisiere, auch die imaginäre Einheitlichkeit herstelle.[10]

Im Anschluss an Boas historischen Überblick über die Schwierigkeiten, die Nation als einen eindeutigen, sowohl abgeschlossenen wie in ihrem Innern einheitlichen Raum zu verstehen, sollen im Folgenden anhand von historischen Situationen dargestellt werden, dass jeder in der Geschichte feststellbare Prozess – und damit auch das „Ergebnis" – als Vermischung und Vermischtheit zu verstehen ist. Harald Haarmann bringt diese Form von europäischer Geschichte auf den Punkt, wenn er schreibt:

> Wenn es zutrifft, dass Vielfalt seit Jahrtausenden das dominierende Strukturprinzip
> der Kulturlandschaften Europas ist, dann wäre es unrealistisch, die Kontinui
> tät dieser Vielfalt durch die Propagierung des Konstrukts einer paneuropäisch-
> universalistischen Identität entgegenzuwirken.[11]

---

[6]Ebd., S. 84–89.

[7]Ebd., S. 90.

[8]Ebd., S. 92.

[9]Ebd., S. 91–92.

[10]Ebd., 94 ff.

[11]Harald Haarmann, Alteuropa. Eine interdisziplinäre Expedition zu den Ursprüngen der sprachlichen und kulturellen Vielfalt Europas, in: Michael Gehler u. Sivio Vietta (Hrsg.), Europa – Europäisierung – Europäistik. Neue wissenschaftliche Ansätze, Methoden und Inhalte, (=Arbeitskreis Europäische Integration 7), Wien, Köln, Weimar 2011, S. 39–74; Zitat auf S. 68.

Letztendlich heißt dies natürlich auch, dass sich eine europäische Geschichte nicht eindeutig abgrenzen ließe von Geschichten anderer geografisch definierter Einheiten. Dies macht die koloniale Verflechtung besonders deutlich, obwohl anderweitige Verflechtungen gleichfalls ins Auge fallen. Mit „anderweitig" sind zum einen solche Verflechtungen gemeint, die in Zeiten vor dem modernen europäischen Kolonialismus, demnach also vor 1500 bestanden oder aufzufinden sind. In der Antike müsste nämlich der Europa-Begriff bis weit in den mittleren Osten reichen und es ist nicht abzusehen, wie denn eine Anerkennung des muslimischen Europas des Mittelalters sich auf die Grenzziehung zwischen Europa, Afrika und Asien auswirken muss. Zum anderen muss auch in der Zeit nach 1500 jeweils hinterfragt werden, ob eine Verbindung, eine Verflechtung und die Vermischungen alleinig auf die koloniale Situation zurück zu führen sind. Es wäre dann nämlich auch vorstellbar, dass sie zwar vor einem kolonialen Hintergrund, teilweise aber unabhängig von diesem auftreten.

Vermischung ist dabei kein Randereignis in durch den Historiker festgestellten länger- oder kurzfristigen Prozessen, sondern ist die bestimmende Wirkkraft, die das offensichtliche Phänomen definiert, das zumeist Untersuchungsgegenstand ist. Die Vermischung entspringt dabei in den meisten Fällen keiner Intention eines Akteurs, sondern ist vielmehr ein nichtintentionaler Prozess, dessen Gegenteil jedoch – also die Ablehnung und Bekämpfung von Vermischung – als politisch interpretierbarer, intentionaler Akt an Personen und Personengruppen festgemacht werden kann. Es ist der Historiker, der durch die Frage, inwiefern ein Untersuchungsgegenstand Ergebnis einer bzw. welcher Vermischung sei sowie inwieweit dieser Untersuchungsgegenstand selbst in einem Prozess der Vermischung stehe, welcher daran beteiligt sei und welche Auswirkungen feststellbar sind, Untersuchungsmöglichkeiten über klassische Arbeitsfelder der Geschichtswissenschaft ausweitet und Forschung neu akzentuiert.

Zumindest das Europa der Neuzeit ist durch eine aktive Auseinandersetzung zwischen Vermischung und „Bewahrung von Reinheit" gekennzeichnet. Die historische Beschäftigung mit den historischen Entwicklungen und Bewegungen, die Reinheit propagierten und politisch versuchten umzusetzen hat für den Historiker den Vorteil, sich mit dem leicht Erkenntlichen auseinandersetzen zu können, mit dem, was ein erhöhtes Maß an Reibung hervorgebracht hat und prononcierter aus der Vergangenheit hervorsticht.[12] Denn die großen Bewegungen, die sich gegen Vermischungen richteten, wie mittelalterliche Judenprognome, die Vertreibung von Mauren und Juden aus den spanischen Territorien bis hin zur Arisierungspolitik und Shoa im nationalsozialistischen Deutschland sind komplexe und wirkmächtige Gegenstände

---

[12]Martin Fuchs, Kampf um Differenz. Repräsentation, Subjektivität und soziale Bewegungen, Frankfurt am Main 1999.

historischer Forschung, deren Aufarbeitung ein klar umrissenes, auf der einen Seite
faszinierendes, auf der anderen Seite abgrundtiefes Subjekt zutage bringen.
Auch Michel Foucaults Arbeiten zur Entwicklung der Trennung von als
mental krank detektierten Menschen aus der Gemeinschaft der „Gesunden"
sind letztendlich Beispiele für ein allgemein vorhandenes Bedürfnis, sich
mit dem drängenden Problem der Unterschiedsbildung und koevolutiven,
politisch-sozialen Trennungsmechanismen auf semantischer und epistemolo-
gischer Weise auseinanderzusetzen, eben weil sie hervorstechende historische
Umstände sind. Dabei ist die europäische Neuzeit, wahrscheinlich jedoch (wie
im Folgenden gezeigt wird) jede Epoche der europäischen Geschichte, gekennzeichnet durch beide Formen, Vermischung und Reinheit sozialer und kultureller
Entwicklungen. Beides bestand gleichzeitig, teilweise in Gegensatz zueinander
und beide Prozesse produzierten im Wechselverhältnis, genauso wie für sich
allein stehend, langlebige soziale, politische und kulturelle Phänomene.
Nicht zu verwechseln ist die Frage nach Vermischung mit der Suche nach
Originalität und Ursprung aus vergangen geglaubten Zeiten des Faches. In der
deutschen Tradition der Herausbildung des Faches Geschichte aus einer allgemeinen Geschichtsphilosophie lassen sich einige Beispiele anzeigen, wie
bedeutsam die Originalität, der Ursprung war. Johann Gottfried von Herder,
evangelischer Pfarrer und Philosoph im ausgehenden achtzehnten Jahrhundert
eröffnete seine *Philosophie der Geschichte* mit den Worten:

> Je weiter hin es sich in Untersuchung der ältesten Weltgeschichte, ihrer Völker-
> wandrungen, Sprachen, Sitten, Erfindungen, und Traditionen aufklärt : desto wahr-
> scheinlicher wird mit jeder neuen Entdeckung auch **der Ursprung des ganzen**
> Geschlechts von Einem.[13]

Es zeigen sich in dieser Geschichtsphilosophie vergleichbare Bilder zu der bib-
lischen Erzählung der Genesis, wo der Ursprung der Menschheit eindeutig
auf Adam und Eva und den Ort des Garten Edens feststand. Herder träumt
sich ein ideales und idyllisches Patriachat der menschlichen Frühgeschichte
im angenehmen Klima des Morgenlandes oder Orients, zerstört durch den
„Despotismus der Eroberer" und „durch **fremde äußere** Kräfte gestürzt".[14]
Den zeitgeistigen „Orientalismus"[15] aus der analytischen Betrachtung heraus-
lassend, stellt das Fremde nach Herder also einen Einbruch und eine Gefahr für den

---

[13]Johann Gottfried von Herder, Auch eine Philosophie der Geschichte zur Bildung der
Menschheit, Riga 1774, S. 3. Die Hervorhebungen befinden sich im Originaltext.

[14]Ebd., S. 41. Die Hervorhebungen befinden sich im Originaltext.

[15]Vgl. Edward Said, Orientalism, New York 1978 (dt. Orientalismus; Frankfurt am Main 2009).

Idealtypus da, der weiterhin erinnert werden kann, der jedoch in seiner Reinform nicht mehr vorkommt. Georg Wilhelm Friedrich Hegel hätte diese Art Geschichtsschreibung wahrscheinlich in den Bereich der „moralischen Geschichtsschreibung" eingeordnet. Diese Bewertung verstand er keineswegs als Abwertung, obwohl er in ihr die Veränderlichkeit und den „Charakter der Zeit" vermisst.[16] Hegel kann die eigentliche Menschwerdung noch mit dem Übergang einer „unorganische(n) Existenz des Geistes" bestimmen und den Einsatz der Geschichte aus der Vorgeschichte heraus anhand der Staatsbildung definieren.[17] Da er jedoch, anders als Herder, den Verlaufscharakter von Geschichte mit Veränderung verbindet, legt er ebenfalls Wert auf den Zusammenhang von Teilen und die Erstellung von zusammenhängenden Gesamtbildern. So definiert er Weltgeschichte wie folgt:

> Die philosophische Weltgeschichte ist Weltgeschichte mit allgemeinen Gedanken über sie, d. h. mit solchen, die sich auf das Ganze erstrecken – nicht Reflexionen über einzelne Situationen, Umstände, einzelne Seiten.[18]

Jedoch wird bei jedem neu aus der Taufe gehobenen oder in den „Werkzeugkasten" des Historikers aufgenommenen Konzept eine Diskussion geführt, bis in welche Zeiten dieses an einem genauen Beispiel einmal erörterte Konzept zurückverfolgt werden könne. Dies geschieht derzeit immer noch beim Thema Globalisierung, wie Peter N. Stearns zeigt:

> Any study of globalization in historical perspective must talk about **origins**, entertaining arguments that the effective beginnings of globalization occurred earlier than current theorists posit. But the real point of the analysis is not, in fact, to argue that we have to push globalization's origin a few decades or perhaps a few centuries earlier. Rather, the goal is to use a discussion of globalization's relationship with prior patterns of inter-regional contacts to determine more precisely what is really new about the recent developments, particularly beyond specific technology, and whether the current changes constitute in fact a huge jolt of the unexpected or, rather, an acceleration of experiences to which many societies had already adjusted.[19]

---

[16]Georg Wilhelm Friedrich Hegel, Vorlesungen über die Philosophie der Weltgeschichte, Band 1: Die Vernunft in der Geschichte, Hamburg 1955, S. 9–11.

[17]Ebd., S. 162–163.

[18]Ebd., S. 17.

[19]Peter N. Stearns, Globalization in World History, London, New York 2010, S. 3. Hervorhebung durch Helge Wendt.

Heute ist die Suche nach Ursprüngen also nicht Ziel, sondern Mittel zum Zweck von Geschichtsschreibung. Sie ist quasi ein Instrument, um Potenziale der Erklärung frei legen zu können. Hierin sieht man, wie weit die Geschichtsschreibung sich von ihren „Gründungsvätern" – auch dies eine Ursprungsmetapher – wie Herder oder Hegel entfernt hat.

Verbindung und Vermischung stehen in einem engen Bezug zueinander und sind ohne die Frage nach Ursprünglichkeit nicht vollständig, aber eben auch nicht sich darin erschöpfend, zu beantworten. Wie in der Neurobiologie führt das Herstellen von Verbindungen zum Austausch von Informationen demnach zu Kommunikation. Dies hat zur Folge, dass aus mindestens zwei Richtungen – bei Synopsen können an solche Verbindungspunkten bis zu N Verbindungslinien in Beziehung stehen – Informationen ankommen und in den Verbindungspunkt und in die Verbindungsteilnehmer eingespeist werden. Jeder Verbindungsteilnehmer (also auch der Punkt selbst) verarbeitet diese Information und entwickelt nun sein Verhalten und nachfolgende Informationsweitergaben aufgrund dieses Vorgangs. Das Reaktionsspektrum reicht von Abbruch der Verbindung bis hin zur vollständigen Intensivierung, möglicherweise sogar zur Verschmelzung. Alle Reaktionen jedoch sind auf kurz- oder langfristige Sicht ohne diesen einen Informationsfluss nicht zu denken (womit perpetuierte Verbindungen die Komplexität der Dynamik von Vermischung verdeutlichen), in dem Austausch von Informationen (besonders bei häufigen Austauschbeziehungen) nun zu einer Vermischung aufgrund fehlender Originalität kommt. An erster Stelle steht demnach Kommunikation, die sowohl als bewusster Akt wie in unbewussten, nicht intentionalen Formen geschehen oder vonstatten gehen kann. Erschwert wird das Auffinden von solchen zum Teil kleinteiligen Vorkommnissen, weil bei nicht-intentionalen Akten oder Prozessen, keine Autorenschaft festzustellen ist. Wie alle historischen Überlieferungsprozesse zeichnen sich auch Vermischungsprozesse darüber hinaus durch das Verschweigen und Unterdrücken von Vorläufern aus.

Mit Maturana und Varela kann festgestellt und festgelegt werden: „... we are emphasizing that a living system is defined by its organization and, hence, that it can be explained as any organization is explained, that is, in terms of relations, not of component properties."[20] Nicht die – ohnehin zum Scheitern verurteilte – eindeutige Identifizierung der Elemente, sondern die Feststellung solcher, sowie

---

[20]Humberto R. Maturana u. Francisco J. Varela, Autopoiesis. The Organization of the Living, Dordrecht, Boston, London 1980, S. 76.

folglich deren Verhältnis zueinander im Bezug zum Untersuchungsgegenstand sollen die Leitidee des Konzepts einer Geschichte der Métissage in Europa sein. An dieser Stelle müsste die Frage gestellt werden, ob Europa selbst überhaupt je historischer Untersuchungsgegenstand sein könne. Wie sich dieser Wurmfortsatz Asiens überhaupt abgrenzen ließe ist ein offenes Forschungsfeld, wie auch schon der britische Historiker Eric Hobsbawm feststellte:

> There has never been a single Europe. Difference cannot be eliminated from our history. This has always been so, even when ideology preferred to dress 'Europe' in religious rather than geographical costume. True, Europe was the specific continent of Christianity, at least between the rise of Islam and the conquest of the New World. However, barely had the last pagans been converted when it became evident that at least two far from brotherly varieties of Christianity faced one another on the territory of Europe...[21]

Paul Hazard, der französische Ideenhistoriker der ersten Hälfte des zwanzigsten Jahrhunderts, hat in seinem Europa stark idealisierendem Werk über das europäische Denken im achtzehnten Jahrhundert die Frage nach Europa gestellt. Nach Osten sei es nicht abgrenzbar und die Staatsgrenzen waren in ständiger Veränderung. Im achtzehnten Jahrhundert sei ein Europa aber durch die Beteiligung aller Europäer an grundlegenden Fragen von Wissenschaft und Philosophie eine Art kosmopolitische Republik gewesen.[22]

Schaut man zudem von Außen auf Europa, so erscheint der Kleinkontinent schnell in der politischen und ökonomischen Wahrnehmung von Beobachtern als so homogen, dass die Frage nach innerer Differenzierung, Differenziertheit und internen Differenzen kaum als dringlich eingestuft wird.

Ganz anders stellt sich der Sachverhalt für den Europäer dar, der in nur ganz seltenen Fällen überhaupt in der Lage ist, eine europäische Haltung einzunehmen, die nicht aus einer nationalen Nabelschau gespeist wäre. Eine europäische Haltung wäre in beispielsweise europapolitischen Debatten eine solche, der es gelänge zumindest zwei, besser drei, vier oder mehrere Positionen, die sich als nationale State-of-the-Art definieren ließen, in einer gleichen Gewichtung als bedeutungsgebend zueinander in Beziehung zu setzen. Hieraus müsste dann eine

---

[21]Eric Hobsbwam, On History, London 1997, S. 293–294.
[22]Paul Hazard, La pensée europeénne au XVIIIème siècle de Montesquieu à Lessing, Paris 1946. Die deutsche Übersetzung mit dem Titel Die Herrschaft der Vernunft: Das europäische Denken im 18. Jahrhundert, erschien nur drei Jahre später in Hamburg bei Hoffmann & Campe.

solche Lösung herausgearbeitet werden, die Verschiedenheit der Positionen und die Gleichgewichtigkeit ihrer Bedeutung in ihrer Relation beachtete. Aus historischer und politikwissenschaftlicher Analyse ist klar, dass eine solche letztendlich machtfreie Positionsabwägung nicht vorkommen kann und unrealistisch wäre. Jedoch ist mit diesem Wunsch nach Äquivalenz eine Grundaussage zu Europa getroffen: Europa ist in erster Linie das Verhältnis von Nationalstaaten zueinander. In deren politisch formulierten, divergenten Notwendigkeiten entsteht die Vielstimmigkeit, die dem außerhalb stehenden Beobachter zumeist entgeht.

Komplexe Geschichtsschreibung in historischer Perspektive

Eine Einheit Europas ist aus dem Innen heraus sicherlich weder aktuell politisch noch historisch, nicht kulturell, religiös, wirtschaftlich oder sozial definierbar. Das Problem des einheitlichen Europas allein von Außen anzugehen, verstellt also den Blick auf die internen Differenzen.[23] Für Projekte einer europäischen Geschichtsschreibung der Vermischung ist es deswegen vonnöten, immer drei Positionen einzunehmen und gegenseitig abzugleichen: erstens die außereuropäische, vermittels welcher der übergreifende Wirkungsgrad und die homogenisierende Kraft europäischer Prozesse ermittelt werden kann.[24] Diese Position sollte im Idealfall nicht einen außereuropäischen Beobachterstandort, sondern mehrere umfassen. Denn – so die Konsequenz aus der neueren Globalgeschichte – bedeutet Multilokalität eine erhöhte Barriere gegenüber eingleisigen und einschränkenden Erklärungsansätzen.

Zweitens bedarf es mehrerer, von innerhalb Europas angestellter Blickweisen, um auch hier mittels einer erhöhten Komplexität, einen erhöhten Grad an Objektivität zu erzielen. Anders als beim dritten Punkt, müssen diese Standorte nicht in allen Fällen in unterschiedlichen Nationalstaaten liegen. Grundlegend sind hingegen die Zusammenführung unterschiedlicher Blickrichtungen auf einen

---

[23]Ein gutes Beispiel für diese nur unzureichend differenzierende Beobachtung europäischer Geschichte liefert der australische Historiker John Hirst in der Vortragssammlung *The Shortest History of Europe,* Tiverton 2010.

[24]William H. McNeill erkannte in *The Shape of European History* 1974 die Unterschiede zwischen den klassischen europäischen und denen angelsächsischer Autoren, die andere Schwerpunkte setzend, weniger dem Narrativ ethnozentrischer Nationalgeschichtsschreibung zu Europa folgten.

historischen Gegenstand und die Abwägung der hierin ersichtlichen Standpunkte. Drittens aber soll dem europäischen Diskurs der Präeminenz der Nation Genüge getan werden und nach einem nationalen Standpunkt gesucht werden. Dies soll in der Absicht geschehen, dass die Annahme nationaler Diskurse zentrale Wirkkraft in historischer Zeit und in der Formulierung von wissenschaftlichen Fragestellungen besitzt. Dies ist auch eine Anerkennung von historiografischen Leistungen, die unter dem erweiterten Label der Nationalgeschichtsschreibung erzielt wurden, aber nur im multinationalen Zusammenhang noch eine Aussagekraft besitzen können.

In der Zusammennahme der drei räumlich und argumentativ verorteten Blickweisen auf einen historischen Gegenstand jedoch, wird keinem eine Exklusivität eingeräumt. Denn als methodischer Folgeschritt ist eine Interrelation, oder wie Michael Werner und Bénédicte Zimmermann gefordert haben, ein Kreuzen der drei Teiluntersuchungen notwendig.[25] Soweit das Kreuzen in manchen Fällen alleinig eine methodische Spielerei sein mag, so ist sie letztendlich doch nur eine Neufassung von bereits seit Jahrzehnten bestehenden historiografischen Ansätzen, die verlangten, historische Gegenstände nicht einseitig anzuschauen, sondern die vollständige Komplexität zu verstehen und nachzuvollziehen. Ob dies der bisherigen Geschichtswissenschaft gelungen sei, verneinen Werner und Zimmermann weitestgehend. Die *histoire croisée* in ihrem Wunsch, eine aus individuellen, institutionellen und prozessualen Bestandteilen bestehende intersubjektive Geschichtsschreibung zu verfassen, ist mit Sicherheit einer weit verbreiteten Müdigkeit an poststrukturalistischen Objektivitäts-Subjektivitäts-Debatten geschuldet. Die Schwierigkeit besteht dabei zum einen, dass die Illusion einer objektiven Geschichtsschreibung erzeugt wird, wenn nur möglichst viele Gesichtspunkte eingenommen würden. Und zweitens müsste eingehender als in den theoretisierenden Skizzen der beiden Autoren geschehen, die multiperspektivischen Ansätze in den weitestgehend kritisierten oder vielfältig außer Acht gelassenen Formen der Geschichtsschreibung untersucht werden. Denn es könnte zumindest die konzeptionelle Intention zu einer vielschichtigen Geschichtsschreibung anerkannt werden, wenn beispielsweise die neue Sozialgeschichte der Bielefelder Schule eine große Fülle von vielseitigem Datenmaterial erschließt und aufbereitet, um europäische Arbeiterbewegungen in den langwierigen sozialen Prozessen herausarbeiten zu können.

---

[25]Michael Werner und Bénédicte Zimmermann, Beyond Comparsion. *Histoire croisée* and the Challenge of Reflexivity, in: History and Theory 45 (2006), S. 30–50.

Ziel einer solchen komplexen Geschichtsschreibung müsste es sein, was Edgar
Morin als *pensée complexe* bereits vor mehreren Jahrzehnten formuliert hat:

> Qu'est-ce que la complexité? Au premier abord, la complexité est un tissu (*comple-*
> *xus :* ce qui est tissé ensemble) de constituants hétérogènes inséparablement asso-
> ciés : elle pose le paradoxe de l'un et du multiple. Au second abord, la complexité
> est effectivement le tissu d'événements, actions, interactions, rétroactions, détermin-
> ations, aléas, qui constituent notre monde phénoménal. Mais alors la complexité
> se présente avec les traits inquiétants du fouillis, de l'inextricable, du désordre, de
> l'ambiguïté, de l'incertitude...[26]

Den Vorschlag Morins zu Multiperspektivität, die möglicherweise Zufall und
Uneindeutigkeit zulässt, stellt für sich bereits ein spannendes Feld für historiografische Konzeptionalisierungen dar. Abgesehen davon, soll an dieser Stelle
– denn später wird auf Morin zurück zu kommen sein – der Begriff des Komplexen, der bei und von anderen Autoren weitestgehend unreflektiert benutzt wird,
beleuchtet werden. Morin selbst entlehnt ihn aus seiner eigenen Vergangenheit
in der Systemtheorie und Kybernetik und bindet ihn deswegen stark an sozio-
logische Kategorien wie gesellschaftliche Organisation zurück. Zudem tragen für
ihn Information, Kommunikation und Selbstorganisation wichtige Bestandteile
seiner Komplexitätstheorie hinzu.

Komplexes Denken beinhaltet in erster Linie den Wunsch, nicht an einfachen Erklärungsmodellen festhalten zu wollen, sondern den Zusammenhang
von definierten Einheiten genauso zu beachten, wie auch die Einheit selbst ihrer
Eindeutigkeit beraubt wird, wenn nach der inneren Komplexität gefragt wird.
Vladimir Jankélévitch schreibt, dass Komplexität genau dann entstünde, wenn
das für rein Gehaltene einer Untersuchung unterzogen würde, in welcher seine
Komposition nachgeprüft würde. Laut Jankélévitch besteht nämlich das Reine
nur als eine Komposition von Elementen, sodass eine Verunreinigung nichts
Erweiterung des bereits komplexen Einheitsverbundes.[27] Verbindungslinien, Ent-
wicklungstendenzen und die Annahme einer wachsenden Komplexität bilden
das Gerüst, mittels dem Komplexität beschreibbar wird, deren Totalität jedoch,
so Morin, unter keinen Umständen beschrieben werden kann.[28] Über das Verhältnis von Totalität und ihren Teilen wird weiter unten, auch in Bezug auf Morin, in

---

[26]Edgar Morin, L'intelligence aveugle, in: ders. Introduction à la pensée complexe, Paris
2005 (1990), S. 21. Hervorhebung im Org.

[27]Vladimir Jankélévitch, Le pur et l'impur, Paris 1960, S. 121–142.

[28]Morin, Introduction à la pensée complexe, 2005, S. 11.

ihrer Bedeutung für die Geschichtsschreibung eingegangen. An dieser Stelle ist
es zunächst wichtig, dass die Beobachtung der Uneindeutigkeit des Gegenstands
einhergeht mit dessen vielzähliger Einbettung in Beziehungsstrukturen, die sich
in ihrer Totalität nicht erschließen lassen.

Bevor Theorien über komplexe Systeme entstanden, hatten sich in der
Geschichtswissenschaft theoretische Linien herausgebildet, die sich über die
Möglichkeiten des Faches Gedanken machten, mit den multiplen Facetten des
Untersuchungsgegenstandes umzugehen. Zu den in dieser Tradition weitestgehend nicht berücksichtigten Teilen historiografischen Schaffens gehört all
das, was nicht nach Marc Bloch in der Tradition von vergleichender Geschichtsschreibung oder *histoire totale* steht.

Bereits 1930 hatte Friedrich Meinecke in der Sprache seiner Zeit festgestellt,
dass Geschichte keineswegs eindimensional zu begreifen sei. Vielmehr fände der
Historiker drei Geschichtsschichten identifiziert, die wie die Prägung von „drei
Stempel übereinander" die Erforschung der Vergangenheit erschwerten, wobei
„jeder Buchstabe, jedes Bild, das der eine von ihnen aufdrückt, [...] durchkreuzt [wird] von denen des anderen."[29] Einmal auf den Geschmack gekommen,
Geschichte nicht eindimensional zu verstehen, wurde das Thema Kausalität in
historischen Entwicklungen sein Thema: Meinecke erkannte drei vorherrschende
Umgangsformen mit Kausalität in der damaligen Geschichtswissenschaft: erstens
eine mechanische, zweitens eine organische (Oswald Spengler) und drittens eine
aus der Tradition Rankes herstammende ablehnende Haltung zu jeder Kausalität.

> Kultur auf Spontaneität, auf geistig-sittliche Werte erzeugender Kausalität beruhend
> und doch auch wieder eng gebunden an die Kausalität biologischer und mechani-
> scher Art – das ist das Rätsel, das der Historiker nicht lösen kann.[30]

Meinecke argumentiert in dem Aufsatz „Kausalitäten und Werte in der
Geschichte" gegen positivistische Tendenzen, in denen eindeutig eine Kausalität in geschichtlichen Entwicklungen zu erkennen sei, muss jedoch in der Herleitung seines Ansatzes auf – wie er es nennt – „überwissenschaftliche Mittel"
zurückgreifen, die nichts anderes als ethische oder Wertentscheidungen darstellen.[31] Diese beiden Analyseebenen – die wissenschaftliche und die ethische

---

[29]Friedrich Meinecke, Kausalitäten und Werte in der Geschichte, in: HZ 137, 1 (1928),
S. 2.
[30]Ebd., S. 20.
[31]Ebd., S. 4.

– lassen sich seiner Meinung nach nur selten sauber voneinander unterscheiden: Denn das Römische Reich hatte sowohl Auswirkungen und Kausalitäten auf die nachfolgende Geschichte, wie es ebenfalls „Nachwirkungen" für die Ethik der Nachgeborenen besitzt.[32] Interessant sind Meineckes Überlegungen, weil sie verneinen, es könne eine nicht-subjektivistische Geschichtsschreibung geben. Aufgrund der Vermengung von Forschungsinteresse und prägenden Werten, die den Historiker zum Forschungsgegenstand und dem Aufbau seiner Forschung führt, ist jede Forschung wertgebunden.[33] Meineckes Stoßrichtung folgt einem großen Skeptizismus gegenüber der Technisierung der modernen Gesellschaft. Seine Forderung nach Werten in der historischen Kausalität – und *vice versa* das Erkennen von Kausalität aufgrund von Werten – erscheint ihm in erster Linie deswegen als eine Möglichkeit, den Zeitgeist zu überwinden. Er greift aus diesem Grund auf den alten Unterschied von Kultur und Natur zurück, um in ihrer Interaktion die Bedeutung für das kulturelle Fortkommen der zivilisierten Menschen zu unterstreichen. Der ständige Rekurs auf die Natur in Erfindungen wird so zur grundlegenden Kausalität der Geschichte.[34]

So rückwärtsgewandt diese Haltung heute erscheinen mag, so wichtig ist in diesem Zusammenhang fest zu halten, dass für Meinecke Kulturgeschichte nicht allein aus Kulturleistungen bestand, sondern aus der Interaktion von Natur und Kulturmenschen. Und dies bleibt nicht Meineckes einziger Hinweis auf Geschichte an der Schnittstelle von scheinbar fest stehenden Grenzen: In einem Mitten im 1. Weltkrieg gehaltenen Festvortrag vor der Königlichen Akademie der Wissenschaften in Berlin, anlässlich des Friedrich- und Kaisertages, wie er eingangs betont, stellt er in Abrede, dass der Gegensatz zwischen einem romanischen und einem germanischen Teil Europas so unüberbrückbar sei, wie er in den nationalen Geschichtstraditionen dargestellt wurde.[35]

---

[32]Ebd., S. 4–5.

[33]Ebd., S. 8–9.

[34]Ebd., S. 14–15.

[35]Friedrich Meinecke, Germanischer und romanischer Geist im Wandel der deutschen Geschichtsauffassung, in: HZ 115, 3 (1916), S. 516–536.
Zur Rezeptionsgeschichte dieser Rede und dieses in der Historischen Zeitschrift veröffentlichen Aufsatzes lassen sich zwei Richtungen feststellen. Die eine hebt den kosmopolitischen Ansatz hervor, mit dem Meinecke allzu scharfen nationalistischen Strömungen in der Akademie und der öffentlichen Diskussion im Ersten Weltkrieg entgegen trat. Die andere Strömung der Rezeptionsgeschichte stellt einige Passagen hingegen in einen Diskurs des Nationalen. Zur ersteren vgl.: Stefan Meinecke, Friedrich Meinecke. Persönlichkeit und politisches Denken bis zum Ende des Ersten Weltkrieges, Berlin, New York 1995, S. 272; bes. die Fußnote 301 verweist auf die Rezeption dieser Rede und Veröffentlichung

Ich vermesse mich nicht, den Gegensatz der beiden Geister in seiner Tiefe zu erfassen; ich möchte nur eine methodische Vorfrage erörtern. Will man den Gegensatz selbst verstehen, so muß man die Klarheit und Leistungsfähigkeit des Spiegels, der ihn auffängt, zuvor untersuchen.[36]

Meinecke zieht in diesem Aufsatz, in dem er von seiner Kriegsbegeisterung und seiner nationalen Gesinnung ansonsten keinen Hehl macht, das ganze Register von Begriffen aus einer sehr viel später, aber am gleichen Beispiel entstehenden Transfergeschichte: Verbindung, „verwickelte Begriffe", „Ererbtes", „Erworbenes", „Übergang", „Anpassungen", „Widersprüchen und unauflösbaren Rätseln", „wirkenden und vielfach ineinanderverschlungenen Kräften", „eng verwoben mit allen übrigen individuellen Gestaltungen"... . Meinecke übte harsche Kritik an all jener Forschung, die nur den Gegensatz, aber nicht sein Zustandekommen und noch weniger die Zeiten geringfügiger Gegensätzlichkeit in Betracht zogen. So plädierte der Berliner Historiker für eine Beachtung von

---

F. Meineckes in der DDR bei Conrad Grau in „Die Berliner Akademie der Wissenschaften in der Zeit des Imperialismus, Teil 1, Berlin 1975, S. 188 u. 242. Siehe außerdem: Horst Walter Blanke, Historiographiegeschichte als Historik. Stuttgart-Bad Canstatt 1991, S. 533. Rainer Kipper, Der Germanenmythos im Deutschen Kaiserreich: Formen und Funktionen, Göttingen 2002, S. 212 u. 314. Daniel Schönpflug, Revolution und „Erhebung", in: Friedrich Meinecke in seiner Zeit: Studien zu Leben und Werk, hg.v. Gisela Bock u. ders., Stuttgart 2006, S. 21–49; bes. S. 33. Alwin Hanschmidt, Panslawismus – Pangermanismus – Panromanismus. Übernationale Kulturen oder machtpolitische Ideologien?, in: Kultur und Kulturen, hg.v. Hermann von Laer und Klaus-Dieter Scheer, Münster 2004, S. 139–162, hier: S. 140."

In der oben referierten zweiten Strömung der Rezeption sieht Wolfgang Weber den Aufsatz Meineckes und extrahiert das Zitat „Friedrich der Große blieb Germane [!] auch als Bewunderer der romanischen Kultur", um die Orientierung der professionellen Historiker am Leitbild des Nationalen in der Zeit nach 1900 zu unterstreichen (Weber, Völkische Tendenzen in der Geschichtswissenschaft, in: Handbuch zur „Völkischen Bewegung" 1871–1918, hg. V. Uwe Puschner, Walter Schmitz, Justus H. Ulbricht, München 1996, S. 834–958; Zitat auf S. 853).

Für die kurzlebige und wenig überraschende Ablehnung Meineckes Ansatz in deutschnationalen Publikationen soll stellvertretend die Schrift von Max von Waldberg (Eine deutsch-französische Literaturfehde, in: Deutschkundliches, Festschrift für Friedrich Panzer zum 60. Geburtstag, hg.v. Hans Teske, Heidelberg 1930, S. 87–116, hier S. 87.) erwähnt werden.

[36]Meinecke, Germanischer und romanischer Geist, 1916, S. 518.

vornationalen Gegebenheiten ebenso, wie für zwar unterschiedliche, aber in enger Nachbarschaft sich entwickelnden Staatsgebilden und lobte hierbei die Rechtsgeschichte:

> In langsamer Arbeit, Irrtum auf Irrtum korrigierend und sich dadurch loslösend von den Fehlerquellen des philosophischen und politischen Systemgeistes, hat die verfassungsgeschichtliche Arbeit in Deutschland den Sinn für das, was man die Symbiose des germanischen und romanischen Geistes nennen möchte, erworben.[37]

Nachdem Meinecke sich mal in höhnischer, mal in ironischer Weise, mal ganz ernsthaft mit Beispielen dualistischer Auffassungen der Geschichte beschäftigt hat, trägt er anschließend nicht viel zu einer Aufklärung bei, welche Geschichtsschreibung denn statt eines deutsch-französischen Gegensatzes in Zeiten einer kriegerisch ausgetragenen Feindschaft möglich sei. Stattdessen wendet er eine der Ranke'schen Nebelmetaphern an, nämlich „jenem Flusse des Werdens, der das Feste im Geist verrinnen lässt, nicht damit es zum Spiel der Wellen werde, sondern damit die ewige, zeitlose Gottnatur erkannt werde an der Fülle und dem inneren Zusammenhange ihrer zeitlichen Hervorhebungen."[38] Aber Meinecke erkennt nur Rankes Leistung von Synthese und Antithese in der europäischen Geschichte an. Nicht aber seinen Ansatz einer von vornherein klaren Trennung in gegensätzliche, aber interagierende Einheiten. Der Neo-Rankianer widerspricht dem Gründungsvater der modernen Geschichtsschreibung sogar, wenn er bezweifelt, dass der romanisch-germanische Gegensatz ein Hauptgegensatz der europäischen Geschichte gewesen sei:

> Machen wir uns frei von der engen Vorstellung, dass Individualität etwas Abgeschlossenes, ein für allemal Umgrenztes sei. Sie ist verwebt mit allen übrigen Individualitäten, sie ist in sich selbst in ewigem Werden.[39]

Das Individuum ist demnach bereits ein komplexes Gefüge,[40] das aus sich selbst allein nicht zu erklären ist. Die hier geforderte „Verwebung" des historischen

---

[37]Ebd., S. 528.

[38]Ebd., S. 529.

[39]Ebd., S. 535.

[40]Man ist unweigerlich gewillt einen Exkurs zum Thema der atomisch-bakteriellen Konstitution des individuellen Körpers anzuschließen, um dieser kulturgeschichtlichen Stellungnahme Meineckes eine biologisch-chemische Dimension hinzuzufügen.

Untersuchungsgegenstands müsste in Verbindung mit dem Aufsatz zur Kausalität gesetzt werden, um die durch die Analyse der „Stempel" die Zeitebenen der Analyse und die synchronen Verbindungen zu einem komplexen Geschichtsmodell weiterentwickeln zu können. Zudem ist Meineckes letzte Wendung in seinem Aufsatz, die aufgrund des Erscheinungsdatums umso bemerkenswerter ist, eine Aufforderung, die Begriffe zu reflektieren, mit denen Historiker arbeiten. Begriffe auf eine historische Entität zurückführen zu wollen, verlangt den Beweis dieses Ursprungs. Diese immer wieder anzuwenden, macht sie für solche Fälle nicht aussagekräftiger, wenn eine historisch-kritische Arbeit an ihnen nicht ebenfalls vollzogen wird. Die Diskussion von Friedrich Meineckes Ansätzen zur Kausalität und zur völkerpsychologischen Geschichtsschreibung zeigt, dass außer in der vergleichenden Geschichtsschreibung und der französischen Geschichtstradition durchaus ein Gespür für die Bedeutung von nicht eindeutiger, von vielschichtiger und vermischter Geschichte Europas bestand. Diese wurden jedoch zumeist zugunsten einer eindeutigen Metakategoriebildung vernachlässigt, die eigentlich nur Teil-Charakter besitzenden historischen Aspekte verabsolutiert und totalisiert.

Begriffsgeschichte der Vermischung

Es ist deswegen im nächsten Schritt notwendig, sich begriffshistorisch dem Thema der Métissage zu nähern, bevor Anwendungsmöglichkeiten besprochen werden sollen: Die Bedeutung von Begriffen, besonders in der deutschen Geschichtswissenschaft ist hinlänglich bekannt.[41] Sie nährt sich aus der aus dem neunzehnten Jahrhundert herstammenden hermeneutischen Diskussion,[42] die ihre existenzielle Krise nach dem Zweiten Weltkrieg nur deswegen überleben konnte, weil die deutsche Geschichtswissenschaft in den 1950er Jahre eine Selbstversicherung in ihren methodischen Wurzeln suchte.

Dilthey beispielsweise unterstrich die Aufgabe der Geschichtswissenschaft, eindeutige Definitionen von Begriffen zu geben, die nicht nur analytisches Werkzeug seien, sondern vielmehr aus dem Kontext der Zeit, den es zu erforschen

---

[41]S. zuletzt Hans Joas u. Peter Vogt, Einleitung, in: dies. (Hg.), Begriffene Geschichte. Beiträge zum Werk Reinhart Kosellecks, Berlin 2011, S. 9–54.

[42]Genannt sei nur Wilhelm Dilthey, der die Bedeutung von Analysen von Begriffen beispielsweise in seinem Werk *Der Aufbau der geschichtlichen Welt in den Geisteswissenschaften* (Gesammelte Schriften, Band 7), Stuttgart, Göttingen 1992 (8. Aufl.), S. 309–310) deutlich macht.

galt, herausgearbeitet werden mussten. Dilthey redet, und dies wird auch nachfolgend deutlich, einer Systematisierung das Wort, die es mit der Systematisierung in den Naturwissenschaften aufnehmen kann. Begriffsdefinitionen in diesem Wechselspiel von analytischem Zugang und empirischer Grundlage schafft nun eine Totalität und Gleichförmigkeit, auf der alle Stufen sozialer Organisation dem Historiker zugänglich würden.[43]

Martin Heidegger meinte hingegen, die Geschichtswissenschaft behandele nicht allgemeine Gesetzmäßigkeiten (wie die Naturwissenschaften), sondern das Individuelle. Dieses Individuelle trenne die Geschichtswissenschaft vom unbedeutenden Kontext ab und konzentriere darauf ihre Untersuchung. Aus dieser Arbeit am Individuellen formt die Geschichtswissenschaft Begriffe, die „auf einen bestimmten Kulturkreis" exklusiv bezogen sind.[44] Die Verbindung zum Thema der Vermischung zeigt sich in Heideggers an Rickert orientierenden Theorie der Begriffsbildung in Natur- und Geschichtswissenschaften, wenn er formuliert:

> Das Kontinuum läßt sich begreifen, sobald es *homogen* ist. Das Heterogene wird begreiflich, sobald sich das Kontinuum in ein Diskretum verwandeln läßt. Damit eröffnen sich zwei geradezu entgegengesetzte Wege der Begriffsbildung: Die Wirklichkeit als heterogenes Kontinuum kann umgewandelt werden in ein homogenes Kontinuum oder in ein heterogenes Diskretum.[45]

Das als *Diskretum* bezeichnete Kurzzeitige, kann laut Heidegger also noch in seinem heterogenen Zustand beschrieben werden, wohingegen Langzeitentwicklungen einer homogenisierenden Erzählform unterliegen. Die Entscheidung in die eine oder die andere Richtung ist eine Wertentscheidung – eine Entscheidung, die von dem Zweck abhängt, den sich jeweilig das wissenschaftliche Erkennen stellt, von dem also, das als „Prinzip der Begriffsbildung" gesetzt ist.

Michael Theunissen sieht diese Wertentscheidung in der Analyse von Ludwig Binswangers Konzeption von Umwelt, Dingwelt und Mitwelt als voraussetzend für eine Einteilung an, die letztendlich zwei Bereiche voneinander scheidet und sie als getrennte benennt, ohne dass sie tatsächlich voneinander getrennt

---

[43]Dilthey, Der Aufbau der geschichtlichen Welt, S. 151–153.

[44]Martin Heidegger, Historische Begriffsbildung und wissenschaftliches Erkennen. Wirklichkeit als heterogenes Kontinuum, in: Gesamtausgabe, ii. Abteilung: Vorlesungen (1919), Bd. 56/57: Zur Bestimmung der Philosophie, hg.v. Bernd Heimbüchel, Frankfurt am Main 1999 (2., durchgesehene u. ergänzte Aufl), S. 173.

[45]Ebd., S. 172.

existierten. Theunissens Binswanger-Lektüre zeigt selbst begriffshistorische
Vermischung auf, wenn er Löwithsche und Heideggersche dichotomische Entwicklungen von Begriffen in enge Beziehung zueinander setzt, um Heideggers
Begriffsdefinition dann mit Binswangers Ich-Du-Relation zu widerlegen. Denn,
so schreibt Theunissen in „Der Andere":

> Jene Umwelt, die der Mitwelt gegenübergestellt und zugleich mit ihr vermittelt
> wird, ist die Dingwelt. [...] Also ist die Mitwelt nichts anderes als die Umwelt.
> Ihre Unterscheidung und ihre auf der Unterscheidung beruhende Vermittlung tren-
> nen und verbinden lediglich ontische Bereiche, die jedoch dieselbe ontologische
> Verfassung haben, und zwar die, die sich am deutlichsten an den ‚Dingen' ablesen
> läßt.[46]

In der produktiven, wenn auch nicht immer ihrer Verantwortung gegenüber der
eigenen historischen Verantwortung gerecht werdenden Verarbeitung erschloss
die Begriffsgeschichte ein Forschungsgebiet, das zum einen Leitbegriffe europäischer Geschichtswissenschaft heraus arbeiten konnte. Zum anderen zeigt
sich an den Aufsätzen, die beispielsweise in den Bänden der *Geschichtlichen
Grundbegriffe* zusammengefasst wurden, wie vielschichtig sich die einzelnen Bedeutungsstränge und -interpretationen sowohl seitens der historischen
Akteure wie der historiografischen Literatur darstellen. Demnach wäre eigentlich
davon auszugehen, die *Geschichtlichen Grundbegriffe* oder einzelne in diesem
Sinne abgefasste Aufsätze wären eine Fundgrube für mestitzische Geschichtsschreibung. Dass dem nicht so ist, liegt in nicht geringem Maße daran, dass jeder
Begriff für jeden zeitlichen Kontext auf einen Bedeutungsinhalt reduziert wird.
Diese Einschränkung ist nicht immer eine Reduzierung des historischen Gegenstandes, sondern in den meisten Fällen eine Addition mehrerer in Subkontexten
vorgefundenen Bedeutungen.

Letztendlich steht diese Art von Begriffsverständnis ganz in der Tradition
von Max Webers Analyse des wissenschaftlichen Denkens, weil es bei der Festlegung von Begriffen genau um die Formulierung von Gesetzen ginge. Solche
Gesetze widersprechen in Webers liberaler und eindeutig gegen Marx gerichteten
Auffassung der historisch-empirischen Methode.[47] So sind die historischen

---

[46]Michael Theunissen, Der Andere. Studien zur Sozialontologie der Gegenwart, Berlin
1965, S. 459.
[47]Max Weber, Gesammelte Aufsätze zur Wissenschaftslehre. Hrsg. von Johannes Winckelmann. Tübingen 1985 (6. Aufl.), S. 185–196.

Grundbegriffe der Versuch, mittels der Periodisierung in der Entwicklung von Gebrauchsformen bestimmter Begriffe, dem empirischen Gebot gerecht zu werden. Gleichzeitig erheben sie den Anspruch, eine für eine gewisse Periode geltende einheitliche und allgemeingültige Definition des Idealtypus eines Begriffs gegeben zu haben.

Die an dieser deutschen Form von Begriffsgeschichte vorgebrachte Kritik nährt sich aus zwei französischen Denkschulen. Selbstverständlich haben sich noch andere Formen der Kritik gefunden, die jedoch bei weitem nicht eine Fortentwicklung des Ansatzes zum Ziel hatten, sondern diesen vollständig ablehnten. Die eine französische Denkschule wurde von Pierre Bourdieu geprägt und stellte eher den Fusionsprozess von auf uns gekommenen Begriffen in ihrer kontextuellen Bedeutung (im doppelten Sinne) ins Forschungsinteresse. Vernunft und Begriffe, sind demnach historisch kontextuell zu verstehen und besitzen demnach eine „spezifische Logik".[48] Diese historische und kontextuelle Bindung von Begriffsbedeutungen wendet sich gegen Kants Annahme transzedentalen Geschichtsdenkens, gegen Hegels Meinung einer ständigen Akkumulation von Wissen, wodurch die Geschichte einem Telos folge und auch gegen Heideggers Versuche, Geschichte auf organische Ursprünglichkeiten zu reduzieren, ohne die Ahistorizität dieses Versuchs und die Rezeption dessen zu berücksichtigen.[49] Eindrücklich hat diesen historisierenden Ansatz Roger Chartier am Begriff der *civilité* verdeutlicht:

> *civilité* [zielt] daher auf eine Transformierung von Disziplinanweisungen und Zensurvorgaben, die sie aufzählt und in der gleichen Kategorie vereint, zu internalisierten Schemata, zu automatisierten und nicht benannten Regulativen des Verhaltens.[50]

Diese Form der Begriffsgeschichte steht in einem widersprüchlichen Verhältnis zum Geschichtsverständnis eines Norbert Elias, der der Genealogie und Kontinuität einen erhöhten Stellenwert einräumte, als dem jeweiligen historischen Kontext. Mehr noch als in seiner Geschichte der Zivilisation, verdeutlicht sich

---

[48]Pierre Bourdieu, Meditationen. zur Kritik der scholastischen Vernunft, Frankfurt am Main 2001, S. 163.

[49]Ebd., S. 59–63.

[50]Roger Chartier, „Civilité", in: Handbuch politisch-sozialer Grundbegriffe in Frankreich 1680–1820, Bd. 4, hg.v. Rolf Reichardt u. Eberhard Schmitt, üb.v. Thomas Schleich, München 1986, S. 7–50; Zitat auf S. 11.

Norbert Elias' Begriffsverständnis in seinen Fragmenten über die Evolution. Hier beschäftigt er sich essayistisch mit dem Problem, wie Zeitverlauf und Synthese zusammenhängen.

> Aber gerade die Untersuchung der Entwicklung dessen, was wir heute durch den Zeitbegriff decken, zeigt, wie gewaltig die Anstrengung war, die Menschen über Jahrtausende hin machen mussten, um begriffliche Symbole für die weitgespannte Synthese auszubilden, für die der heutige Zeitbegriff ein Beispiel ist und die nun ihrerseits an ihrer Front spezifische Lücken hervortreten lässt, also noch unverknüpfte Inseln des Wissens im Meere des menschlichen Nicht-Wissens.[51]

Elias wendet sich sogar ganz ausdrücklich gegen das alleinige Nebeneinanderstellen von Begriffen und sie darstellenden Symbolen und fordert die In-Verbindung-Setzung zwischen verschiedenen Begriffsauslegungen. Er mahnt an, dass ansonsten die Untersuchung auf dem Niveau einer Linnéischen Typologie für Pflanzen oder Tiere verbliebe, ohne dass Mehrwert von Evolution und Hierarchien von Begriffen deutlich würden.[52]

An diesem Punkt fällt der Übergang zur zweiten französischen Tradition von Begriffsgeschichte leicht: In der *Archäologie des Wissens* beginnt Michel Foucault das Kapitel *Die Formation der Begriffe* genau mit einer Kritik an dem Linnéischen Verständnis von Rekonstruktion, an der Annahme von Gesetzmäßigkeiten und an logischen Zusammenhängen. Foucault verdeutlicht, wie die Systematisierungen von der übergeordneten großen Kategorie in die vielfach verzweigten und abhängigen Unterkategorien funktionieren.[53] Foucault fährt in seiner Analyse positivistischen Welterkennungsstrebens fort und unterscheidet das der empirischen Beobachtung zugeordnete Feld der Präsenz und das eher auf Analogien beruhende Feld der Begleitumstände. Schließlich identifiziert Foucault die „Prozeduren der Intervention", womit er die letztendliche Klassifizierungsarbeit meint. Dieser Teil ist für den hier interessanten Bezug von Begriffsgeschichte und Geschichte der Vermischungen besonders zentral. Denn Foucault beschreibt diesen „Schritt" hin zu gültigen Klassifikationen als eine Mischung aus neuerer Forschung und aus verschiedenen, zumeist unabhängig voneinander überlieferten Wissensbeständen. Foucaults Kritik kann man hier von

---

[51]Norbert Elias, Gedanken über die große Evolution. Zwei Fragmente, in: ders. Engagement und Distanzierung, hg.v. Michael Schröter, (Gesammelte Schriften 8), Frankfurt am Main 2003, S. 283–366; Zitat auf S. 304.

[52]Ebd., S. 308–311.

[53]Michel Foucault, Archäologie des Wissens, Frankfurt am Main 1981, S. 83–85.

der Rationalitätskritik Georges Canguilhems ableiten, der genau in der Rationalisierung und der Rhetorik von Rationalität eine Strategie zur Unkenntlichmachung von Unreinheiten erkannte.[54]

Die Rationalisierung und Klassifizierung ist nach Canguilhem und Foucault also, obwohl sie genau rhetorisch das Gegenteil vertritt und in der Praxis das genaue Gegenteil umsetzt, die Vermischung von Wissen, eben weil epistemologisch keine absolute Barriere zwischen neu geschaffenen Einheiten und vorher bestehendem Wissen bestehen kann:

> Die Methode der *Systematisierung* der Sätze, die bereits existieren, weil sie vorher formuliert worden sind, aber in einem getrennten Zustand; oder auch die Methoden der Neuverteilung der Aussagen, die bereits miteinander verbunden sind, die man aber in einer neuen systematischen Gesamtheit anordnet.[55]

Anders als die deutsche Begriffsgeschichte oder der Ansatz von Chartier sucht Foucault nun nicht, historischer Kontinuität und Bezüglichkeit von Begriffen auf den Grund zu gehen. Sein Ziel – so fasst er es selbst – besteht vielmehr darin, „begriffliche Raster" zu erstellen, die die „immanenten Regelmäßigkeiten des Diskurses" beschreiben. Er geht dabei davon aus, dass in historischen Momenten, derselbe Begriff in höchst vielfältiger Art und Weise verwendet wurde. Diese Vielfalt gehorcht keiner Überordnung und verschließt sich gegenüber Kohärenzen, muss aber als historischer Fakt untersucht werden. Den historischen Moment stellt bei Foucault eine (nicht näher identifizierte) Anzahl von Textdokumenten her, ohne dass ein Individuum sich hervortun könnte.[56]

Weniger historisch, umso mehr aber philosophisch arbeitet Giorgio Agamben mit Foucaults historischer Begriffsmethode. Dabei vereinzelt er Begriffe und lässt durch das Aufblitzen von historischen oder semantischen Kontexten den Anschein einer Synthese entstehen. Spannend wird seine Form der Begriffsgeschichte – die nicht als Verlaufsgeschichte oder Rekonstruktion historischer Umstände verstanden werden sollte, sondern als Versuch der Verdeutlichung aktueller (philosophischer und politischer) Probleme mittels eines historisch-semantischen Zugangs – wenn wie in *Ausnahmezustand* die Hintergründigkeit

---

[54]Georges Canguilhem, Zur Lage der biologischen Philosophie in Frankreich, in: ders. Wissenschaft, Technik, Leben. Beiträge zur historischen Epistemologie, Berlin 2006, S. 23–39; hier bes. S. 31.
[55]Foucault, Archäologie des Wissens, 1981, S. 87 (Hervorhebung im Org.).
[56]Ebd., 1981, S. 92–93.

von Begriffspolitik in der Vergangenheit aufgedeckt wird. So spielte Augustus
mit dem Lemma der *res publica* in der Absicht, eine Alleinherrschaft etablieren
zu wollen.[57] Agamben, und hier macht er für den Historiker und den historisch
arbeitenden Semantiker wohl zu schnelle Schritte, zieht anhand des antiken Falls
anschließend einen direkten Vergleich zum italienischen Faschismus und seiner
verschleiernden Rhetorik und der bis heute andauernden Lage des nun globalen
Ausnahmezustands.[58] Ohne die politische Dimension der verschiedenen Traditionen eines Begriffes zu bewerten, verfährt Agamben in *Profanierungen* bei dem
Begriff Gehilfen. Er findet ihn bei Kafka, bei Benjamin, in Kinderliteratur, in
der Geschichte von Pinocchio, bei Ibn al-Arabi: Nicht die kontinuierliche Tradition ist Agambens Thema, sondern der Wesenszug, zwischen dem Vergessenen,
dem noch nicht Erfüllten und der Hierwelt angesiedelt zu sein.[59] Auch dies ist
eine interessante Verfahrensweise von Begriffsgeschichte (im weiteren Sinne).
Es ist eben nicht in allen Fällen notwendig, die Kontinuität einer Begriffsüber-
lieferung und das Wissen eines Autors über die Verwendung von Begriffen
eines anderen Autors nachzuweisen. Zu weiterführenden Ergebnissen kann man
in diesem Forschungsfeld auch schon dann kommen, wenn aus einer scheinbar
unzusammenhängenden Sammlung Synthesen aufgrund der inhaltlichen Aus-
gestaltung oder der kontextuellen Verwendung des Begriffes gewonnen werden können. So werden Begriffe zu Instrumenten, historische Querschnitte
herstellen zu können, indem der Historiker aufgrund der Analyse des historischen
Bedeutungskontexts zu Einschätzungen über die Gemeinsamkeiten und Unterschiede von Bedeutungsinhalten kommt.

In diesem Punkt ist Agamben nicht sehr viel weiter als Foucault gekommen:

> Das vorbegriffliche Feld lässt die Regelmäßigkeiten und diskursiven Zwänge
> erscheinen, die die heterogene Multiplizität der Begriffe möglich gemacht haben,
> und dann darüber hinaus das Wimmeln dieser Themen, dieses Glaubens, dieser
> Repräsentationen, an die man sich gerne hält, wenn man die Ideengeschichte schrei-
> ben will.[60]

---

[57]Giorgio Agamben, Ausnahmezustand. Homo sacer II.I, Frankfurt am Main 2004,
S. 96–99.

[58]Ebd., S. 101–103.

[59]Agamben, Profanierungen, Frankfurt am Main 2005, S. 23–29.

[60]Foucault, Archäologie des Wissens, 1981, S. 93.

Der Vorschlag, eine Geschichte Europas als Geschichten von Mestizierungspro-
zessen zu verfassen, mag in vielen Punkten nicht mehr als die Einführung eines
neuen Begriffs in eine anhaltende Diskussion sein. Für eine eher politikwissen-
schaftliche Analyse, mit einigen historischen Andeutungen wie zur Sozialgesetz-
gebung, Religionsentwicklung oder zum politischen System, hat jedoch bereits
Étienne Balibar angedeutet, dass der Begriff der Métissage durchaus weiterführend sein kann:

> Ce métissage est source, nous le savons, de nouvelles tensions et de novelles vio-
> lences (de nouveaux racismes et contre-racismes), mais aussi d'énergies sociales
> „minoritaires" qui sont de puissants facteurs de civilisation, adaptés à l'époque de la
> mondialisation.[61]

Balibar skizzierte in dem Essay *Europe, médiation évanouissante* bereits 2003 die
Möglichkeiten und Fähigkeiten Europas, gemeinsame Entscheidungen zu treffen,
besonders im Vergleich zu den entscheidungsfreudigen Reaktionen der USA im
Anschluss an den 11. September 2001. Für Balibar wird der Begriff Métissage
zu der Möglichkeit, die Vielstimmigkeit, die Widersprüchlichkeit, die vielfältigen
und untrennbaren Traditionen benennen zu können, die zur aktuellen politischen
Landschaft Europas geführt haben. Er situiert Europa in einer Zwischenposition
zwischen den „inneren" Widersprüchen und denen die es mit „Außen" unter-
hält.[62] Balibars Tendenz geht dahin, nach einer europäischen Einheit zu suchen
– ein Grundkonzept des Nachdenkens über Europa, auf das später zurückzu-
kommen sein wird.

Nur in der grundlegenden Annahme, dass alle sozialen, politischen, wirtschaftlichen und kulturellen Prozesse in Europa, zu jeder Zeit Prozesse der Vermischung, der Métissage waren, kann ein Versuch unternommen werden,
europäische Geschichtsschreibung einer neuen Bewertung zu unterziehen und im
Folgenden neue Forschung andersartig auszurichten. Viel wichtiger als eine solche Nabelschau ist jedoch der Anspruch, die Geschichte Europas in Kategorien
und Begriffen schreiben zu können, die der neueren globalen Produktion von
nichteuropäischen Geschichtserzählungen entsprechen.

---

[61]Étienne Balibar, L'Europe, l'Amérique, la Guerre. Réflecions sur la médiation européenne, Paris 2005, S. 39.
[62]Ebd., S. 44–45.

Hayden White steht an diesem Punkt in einem nicht zu vernachlässigendem
Gegensatz zu begriffsgeschichtlichen Ansätzen: Er stellt nämlich fest,
Geschichtsschreibung sei vielmehr auf der Seite fiktionaler, denn aufseiten
terminologischer Sprache verortet.[63] Der Historiker ist in der kritischen Sichtweise Whites auch gar nicht in der Lage terminologisch zu denken, weil er
„erkannte" historische Begriffe alleinig mittels von auf ihn gekommenen Begriffe
zu erklären wisse. Jedem Historiker sei die Möglichkeit verstellt, aus diesem Zir-
kel einen Ausweg zu finden und verbliebe demnach in seiner Tropologie.[64]

Hayden Whites Kritik an der europäischen Geschichtsschreibung aus einer
poetologischen Sicht, fand ihre Entsprechungen in anderen Werken, die nun
stark auch politische Kritikpunkte hervorbrachten. Dies ist der Fall bei Edward
Said beispielsweise, der ja in *Orientalism* und später in *Culture and Imperialism* sowohl narratologisch wie politische Kritik an der (west-)europäischen
Art Geschichte, zu schreiben, übte. Über zwei, drei Jahrzehnte hielt diese in
besonderer Weise epistemologisch motivierte Kritik an Geschichtswissenschaft an. Ab der Jahrtausendwende jedoch ebbte die Flut an Publikationen ab,
die der Frage nachgingen, ob außer einer europäischen, überhaupt wissenschaft-
lich Geschichte geschrieben werde könne. Dies ist in erster Linie auf die allgemein anerkannten und den internationalen Austausch und Wissenstransfer
bereichernden Geschichtsdarstellungen zurückzuführen, die jenseits europäischer
und amerikanischer Stätten Wissen über Vergangenheiten produzieren und der
Problemstellung von nicht europäischen Kategorien von Geschichtsnarrativen
eine relativ anerkannte Stellung verschafft haben. Es ist hierbei absehbar, dass
entweder die Tendenzen der absoluten Abtrennung oder Tendenzen der Vermischung von Kulturen, Zeichen und eben Epistemologien die Hauptrollen in
einer wirklich globalen Wissenschaft spielen werden.

Für die europäische Geschichtswissenschaft wird es deswegen von Bedeutung
sein, ein Narrativ zu entwickeln, dass Europa beschreiben kann, ohne auf (erstens) seiner Abgeschlossenheit zu bestehen, (zweitens) kolonial-imperiale
Mechanismen des Überstülpens und der Überschreibung wiederzubeleben oder
drittens teleologisch alles auf einen Endpunkt der Zugehörigkeit in der Europäischen Union zulaufen zu sehen.[65]

---

[63]Hayden White, Auch Klio dichtet oder Die Fiktion des Faktischen: Studien zur Tropologie des historischen Diskurses, Stuttgart 1991, S. 116–117.

[64]Ebd., S. 117–120.

[65]zum letzten Punkt: Alina Mungiu-Pippidi, Europeanization of South-East Europe, in:
dies. und Wim Van Meurs (Hrsg.), Ottomans into Europeans. State und Institution Building
in South-East Europe, London 2010, S. 305–319.

Viertens geht es deswegen auch um ein Anerkennen von Geschichtsschreibung nicht-europäischer Provenienz. Denn diese erschöpft sich seit langem nicht mehr allein in einer Kritik am „(neo)kolonialen" Westen, sondern kann zunehmend eine eigenständige und reichhaltige Interpretationsleistung von Geschichte aufweisen. Diese entsteht in einer kritischen Auseinandersetzung mit der Beziehung des „eigenen" Landes und einer eventuellen früher dort herrschenden Kolonialmacht in der historischen Vergangenheit und der das Forschungsinteresse leitenden Gegenwart. Arif Dirlik, gewöhnlich ein kritischer Beobachter allzu bemühter „antikolonialer" Versuche, fasst dies folgendermaßen zusammen:

> Too much preoccupation with Eurocentrism distracts attention from the fragmentation of the world in other significant ways. For one thing, Eurocentrism (in its broadest sense, including the practices of everyday life) is no longer external to non-European societies but is part of a global modernity, and challenges to Eurocentrism also create problems in those societies that have long taken modernization as their guiding principle. Also, there is a 'resurgence of history' in those societies as well, where pasts suppressed or marginalized under modernizing regimes demand a hearing of their own, as in the case most importantly of religions or philosophies long relegated to the past as 'backward'.[66]

Dirlik stellt demnach mehr als eine Auseinandersetzung eine Vielstimmigkeit von Geschichtstraditionen fest, die um Gültigkeit ringen und sich Stimme verschaffen müssen. Eine Gültigkeit können Geschichtstraditionen nur in Konkurrenz und in Kommunikation miteinander erlangen.

Wie nachgezeichnet werden soll, entwickelten sich Geschichtstraditionen zumeist in Abgrenzung der einen gegenüber der anderen voneinander. Dabei weisen sie vielfältige Beziehungen auf: Teilweise beschreiben gegenläufige historiografische Traditionen die gleichen Situationen und Prozesse. In anderen Fällen werden historiografische Konzepte (Theorien) verwendet, die seinerzeit in Konkurrenz zu einem anderen entstanden waren. Auch können Beschreibungen Prozesse oder Situationen isolieren, die in größeren Bezügen und Verbindungen standen, mit der Absicht, die Verbindungen zu bestimmten Ansätzen zu vermeiden oder den Themenfokus als einleuchtend herauszustellen. Abgesehen von der Verpflichtung eines jeden Historikers, sich für die eine oder die andere

---

[66] Arif Dirlik, Modernity as History. Post-revolutionary China, Globalization and the Question of Modernity, in: Social History 27, 1 (2002), S. 16–39; Zitat S. 18. Den Ausdruck "Resurgence of history" übernimmt er von Jean-Marie Guehenno, *The End of the Nation-State*, (Org. Frz.), Minneapolis 1995, S. x.

Sichtweise entscheiden zu müssen und hierdurch ein historisches Narrativ errichten zu können, zeigt jede dieser Konkurrenzsituationen in erster Linie das Ausmaß von mestizischen Situationen und von rezeptiven Unterdrückungsmechanismen.

Métissage ist ein Beziehungsgegenstand und deswegen besonders geeignet, zu einer zentralen Kategorie für geschichtliche Forschung zu werden. Es ist ein Begriff, der in der kolonialen Situation am nichteuropäischen Beobachteten durch Europäer definiert wurde. Hiermit besaß er erhebliche Auswirkung auf die Lebenswirklichkeit von Menschen im kolonialen Raum. In der nachkolonialen Welt findet er auf ganz unterschiedliche Weise Anwendung – wie nachfolgend gezeigt werden wird: in der Konstruktion von Gruppen- und Nationalidentitäten wird er genauso verwendet wie er als historisches Konzept einige Aufmerksamkeit bereits erlangt hat. Als ein solcher Begriff, der selbst *mestiziert* ist, kann er für die Verortung Europas in der Globalgeschichte von eingehender Bedeutung sein.

In der globalen Kommunikationssituation müsste die europäische Geschichtswissenschaft folglich anbieten können, mit am eigenen Beispiel erarbeiteten, aber global verwendeten Kategorien, die eigene Vergangenheit verständlich zu machen. Ebenso müsste sie sich mit an nicht-europäischen Beispielen geformten Konzepten, Begriffen sowie historischen Begriffen beschäftigen, die sie am eigenen historischen Wissensbestand auf ihre Tauglichkeit überprüft oder situativ anpasst. Die Kategorie der Vermischung fehlt in bisher bestehenden Ansätzen der europäischen Geschichte vollkommen und bedarf deswegen einer gewissen Form der Anpassung in Form von Anwendungsbeispielen aus dem europäischen Wissensbestand.

Kolonialgeschichte und Métissage

Da es sich beim Thema der Vermischung und Métissage um ein historisches Konzept handelt, dass aus dem Bereich der Kolonialgeschichtsschreibung stammt, wird in diesem Kapitel das Thema der Kolonialgeschichte und der Entwicklung der Historiografie behandelt. Hier wird auch die Abgrenzung zum Thema der Hybridität diskutiert. Besonders wird die Bedeutung von Machtasymmetrien als Faktor in den kolonialen Vermischungsgeschichten hervorgehoben. Damit soll betont werden, dass Vermischungsgeschichte Kontroversen und Kriege beinhalten kann und dass es Ordnungsschemata in einem als Unordnung wahrgenommenen Vermischungszustand gibt. Auch hier werden die Verbindungen zu nicht-europäischen Konzepten, wie Creolité verdeutlicht und auf den europäischen historischen Kontext bezogen.

Zunächst ist deutlich zu erkennen, dass alle bisher formulierten Konzepte zur Métissage koloniale Kontaktsituationen zum Thema hatten, in welchen das europäisch Eigene mit einem nicht-europäischen Fremden eine besondere, meist asymmetrische Verbindung einging.[1] Métissage meint in diesem Verständnis nun eine, auf zum Teil biologischen Kriterien beruhende Vermischung, welche in der Sprache des späten achtzehnten Jahrhunderts auch Hybridisierung genannt wurde.[2] Aus kulturwissenschaftlicher Sicht hat Homi Bhabha das Konzept der Hybridisierung begrifflich aufgegriffen und aus seinem biologistischen Rahmen gelöst. Hybridisierung ist laut ihm, auch die Wertveränderungen zwischen Symbol und Zeichen, womit das Repräsentative dominanter Diskurse offen-

---

[1]Vgl. Javier Sanjinés C., Mestizaje Upside Down. Subaltern Knowledges and the Knon, in: Nepantla 3, 1 (2002), S. 39.

[2]Siehe zur Diskussion: Charles Forsdick, Travel in Twentieth-century French and Francophone cultures: the Persistence of Diversity, Oxford 2005.

H. Wendt, *Geschichte des mestizischen Europas*,
https://doi.org/10.1007/978-3-658-22458-5_3

gelegt würde. Bhabha beabsichtigte, dass die Frage nach Eindeutigkeit von zwei in einem kolonialen Raum bestehenden Kulturen, nicht fortgeführt wurde, sondern es möglich sein sollte, diese Eindeutigkeit als „koloniale Repräsentation" zu verstehen. Mit hybrid wurden jedoch all jene kolonialen Phänomene bezeichnet, die in beiden kolonialen Kulturen verortet waren, sich sowohl der kolonial dominanten wie der kolonial unterworfenen Kulturzugehörig zeigten, weil sie sich beider Diskurse zu bedienen wussten.[3]

Weiter als Bhabha hat Néstor Canclini[4] seine Suche nach der sozio-kulturellen Bedeutung von Hybridität geführt. In Nachbetrachtungen zu seinem Buch „Culturas híbridas" von 1990 (engl. Übersetzung 1995) reagiert er auf geäußerte Kritik. Unter anderem fragt er, weswegen denn nicht Geisteswissenschaften, wie dies Sozialwissenschaften vielfältig machen, Konzepte aus anderen Disziplinen übernehmen dürften. Er wendet sich gegen einen Standpunkt, der Hybridität rein aufgrund eines aus der Biologie her stammenden Begriffsverständnisses für die Geisteswissenschaften als unbrauchbar ablehnt. Canclini verteidigt diesen Begriff mit dem Argument der Möglichkeit von Umdeutungen und präzisen Fassungen entlehnter Begriffe, die in auf den Untersuchungsgegenstand bezogene Konzepte umwandelbar sind. Canclini zieht den Begriff Hybridität dem der Mestizaje vor und begründet dies folgendermaßen:

> Wie ich in *Culturas híbridas* erklärt habe, habe ich in diesem Begriff [Hybridität] eine größere Fähigkeit gefunden, die verschiedenen interkulturellen Vermischungen zu beschreiben als mit dem der Mestizaje, der auf die zwischen Rassen vorkommende Vermischung beschränkt ist, oder den Begriff des Synkretismus, der beinah immer auf religiöse Funktionen oder traditionelle symbolische Bewegungen verweist.[5]

Néstor Canclini ging es bei der Begriffsschöpfung um die Möglichkeit, vielschichtige Vermischungen beschreibbar zu machen: zwischen dem Traditionellen und Modernen, dem Hochkulturellen, dem Populären und Massenhaften. Wie er bemerkt, ist es das zwanzigste Jahrhundert, in dem sich all dies miteinander vermischt und sich im Einzelnen verstärkt.

Aber hier liegt auch genau das Problem von Canclini. Mag sein gewählter Ansatz für eine Medientheorie des zwanzigsten Jahrhunderts, die seine Studie letztendlich darstellt, eine ausreichende Herangehensweise sein, so steht ein längerer

---

[3]Homi K. Bhabha, The Location of Culture, London 1994.
[4]Néstor García Canclini, Culturas híbridas y estratégias comunicacionales, in: Estudios sobre las Culturas Contemporaneas 3, 5 (1997), S. 109–128 (Übersetzung H. Wendt).
[5]Ebd., S. 111.

historischer Blick möglicherweise den Vorteilen der Anwendung des Hybriditäts-
konzeptes im Weg. Denn neben den Zeitschichten und den Kulturebenen spielen nämlich die beteiligten Menschen, die Machtverhältnisse und die sozialen
Bedingungen sowohl für den Prozess der Entfremdung wie für den Prozess der
Vermischung entscheidende Rollen. Und noch weniger Sinn macht es, die für die
europäische Moderne als zentral gehandelten Begriffe der Emanzipation, Säkulari-
sierung, der Expansion und der Erneuerung als Prozesse der Hybridität verstehen
zu wollen, die zu nationalen Einheiten geführt hätten. So Recht Canclini hat, in
diesem Fall den konstruktiven Charakter von Nationen zu unterstreichen und
ebenfalls für jede Form von Prozessen eine Konstruktivität anzunehmen, so lässt
er die Frage offen, ob folglich die moderne Nation einheitlich ist, in der dann eine
Vielzahl von sich miteinander vermischenden Kommunikationsprozessen ablaufen.[6]

Diese Frage nach Anerkennung von Vermischung als das Nationale kons-
titutiven Prozess, ist auch eine Frage nach Anerkennung der „Bürgerinnen" und
„Bürger" in ihrem Status als solche, die als „Vermischte" einer Staatsgesellschaft
angehören. Dies ist die Stoßrichtung des Buches „La raza cósmica" des mexikanischen Intellektuellen José Vasconcelos (1882–1959). Er vertritt die zentrale These,
dass die verschiedenen Rassen der Welt sich in Zukunft immer weiter miteinander
vermischen würden und dadurch ein neuer menschlicher Typus entstünde. Vasconcelos diskutiert vor dem Hintergrund politischen und wirtschaftlichen Fortschritt-
glaubens, der im Kontext der rationalistischen Philosophie des nach-revolutionären
Mexikos Compte'scher Prägung verstanden werden muss. Vasconcelos meinte,
dass nach den Beobachtungen in den amerikanischen Staaten festgestellt werden
konnte, dass je unterschiedlicher die Herkunft der verschiedenen miteinander sich
vermischenden Menschen seien, desto mehr müssten diese Unterschiede durch
einen „spirituellen Faktor" ausgeglichen werden. Vansconcelos' Beschreibung der
kosmischen Rasse, ist nicht unwesentlich historisch, ja kolonialhistorisch geprägt.

> Der Weiße hat die Welt in eine Situation versetzt, die es erlaubt, dass alle Typen
> und alle Kulturen miteinander verschmelzen. Die von den Weißen eroberte Kultur,
> durch unsere Epoche organisiert, hat ihre materiellen und moralischen Festen für
> die Gemeinschaft aller Menschen in einer fünften Rasse gestaltet, Frucht aller vor-
> herigen und die Überwindung aller der Vergangenheit.[7]

---

[6]Vgl. Wolfgang Schmale, Die Bedeutung der Europäistik für die Geschichtswissenschaften,
in: Michael Gehler u. Sivio Vietta (Hg.), Europa – Europäisierung – Europäistik, Wien 2010,
S. 111–120; bes. S. 116.

[7]José Vasconcelos, La raza cósmica, México 2010 (1925), S. 5 (Übersetzung H. Wendt).

Jedoch kann das Konzept der Métissage breiter gefasst werden, als dass das
Vermischte nun nicht allein auf die Feststellung von Hautfarbe oder ethnisch
geprägten Kulturen beschränkt bleibt, sondern eine Ausweitung auf soziale
Verhaltensweisen, auf politische Entscheidungsfindungen, Gesellschaftsformation
und Wissensbestände erfahren soll. Dabei ist es ein weit verbreitetes Vorurteil,
dass sich Métissage vor allem mit Fragen der Rassenmischung beschäftigen
würde, wie es auch Jean-Loup Amselle wieder formulierte. Seiner Meinung
nach führt Métissage in gewisser Weise das Denken in Rassen fort, das im
kolonialen Zeitalter gefasst wurde.

> Les défenseurs du multiculturalisme – fussent-ils bien intentionnés – ne sont pas
> conscients que la position qui consiste à mettre en avant le métissage de la popula-
> tion française revient du même coup à défendre une conception polygéniste du peu-
> plement humain.[8]

Obwohl die Vertreter dieser Forschungsrichtung eigentlich jeden sich politisch
negativ äußernden Rassismus aus ihrem Denken verbannt sehen wollten, so
besteht zumindest unbewusst, so der französische Afrikaethnologe Amselle,
aufgrund der Geschichte des Begriffs Métissage eine Fortführung der einmal
getroffenen Einteilungen.[9] Auf die Einwände antwortend sollen einige Überlegungen die Konzeption von Métissage verdeutlichen:
1. An erster Stelle ist Métissage die Feststellung eines undurchdringbaren,
anfangs- wie endlosen Prozesses der Vermischung von Inhalten menschlicher und
nichtmenschlicher Praktiken, wie Denkweisen, Artefakten, Wissensbeständen,
sozialen und kulturellen Praktiken etc. Diese sehr allgemeine Definition schließt
so gut wie keinen historisch betrachtbaren Gegenstand aus, verlagert im Gegensatz zu anderen Untersuchungsweisen jedoch den Fokus. In Zeiten einer global
forschenden Geschichtswissenschaft scheinen die Gegenstände für die historiografische Betrachtung weitestgehend bekannt, teilweise in ihrem Ereignis- und
„Fakten"-Gehalt ausreichend erforscht zu sein. Es geht seit geraumer Zeit vielmehr um die Veränderung von Perspektiven auf diese historischen Gegenstände,
womit sich die Wenden und *turns,* die Auseinandersetzungen zwischen Schulen
und Richtungen des Faches und die Suche nach Allianzen mit „benachbarten"
Fächern erklären lassen.[10] Die Allgemeingültigkeit des Forschungsfeldes ruft deswegen dazu auf, das Bekannte auf Unbekanntes abzuklopfen.

---

[8]Jean-Loup Amselle, Vers un multiculturalisme français. L'empire de la coutume, Paris
2010 (aktual. u. erw. Aufl.), S. xix.

[9]Ebd., S. xix–xx.

[10]Doris Bachmann-Medick, Cultural Turns. Neuorientierungen in den Kulturwissenschaften, Reinbek 2007 (2. Aufl.).

2. Zentral in Métissage-Konzeptionen ist die vorherrschende Asymmetrie. Anders als bei Hybridkonzepten oder den älteren Vorschlägen zum Multikulturalismus beinhaltet das Konzept der Métissage die Existenz von Asymmetrien. Asymmetrie äußert sich in einer allgemeinen Form als Asymmetrie der Macht. Ungleiche (im Sinne von ungleichgewichtig, nicht unbedingt von ungerecht) Verteilung von Macht und Machtmitteln führen zu Formen von Métissage, die auf diese Situation reagierend sich entwickeln. Die Ungleichheit der Verhältnisse, in denen Elemente zueinander in Beziehung geraten und die im Folgenden diese Beziehung weiterhin bestimmen, ist ein grundlegender Charakterzug von Métissage. Insofern unterscheidet sich dieses Konzept von solchen, die jenseits von durch Machtmittel definierten Sozialbeziehungen, die Herstellung von sozialen Einheiten zu erklären versuchen. Diese Herangehensweise einen Einschluss all jener Konzepte, die sich als Widersacher von Métissage verstehen – da diese nämlich in einem besonderen Machtgefüge und in besonderen durch die zur Verfügung stehenden und zum Einsatz kommenden Machtmittel charakterisierten Machtbeziehungen ihre eigene Vermischtheit auszublenden versuchen. Asymmetrien ergeben sich auf der realhistorischen Ebene, die nie die einzige Untersuchungsebene bleiben kann, durch politische und wirtschaftliche Mittelverteilung. Auf der diskursiven Ebene wird Asymmetrie durch die Selbstwahrnehmung definiert, die, sobald sie sich in Auseinandersetzung mit dem bestimmten „Anderen" bildet, zu einer zumeist in Überschätzung des „Eigenen" mündenden Beziehung mutiert.

Nun haben verschiedene, vor allem postkolonial inspirierte Ansätze versucht, den Gehalt von Widerstandsbewegungen im historischen Wirkprozess hervorzuheben. Die reziproke Beziehung von Widerständigkeit zwischen dem Eigenen und dem Anderen ist nicht von der Hand zu weisen und unterstreicht eher die Bedeutung von asymmetrischen Beziehungen für die Entstehung von beispielsweise sozialen Bewegungen.[11] Hier ist es auf der realhistorischen Ebene genau die Frage nach Opposition, Fremdbestimmung und Selbstbestimmtheit, die sozio-politische Verhältnisse und Beziehungen definiert. Auf der diskursiven Ebene bleibt die Frage virulent, wie überhaupt eine Opposition erkannt werden kann, welche Wirkmächtigkeit ihr zugeschrieben werden kann und mit welcher Berechtigung die Opposition als eine Triebfeder von Historizität zu verstehen wäre. Der Anthropologe Peter Fuchs wirft nämlich das Problem auf, ob soziale Bewegungen, die nicht als oppositionell zu definieren wären, überhaupt in einer sozio-historischen Nachbetrachtung erkannt werden können, da ihre Erkennbarkeit nur eingeschränkt gegeben ist.

---

[11]Vgl. Peter Fuchs, Kampf um Differenz, 1999.

Neben diesem erkenntnistheoretischen Problem weist auch der Soziologe und Philosoph Edgar Morin darauf hin, dass Komplexität erst dann erreicht werden kann, wenn die Ebene von Gemeinsamkeiten von Gegensatzpaaren herausgearbeitet wird. In seiner „dialogischen Natur"[12] erreicht das von ihm als fundamental betrachtete Gegensatzpaar Ordnung und Unordnung, wie es aus dem herkömmlichen Verständnis heraus besteht, einen zentralen Beziehungsstand. Die Weise, wie Ordnung und Unordnung zueinander in Beziehung stehen, kann eine Einheit ergeben, deren beide Bestandteile sich sowohl komplementär, wie konkurrierend und antagonistisch zueinander verhalten:

> Ainsi désordre et ordre à la fois se confondent, s'appellent, se nécessitent, se combattent, se contredisent. Cette dialogique est en œuvre dans le grand jeu phénoménal des interactions, transformations, organisations, où travaillent chacun pour soi, chacun pour tous, tous contre un, tous contre tous…[13]

Zwei Schlüsse lassen sich hieraus ziehen. Erstens schließen sich Gegensätze nicht aus, sondern bilden, weil sie sich aufeinander beziehen, eine Einheit. Diese Einheit ist dabei keineswegs einheitlich, aber gegenüber solchen Einheiten abgrenzbar, die durch andere Gegensatzpaare gebildet werden. Induktiv kann zweitens geschlussfolgert werden, dass eine angenommene Einheit aus Gegensätzen, möglicherweise Gegensatzpaaren gebildet sein muss. Das heißt auch, dass Einheiten nicht als homogene Gebilde anzusehen sind, sondern aus der Komplementarität und Reziprozität von Gegensätzen.

3. Métissage bezeichnet in der Forschung den Bestand von Vermischtem. Nun verlangt das Vermischen nach Elementen, die miteinander in diesen Status übergehen, womit gemeinhin die Annahme verbunden ist, die einzelnen Bestandteile zu definieren, zu vereinzeln und als Einzelelemente zu beschreiben.[14] Kann zum Beispiel bei einer kulturellen Praxis der Bestandteil A, aus dem kulturellen Raum a vereinzelt werden und zudem von einem anderen Bestandteil B, der dem Kulturraum b zugeordnet ist, unterschieden werden, dann wurde dies in vielen Forschungen auch zumeist getan. Im Mittelpunkt steht dann nicht ein Interesse an dem Mischprodukt, sondern an einem der Einzelbestandteile, die durch einen zumeist nicht näher, häufig dann aber als akzidentell bewerteten Zufall den Vermischungsprozess eingegangen seien. In diesem Sinne werden dann Veränderungsprozesse im sozio-kulturellen Raum der Kolonisierten aufgrund des

---

[12]Edgar Morin, La nature de la nature, Paris 1977, S. 80.

[13]Ebd., S. 80–81.

[14]Dies ist ein weiterer Kritikpunkt von Jean-Loup Amselle an der Métissage-Forschung; Amselle, Vers un multiculturalisme français, 2010, S. xxii.

Eingreifens der Kolonisierer in einer einfachen Dichotomie festgestellt. Je nach Beobachterposition wird dieser Prozess als „Zivilisierung" oder als „Kulturverlust" gewertet und in ein dementsprechendes Narrativ eingeflochten. Die postkoloniale Kritik hat diese Dichotomie bereits in dem Sinne aufgebrochen, dass nun nicht mehr von einer exklusiven Konzentration von Macht aufseiten der Kolonisierer gesprochen werden könne, sondern die Bedeutung der „Nativen" in der kolonialen Situation ausführlich untersucht wurde. Dies war besonders Gegenstand der aus Indien herstammenden und in den USA besonders Anklang gefundenen *subaltern studies,* in denen nicht unbedingt die Frage von Partizipation nicht europäischer Bevölkerung an kolonialen Machtstrukturen im Mittelpunkt steht, sondern die Eigenständigkeit „nativer" Strukturen trotz kolonialer Hierarchien. Diese eigenständigen Strukturen ermöglichten es den Historikern vor-nationale Handlungsmuster mit dem Ziel einer Befreiung von Fremdherrschaft auszumachen.

In diesem Punkt stehen die *subaltern studies* in einer Beziehung zur Literatur der wirkmächtigen Dekolonialisten wie Frantz Fanon, Albert Memmi oder Aimé Césaire der 1930er bis 1960er Jahre. Hier ist genau jene – in dieser Zeit noch rein politische Strategie – zu erkennen, durch innere Eigenständigkeit koloniale Machtstrukturen nach und nach ablösen zu können. Es ist der Schriftsteller und Politiker aus Martinique Aimé Césaire, der das Konzept der *Africanité* entwirft, einer Einheit nicht allein der Afrikaner, sondern aller aus Afrika stammenden Menschen, eben besonders auch in der Karibik. Dieses Konzept ist deswegen von Bedeutung, weil es den damals vorherrschenden Vorstellungen von Rassen entspricht, den Umgang mit Rassismus, Ausgrenzung und Widerstand nun aber nicht kolonial oder national versteht, sondern prozessual: In dem Maße nämlich, in dem die Schwarzen der Welt sich ihrer Gemeinsamkeit, also des Ursprungs Afrikas bewusst würden, könnten auch politische Einheiten entstehen, die zu den weißen Machtblöcken ein Gegengewicht bildeten. Die nun andersartige, nämlich global gedachte Dichotomie jenseits bestehender politischer Machtstrukturen kolonialer oder nationaler Grenzen ist deswegen ein wichtiger Meilenstein im Denken einer *global connectivity,* weil in der Folgezeit von Martinique ausgehend eben keine Einheit aller Schwarzen entstand, sondern die Fragen aufkamen, wer als Schwarzer zu gelten habe, welche (realistischeren) politischen Visionen denn aus a-nationalen, in der Konsequenz möglicherweise sogar a-rassischen Ansätzen erarbeitet werden könnten.

In der Karibik liegt dann auch der Schwerpunkt von Ideen, die die Situation der karibischen Gesellschaften reflektierend, die weltweiten Herkünfte der Menschen und ihre vielfältigen Vermischungen thematisieren. Diese Erkenntnis mündete in dem verschiedenartig begründeten, definierten und politisch eingesetzten Konzept der *Créolité.* Einer ihrer Hauptvertreter, Édouard Glissant bezeichnet einen globalen Zustand als *mondialité,* in dem die unterschiedlich ablaufenden Prozesse nicht sauber voneinander getrennt werden: Allgemein feststellbar ist allein globale Kommunikation, durch welche eine *Créolisation* von Wissensbeständen stattfände, deren Anerkennung grundlegend für ein Verständnis von kolonialer und postkolonialer globaler Verbundenheit ist.[15] Glissant beschränkt in *Tout-monde,* anders als in vorherigen Ansätzen sein Konzept der *Créolité* nicht mehr allein auf die Karibik und reagiert damit auf Kritik, die an dieser Einschränkung aufgekommen war.

Denn schon in der *Éloge de la Créolité* haben die Autoren Jean Bernabé, Patrick Chamoiseau und Raphaël Confiant 1989 eine Erweiterung des *Créolité*-Konzepts formuliert: Gehen sie noch von Edouard Glissants Verständnis einer karibischen *Créolité* aus, so finden sie weltweit Beispiele, in denen die Vermischung – und als solche wird *Créolité* in einer Abweichung besonders definiert – anzutreffen sei. Hier wird die Undefinierbarkeit des Ursprungs zum Mantra eines Zustandes, in welchem die Anerkennung des Zustandes wichtiger wird als die Suche nach seiner Entstehung.

> le métissage de la pensée – c'est-à-dire ce que d'autres nomment processus syncréti-que –, ne consiste pas à mêler constamment les mêmes éléments qui, originellement, étaient entrés en contact, mais à mélanger, dans des combinaisons en perpétuel changement, les produits déjà métis des étapes antérieures, auxquels viennent cons-tamment aussi s'ajouter de nouveaux éléments …[16]

Dieser Zustand der Vermischung und der Anerkennung des Vermischt-Seins wird zur Leitfigur aller derjenigen Menschen, die aus einem kolonialen Erbe herkommend eine unhintergehbare und nicht mehr rückgängig zu machende Situation kultureller, politischer, wirtschaftlicher, literarischer oder sozialer Bewusstseinsbildung vollzogen haben. Gemünzt ist das Konzept der *Créolité,* den Vorbildern Fanon, Césaire und Glissant verpflichtet, auf die Subalternen der Welt, also denjenigen, die auch in der nachkolonialen Situation eine Erinnerung oder Erfahrung kolonialer Unterdrückung erleiden.[17]

4. Die nicht dichotomische Unterscheidung zwischen Kolonisierer und Kolonisierten lässt sich in der früheren kolonialkritischen Tradition wiederfinden: Ashis Nandy benannte 1982 in „The Psychology of Colonialism", bevor er sich der eigentlich als *subaltern studies* verstandenen Gruppe annäherte, bereits einige

---

[15]Édouard Glissant, Tout-monde, Paris, 1993.

[16]Solange Alberro, Les voies du métissage, in: Annnales HSS 57, 1 (2002), S. 147–157; hier: 153.

[17]Vgl. dazu auch noch einmal die Ausführungen zu Gedächtniskultur.

der grundlegenden Themengebiete. In „The Intimate Enemy" unterstrich er die Bedeutung eines erweiterten Kolonialismusbegriffs – sowohl für die Kolonien wie für die europäischen Staaten – und einer kritischen Analyse der so genannten antikolonialen Bewegungen:

> First, it includes codes which both the rulers and the ruled share. The main function of these codes is to alter the original cultural priorities on both sides and bring to the centre of the colonial culture subcultures previously recessive or subordinate in the two confronting cultures.[18]

In diesem Zitat wird deutlich, dass der Antagonismus zwischen den beiden „Kulturen" in kolonialen Situationen[19] durchaus zu einem interessengeleiteten Ausgleich gelangen konnte. Für Nandy stellt dieser Ausgleich ein nicht unerhebliches Problem dar, insofern er Kolonialismus in allen Fällen mit Machtasymmetrien verbindet, die nicht allein an direkt ausgeübte politische Macht gebunden sind, sondern durch beispielsweise ökonomische Abhängigkeiten oder der Erwartungen Indigener auf Teilhabe an kolonial/imperialen Vorteilsregimen auch vor Beginn und nach Beendigung von kolonialen Regimes fortbestehe. Gemeinhin verbindet sich mit diesem Konzept der Begriff des Imperialismus: So sieht er auch die post-kolonialen Regime zumeist als alleinig durch Kolonialismus und ihrer Opposition hierzu erklärbar.[20]

Nandy ist in diesem Feld einer der ersten Autoren, der den engen Zusammenhang zwischen Kolonialismus und psychologischer Prägung hervorhebt, und dies am Beispiel der Körperpolitik illustriert. Zum einen spielt die sexuell zuschreibende Stilisierung von sozialen Gruppen in einem kolonialen Raum eine zentrale Rolle. Zweitens betont Nandy die Bedeutung der Definition als „Kinder" von anderen Kulturen. Mit Hinblick auf Indien stellt Nandy hier fest, dass die auf der einen Seite bewundernde Überhöhung einer alten und vergangenen indischen Kultur in Gegensatz gestellt wurde mit der indischen Gegenwart des neunzehnten Jahrhunderts, dessen als solche von den kolonialen, westlichen

---

[18]Ashis Nandy, The Intimate Enemy. Loss and Recovery of Self under Colonialism, New Delhi u. a. 1983, S. 2.

[19]Zum Begriff s. George Balandier, Sociologie actuelle de l'afrique noire, Paris 1963 (2. u. erw. Aufl.).

[20]Nandy, Enemy, 1982, S. 2–4.

Beobachtern empfundene Dekanz[21] sich auf den sozialen Status der Inder auswirkte und sie zu Kindern werden ließ.[22] Es waren aber nicht nur westliche Orientalisten und Kolonialbeamte, die die Verkindlichung ganzer Völker diskursiv vorantrieben, auch – und hier wird Nandys Argument einer nicht-dichotomischen Beziehung zwischen Kolonisierern und Kolonisierten wieder deutlich – dieser Diskurs findet sich in einer kritischen Aneignung und interpretativen Verschiebung in frühnationalistischen Schriften wieder: Die frühere virile und damit erwachsene indische Hochkultur sei verschwunden und in Dekanz verfallen. Folglich sei es die Aufgabe der sich diesen Umstands bewussten Intellektuellen, eine Re-Vitalisierung, „Vermännlichung" Indiens zu betreiben, um die koloniale Fremdherrschaft abschütteln zu können.[23] Letztendlich, so stellte Nandy auch in Bezug auf die Gandhi-Bewegung fest, sei eine eindeutige Unterscheidbarkeit zwischen Kolonisierern und Kolonisierten in den Schriftkulturen nicht zu erreichen. Mit Foucault müsste diese unbefriedigende Situation, so die analytische Konsequenz aus Nandys Beschreibung, als ein diskursives Feld bezeichnet werden, in denen die Begründungsinhalte sich anglichen, selbst wenn die Handlungsinhalte differierten.

5. Die neueren Konzepte zur Métissage oder Mestizaje nun beziehen den Europäer als Teil des Vermischungsprozesses stärker ein. In der ursprünglichen Kolonialgeschichtsschreibung ist es die Vermischung von Europäern mit Indigenen im biologischen Sinne in den kolonialen Räumen, die in erster Linie zur Entstehung mestizischer Gesellschaften führte. Bernard Grunberg oder Serge Gruzinski weiten dieses biologische Verständnis auf kulturelle Bereiche aus, in der Annahme, dass koloniale Vermischungsprozesse in erster Linie kultureller Art waren. Sie können hierbei auf die Ansätze zur Hybridisierung von Homi Bhabha zurück greifen, der ein ebenfalls biologisches Konzept umgedeutet und auf literatur- und kulturwissenschaftliche Fragestellungen angewendet hat. Fehlt beim Hybridisierungskonzept weitestgehend die Frage nach den sozio-politischen Prozessen, so fehlte es der Métissage zu Beginn weitestgehend an einer ausreichenden Reflexivität ihrer kolonialen Bestandteile wie Analysegegenstände oder Begriffe. Wie Peter Wade nämlich richtig feststellt, gibt es

---

[21]Vgl. Henry Thomas Colebrooke, On the Philosophy of the Hindoos, in: Transactions of the Royal Asiatic Society 1, 1827, S. 19–43; 92–118; 439–466; 549–579. Friedrich Max Müller, Indien in seiner weltgeschichtlichen Bedeutung. Vorlesungen gehalten an der Universität Cambridge, üb.v. A. Cappeller, Leipzig 1884.

[22]Nandy, Enemy, 1982, S. 11–18.

[23]Ebd., S. 18–26.

bei weitem kein einheitliches Verständnis von Mestizaje. Wade beleuchtet die Bandbreite an Beispielen eines ideologischen Nationaldiskurses in den USA und der karibischen Musik in Kolumbien. Die praktische Bedeutung von Mestizaje erstreckt sich auch auf populäre Heiligenverehrung in Venezuela und auf die Einordnung von „Mischlingsfrauen" in Familienbeziehungen. Wade plädiert für eine erweiterte Fassung des Mestizaje-Begriffs unter Einbeziehung von kulturellen und sozialen Mikro-Situationen und Betrachtung breiterer Bevölkerungsgruppen. Wade äußert sich auch zu der Frage, ob die Analyse von Mestizaje als Analyse von „Wurzeln" zu betrachten sei. Er stellt hierbei fest, dass die betrachteten Personen sich selbst in einem Feld von „Wurzeln" verorten, das vielfältig sein kann.[24] Jedoch bleibt offen, in welcher Form dieses Selbstverständnis der Informanten von Ursprung auch die Analyse leiten sollte, wenn in erster Linie die Wirkmächtigkeit von Métissage als sozialer, kultureller und historischer Gegenstand zu betrachten wäre, womit Kategorien zur Anwendung kommen müssen, die auch jenseits von Selbstbeschreibungen funktionieren können.

6. Diese Leerstellen in bestehenden Métissage-Konzepten hat Serge Gruzinski in „La pensée métisse" weitestgehend zu füllen verstanden und der Sammelband von Bernard Grunberg „Histoire des métissages hors d'Europe" versammelt einige, diese Problematik behandelnde Aufsätze. So unterstreicht Serge Gruzinski die Bedeutung der materiellen Kulturen, von Gegenständen, die als Indikatoren von vermittelter wie von direkter und gewaltsamer Kulturbegegnung in der Nachbetrachtung Prozesse von Métissage verdeutlichen. Hierbei ist nicht allein gemeint, dass beispielsweise in der von Gruzinski näher betrachteten Konquista Amerikas spanische Artefakte im indigenen Gebrauch auftauchen, sondern darüber hinaus, dass nicht jedes Objekt seine Verwendung eindeutig vorgibt, sowie sich darauf beziehende Vorstellungen je nach sozio-kulturellem Kontext unterschiedlich sich ausprägen.

Les contacts matériels noués dans la phase initiale, celle qui accompagne et suit la Conquête mais précède la cristallisation d'une société coloniale, sont cruciaux dans la mesure où c'est à travers eux que s'opère l'accrochage du monde des envahis-

---

[24]Peter Wade, Rethinking Mestizaje. Ideology and Lived Experience, in: Journal of Latin American Studies 37 (2005), S. 239–257.

seurs au monde indigène. Ils se développent dans un cadre délicat à étudier, car il échappe à ce que nous entendons classiquement par société ou même par formation sociale.[25]

In diesem Sinne steht nun nicht mehr die als fest umreißbare Gesellschaft im Vordergrund, sondern auf Austausch ausgerichtete und unterstützende Prozesse. Für die Métissage drängen sich solche Prozesse auf, die soziale Auswirkungen haben, nicht jedoch die Webersche Gesellschaft als Analyseeinheit. Insofern ist auch gar nicht fehlerhaft, wenn das Selbstbewusstsein historischer Akteure von unter ihren Augen ablaufenden Vermischungsprozessen mit in die historische Analyse einbezogen wird. Die Selbstaussagen sind eine Stimme mehr in der historischen Analyse. Die nun entstehende Vielzahl von Untersuchungsebenen erhöht die Komplexität der Beschreibung. Nimmt man außerdem eine Selbstbetrachtung von Geschichtswissenschaft als zusätzliche Ebene hinzu, dann wird deutlich, dass auch die Geschichtsschreibung selbst mestizisch ist. Sie muss mestizische Narrative erschaffen, um zu glaubwürdigen, objektivierbaren Ergebnissen zu gelangen.

Métissage et hybridation concernent tout à la fois des processus objectifs, observables dans des sources variées, et la conscience qu'en ont les acteurs du passé, qu'elle s'exprime dans les manipulations auxquels ils se livrent, les constructions qu'ils élaborent ou les discours et les condamnations qu'ils formulent.[26]

Die beiden ersten Untersuchungsebenen wären demzufolge Fremd- und Selbstbeschreibungen historischer Akteure – wobei hier die soziale Stellung dieser im Einzelnen eine wichtige Rolle spielen muss, diese jedoch nicht a priori als Auswahlkriterium für mögliche Quellen zu gelten hat. Die zweite Untersuchungsebene bildet die materielle Kultur. Drittens spielen intellektuelle Kulturen bei Gruzinski eine zentrale Rolle sowohl in „La pensée métisse" wie in „Quatre parties du monde". So, wie im ersteren seiner Werke er das unaufhörliche Hin-und-Herfließen von Einflüssen zwischen einer europäisch-christlichen und einer sich zunehmend christianisierenden indigenen Welt recht statisch am

---

[25]Serge Gruzinski, Découverte, conquête et communication dans l'Amérique ibérique. Avant les mots, au-delà des mots, in: Laurier Turgeon, Denys Delâge u. Réal Ouellet (Hg.), Transferts culturels et métissages Amérique/Europe (XVIe–XXe siècle)/Cultural Transfer, America and Europe. 500 Years of Interculturation, Paris 1996, S. 141–154; Zitat auf S. 143.

[26]Serge Gruzinski, La pensée métisse, Paris 1999, S. 57.

Beispiel von Fresken im Kloster von Ixmiquilpan beschreibt, treten in seiner neueren Untersuchung komplexere, vielschichtigere und verstärkt unentschlüsselbare
Prozesse an die Stelle. Bereits in der Einleitung macht Gruzinski deutlich, dass
„das Indigene", „das Christliche" oder „die Nation" eben Untersuchungsfragen
und Untersuchungsgegenstände einschränkende Vorannahmen seien.[27]

Wie sehr sich koloniale Verwaltungen und koloniales Denken auf ein
Endergebnis konzentrierten und das Unvermischte damit zu einem Ziel kolonialer Politik erhoben, zeigt beispielsweise Wolfgang Gabbert am Beispiel der
„Maya" unter spanischer Kolonialherrschaft: Der Versuch, durch Einteilung
der Bevölkerung in Kataster auch die Volksgruppenzugehörigkeit eindeutig fest-
zulegen, scheiterte zum einen an der häufig festgestellten bio-kulturellen Mehr-
deutigkeit der Untertanen und zum anderen an deren Strategien, sozio-juridische
Zuteilungen durch Verschleierungstaktiken oder unter der Prämisse eines persönlichen Vorteils zu umgehen. Hier zeigt sich, dass die Kolonialverwaltung größte
Schwierigkeiten hatte, uneindeutige Einteilungen zu akzeptieren.[28] So differen-
zierte sich das spanische „casta-System" immer weiter aus, da Bezeichnungen für
alle möglichen Mischarten gefunden wurden. Spätere, bereits dem Einfluss von
Rassentheorien unterworfene Kolonialsysteme taten sich mit der Reform ihrer
Verwaltung und Verwaltungskategorien sehr viel schwerer und wollten deswegen
die Bevölkerung zwingen, sich dem bestehenden Raster anzupassen. Ann Laura
Stoler zeigt dies anhand armer oder „vermischter" Holländer in Indonesien, wo
an die sogenannten *Inlandsche kindere* besondere Anforderungen der Anpassung
gestellt wurden.[29] Es ist Rogers Brubaker, der die Bedeutung von Uneindeutigkeit
beim sozialen Prozess der Einteilung von Untertanen betont, wenn er eine Analyse von Gesellschaften ohne Einteilung feststehender Gruppen fordert. Vielmehr
als „substanzielle Einheiten", Entitäten und natürliche Gruppen verlangt er eine
auf Salienz basierende, an hermeneutischen Fragestellungen, dem konstruierten
Untersuchungsfeld und der Forschungsfrage orientierte Analyse.[30]

7. Das Konzept der Métissage stellt vor Augen, was die kolonialherrschaft-
lichen Einteilungsversuche offensichtlich ignoriert haben. Auf der einen Seite
meinte Kolonialgesetzgebung nämlich, mittels Vermischungsverboten einem

---

[27]Serge Gruzinski, Les quatre parties du monde, 2004, S. 28.

[28]Wolfgang Gabbert, Becoming Maya. Ethnicity and Social Inequalilty in Yucatán since
1500, Tucson 2004.

[29]Ann Laura Stoler, Along the Archival Grain. Epistemic Anxieties and Colonial Common
Sense, Oxford/Princeton 2009, S. 106–119.

[30]Rogers Brubaker, Ethnizität ohne Gruppen, Hamburg 2007.

administrativen und weltanschaulichen Problem beikommen zu können.[31] Jedoch
ist der Mestize nicht allein als Produkt zu sehen, sondern der Weg der Entstehung
ist entscheidend.

> Les métissages sont en grande partie constitutifs de la Monarchie. Ils y sont
> omniprésents. Ce sont des phénomènes d'ordre social, économique, religieux et sur-
> tout politique, autant sinon davantage que des processus culturels. ... Elles peuvent
> être locales (Mexico), régionales (la Nouvelle-Espagne), coloniales (les rapports
> avec la métropole), mais également globales (la Monarchie).[32]

Das Konzept der Métissage hat selbstverständlich nicht zum Ziel, diesen Ansatz
der politischen Kontrolle und Unterdrückung zu übernehmen oder in veränderter
Zeit fortzusetzen. Vielmehr will es als analytische Kategorie in den Geschichtswissenschaften verdeutlichen, dass trotz ständiger Abgrenzungsrhetorik und –
politik, trotz sozialer, juristischer und ökonomischer Zwangsmittel Vermischung
in gleichermaßen biologischem und sozio-kulturellem Sinn stattgefunden hat.
Diese Prozesse definiert Françoise Lionnet nach ihren Inhalten als „adaptation,
appropriation, and contestation".[33] Sie fährt fort:

> The global mongrelization or *métissage* of cultural forms creates hybrid identities,
> and interrelated, if not overlapping, spaces. In those spaces, struggles for the cont-
> rol of means of representation and self-identification are mediated by a single and
> immensely powerful symbolic system: the colonial language, and the variations to
> which it is subjected by writers who enrich, transform, and creolize it.[34]

Inwiefern Métissage ausschließlich als postkoloniales Konzept verstanden
werden kann, und inwiefern es sich von kolonialen Formen und Begriffs-
fassungen abgrenzen lässt, bedarf einer eigenen Klärung, bevor der
methodische Mehrwert besprochen werden kann. Herkömmlich ist das Konzept
der Métissage eng mit der historischen Zeit des Kolonialismus und dem kultur-
wissenschaftlichen Analysekomplex Postkolonialismus verbunden. In Letzterem
wird der Versuch unternommen, aus moralischen und politischen Gründen abzu-

---

[31]Horst Pietschmann, Staat und staatliche Entwicklung am Beginn der spanischen Kolonisation Amerikas, Münster 1980.

[32]Serge Gruzinski, Les quatre parties du monde, 2004, S. 32.

[33]Françoise Lionnet, „Logiques métisses", Cultural Appropriation and Postcolonial
Representations, in: College Literature 19/20, 3/1 (1992–1993), S. 100–120; hier S. 101.

[34]Ebd., S. 102.

lehnende Kategorien für eine wissenschaftliche Analyse fruchtbar zu machen, ohne jedoch die damit zusammenhängenden Hierarchien, kulturellen, sozialen und politischen Sichtweisen und Handlungsreflexe zu übernehmen. Jeder Theoretiker des Postkolonialen, zumindest zu Beginn der theoretischen Fassung, war sich der Schwierigkeit dieses Spagats bewusst. Der Vorteil der ausgedehnten Diskussion um postkoloniale Theorie und postkoloniale Wissenschaft war jedoch, dass Geschichten geschrieben werden konnten, die in vorherigen Narrativen unter der Schicht von Gewalt zugedeckt in durch den Begriff der Macht erweiternden Erzählungen übergingen.

Die Betrachtung, eine Mischung von Menschen und Kulturen, also von biologischen und kulturellen Faktoren habe stattgefunden, lässt sich seit der frühen Kolonialzeit, besonders dann aber nach der Eroberung der, auch von Spaniern mit einigem Wert bemessenen Kulturen und Reichen in Mexiko und im Andenraum feststellen. Es waren die Zeitgenossen, für die Inca Garcilaso de la Vega als selbst bezeichneter *mestizo* vielleicht stellvertretend stehen mag, die dieses Phänomen beobachteten und problematisierten. Hieraus ergab sich nicht minder die Scheu, ein koloniales rassistisches Konzept – denn im achtzehnten Jahrhundert wurde im portugiesischen und spanischen Raum Vermischung klassifiziert – zu einem Studienprogramm zu erheben, das sich mehr durch seine Stoßrichtung und Neudefinierung von Begriffen in kritischer Distanz, denn durch seinen Untersuchungsgegenstand entwickelte. Lassen sich die ersten Mestizierungserfahrungen demnach mit dem iberischen Kolonialismus verbinden, dann wird unwillkürlich die Frage nach dem Ursprung der politisch-administrativen Maßnahmen gestellt, die in den Kolonialstaaten nun wirksam wurden. Hier trifft man nun auf das Konzept, das allgemein bekannt unter der Bezeichnung „limpieza de sangre" genau jene Reinheit propagierte, welche offensichtlich bereits in vorkolonialer Zeit einer Gefährdung ausgesetzt war. Max S. Hering Torres erläutert in diesem Zusammenhang spanische Begründungen und deren Verwendungszusammenhänge einer Blutreinheit, die, analytisch auf die Negation der fortdauernden Vermischung verweist.[35]

---

[35]Max S. Hering Torres, Limpieza de sangre en España un modelo de interpretación, in: Nikolaus Böttcher, Bernd Hausberger u. ders. (Hrsg.), El peso de la sangre. Limpios, mestizos y nobles en el mundo hispánico, Mexiko 2011, S. 29–62, bes. S. 49.

Geschichtsschreibung eines mestizischen Europas

Vermischungsprozesse werden hier besonders als Teil von Globalisierungs-entwicklungen vorgestellt. Als solche haben sie in der rezenteren Geschichts-schreibung durchaus Beachtung gefunden. Das Kapitel stellt einige ausgewählte Themenfelder aus der Geschichtsschreibung über die Antike, das Mittelalter bis zur frühen Neuzeit vor. Es beschäftigt sich mit einzelnen historischen Studien über die Formierung von sozialen Gruppen sowie zeitlichen und geografischen Räumen und bietet mit der Frage nach Vermischungsprozessen eine Perspektiv-verschiebung an. Das Kapitel *Geschichtsschreibung eines mestizischen Europas* ist ein Angebot, wie in bekannten historischen Themenfeldern wie Wissenschafts-geschichte, Geschichte von Grenzräumen, die frühneuzeitliche Königsherrschaft oder nationale Gedenkkulturen, Vermischungsprozesse erkannt und untersucht werden können.

Von der kolonialen zur europäischen Métissage

Das Konzept der Créolité als Zustand des *Vermischtseins* im nach-kolonialen Bewusstsein, das der Hybridität als sich gegen koloniale Reinheitspostulate wen-dende Kulturanalyse sowie schließlich das Konzept der Métissage als koloniale Vermischungsprozesse genau untersuchendes, zeigen, dass hier ein breites Inst-rumentarium vorliegt, mittels dem Gegebenheiten global beschrieben werden können. Métissage definiert einen globalen Bewusstseinsraum, in dem materielle, ideelle oder virtuelle Verbindungslinien gespannt werden, die weltumspannend sind oder – um eine zweite mögliche Definition des Begriffs „global" einzube-ziehen – weltweite Auswirkungen haben oder Anwendungen finden können. Globalgeschichte, so haben wohl die vielen Ansätze des vergangenen Jahrzehnts

© Springer Fachmedien Wiesbaden GmbH, ein Teil von Springer Nature 2019
H. Wendt, *Geschichte des mestizischen Europas*,
https://doi.org/10.1007/978-3-658-22458-5_4

gezeigt, sind immer Geschichten der Verflechtung,[1] des In-Verbindung-Setzens,[2] der Unentwirrbarkeit, der *globuli*-Formung.[3] Je nach Schwerpunktsetzung und nach analysierter Epoche und ihrer eigenen Epochenspezialisierung wählen Historiker unterschiedliche Epochenzugänge zur Globalisierungsgeschichte, sodass manchmal der Beginn von Globalisierung erst im neunzehnten Jahrhundert, manchmal ihr Anfang im sechzehnten, in Ausnahmefällen schon in der Antike angesetzt wurde. Dieses breite Feld von Möglichkeiten von Globalisierungsgeschichte und -periodisierung ist für die Konzeption von Métissage deswegen von Bedeutung, weil in diesem Geschichtsfeld die De-Exklusivierung Europas besonders vorangetrieben werden kann. Weltgeschichtsschreibung besteht in ganz unterschiedlichen Ausformungen bereits seit dem achtzehnten Jahrhundert und häufig sieht sie in der Europäisierung Außereuropas im Zuge des Kolonialismus die Welt als ein auf den Alten Kontinent im topografischen Verständnis und in einer Zentrierung als ein zusammenhängendes Ganzes.[4]

Hierzu widerläufige Ansätze werden seit 20 Jahren zunehmend veröffentlicht, ohne dass das Ziel von ausgeglichener Geschichtsschreibung, auch aufgrund der konzeptuellen Fassung, im Einzelnen gelingen kann. Hiermit ist gemeint, dass Untersuchungen, die alleinig anhand von in und am Beispiel von Europa geformten Konzepten und Begriffen ihre welthistorischen Narrative erstellen, eine Ausgeglichenheit nicht attestiert werden kann. Das epistemologische Problem der Verkennung und Unkenntnis von historischen Phänomenen, die nicht in die hierdurch aufspürbaren Konzepte fallen, wurde breit und teilweise polemisch diskutiert. Edward W. Said, beispielsweise, erörtert den Zusammenhang von der Produktion des kulturell Sublimen und den imperialen Strukturen, ja Voraussetzungen, in denen die Autoren im neunzehnten und zwanzigsten Jahrhundert lebten. Walter Mignolo, um ein weiteres Beispiel anzuführen, ist der Meinung,

---

[1]Sebastian Conrad u. Shalini Randeria, Einleitung. Geteilte Geschichten – Europa in einer postkolonialen Welt, in: Conrad u. Randeria (Hgg.), Jenseits des Eurozentrismus. Postkoloniale Perspektiven in den Geschichts- und Kulturwissenschaften, Frankfurt am Main, New York 2002, S. 9–49.

[2]Shalini Randeira, Geteilte Geschichte und verwobene Moderne, in: Jörn Rüsen, Hanna Leitgeb u. Norbert Jegelka (Hrsg.), Zukunftsentwürfe. Ideen für eine Kultur der Veränderung, Frankfurt am Main, New York 2000, S. 87–96. Nicholas Thomas, Entangled Objects. Exchange, Material Culture, and Colonialism in the Pacific, Cambridge, London 1991.

[3]Peter Sloterdijk, Sphären II, Globen, Frankfurt am Main 1999, S. 803.

[4]Vgl. Jürgen Osterhammel, Die Verwandlung der Welt. Eine Geschichte des 19. Jahrhunderts, München 2009.

dass die europäische Renaissance auf Sklaverei, Ausbeutung und Genozid der kolonialen Expansionsbewegungen dieser Zeit beruhte.[5] Neue Ansätze zur Globalgeschichte, um das Kernthema der Métissage nicht aus den Augen zu verlieren, besitzen als grundlegende Annahme eine Bezüglichkeit von Untersuchungsgegenständen, die in erster Linie, aufgrund einer weite Räume umfassenden topografischen Situation, Globalisierung oder Globalität beschreibt. Während Globalisierung zumeist den Prozess von Ausdehnung von Phänomenen über einen großen Raum meint, möchte mit Globalität ein Zustand von im weltweiten Raum bestehenden Zusammenhängen gemeint sein. Ohne die Annahme eines Globus, im herkömmlichen Sinne also einer Repräsentationsfigur des Planeten Erde, wäre das Globale nicht zu denken. Diesen Punkt unterstreicht Peter Sloterdijk im zweiten Band seiner *Sphären*-Triologie, die mit *Globen* betitelt ist. Sloterdijk unterscheidet zwei Ären von Globalisierung und kann deswegen in einer narrativen Vereinigung von philosophischen-religiösen Konzeptionen und politisch-historischen Phänomenen die im sechzehnten Jahrhundert einsetzende terrestrische Globalisierung von einer seit der Antike bestehenden uranischen oder kosmischen Globalisierung unterscheiden:

> Darum war die uranische oder kosmische Globalisierung in der Hauptsache eine Philosophen- und Geometerangelegenheit gewesen; die terrestrische Globalisierung hingegen wird Karthographensache und Seemannsabenteuer werden, später auch Sorge der Klimatologen, der Wirtschaftspolitiker, der Ökologen und anderer Experten fürs Unebene und Verworrene.
> …
> Die terrestrische Globalisierung ist in ästhetischer Hinsicht der Sieg des Interessanten über das Ideale. Ihr Resultat, die bekanntgemachte Erde, ist die unglatte Kugel, die als Form enttäuscht, aber als interessanter Körper Aufmerksamkeit bindet.[6]

Insofern spielt die geografisch-topologische Auffassung eine zentrale Rolle für die Feststellung von Globalem. Hinzu kommen jedoch weitere Kriterien, wie eine Vorstellung von Welt und Weltzusammenhängen, die nicht unbedingt mit einer materiellen Weltbefahrung einhergehen muss.

Globalisierung wird nicht selten mit Homogenisierung gleich gesetzt, Coca-Colarisierung, Mc-Donaldisierung etc.[7] Aber aufgrund der zunehmend kriegerischen

---

[5]Edward W. Said, Culture and Imperialism, New York 1993. Walter Mignolo, The Dark Side of the Reinaissance. Literacy, Territoriality, and Colonization, Ann Arbor 1995.

[6]Peter Sloterdijk, Globen. Makrosphärologie, Frankfurt am Main 1999, S. 803.

[7]Vgl. Alex Mac Gillivray, Globalization. The Untold Story of our Incredible Shrinking Planet, London 2006.

Situation der vergangenen Jahre ließe sich die Feststellung beinahe umdrehen: Führt
Globalisierung nicht zu einer konfrontativen Vielheit, anstelle der befürchteten
Ein-Einheit? Rüdiger Safranski schlug 2003 einen Rückzug auf das Individuelle
vor, um der globalen Komplexität zu entgehen.[8] Dies ist eine Lösung der viel-
stimmigen Globalisierungskritiker, die nicht nur auf den ersten Blick recht verein-
fachend zu sein scheint. Es ist auch nicht damit getan, die Welt als Schlachtfeld sich
konfrontativ gegenüberstehender „Kulturen" verstehen zu wollen, wie dies seinerzeit Huntington versucht hat.[9] Denn die langzeitigen Prozesse, die sich als Globalisierung beschreiben ließen (oder eben auch anders), beschränken sich nicht auf
„Entfremdung" und Expansion – es sind vielfältige Mikroprozesse, deren direkten
Bezüge zum Großen und Ganzen mitunter schwierig nachzuvollziehen sind. Aus
dieser Ablehnung, sich mit den komplexen Bezügen auseinanderzusetzen, und deswegen die negativen Auswirkungen zu beklagen erwächst mitunter eine Kritik an
Verlust und Verfall. Oder, wie bei Walter Mignolo, die Gegenbewegungen zur
Homogenisierung werden zu eigenständigen Kräften stilisiert, die aufgrund ihrer
Traditionen und ihrer radikalen Gegnerschaft sich der Homogenisierung entziehen.[10]

Eine nun hermeneutische Erweiterung erfährt eine Geschichteschreibung
der Vermischungsprozesse genau durch die Einbeziehung dieser Kritik. So
beweist das Konzept seine, eben nicht allein auf den beobachteten Gegenstand
beschränkte Offenheit. Dadurch nämlich, dass alles Bestehende als nie nicht-mes-
tizisch gilt, gerät das, was sich offen und offensiv gegen Métissage wendet selbst
zum Untersuchungsgegenstand. Diese Einbeziehung von Kritik operiert auf zwei
Ebenen: Erstens auf der Ebene der historischen Zeitepoche und zweitens auf
der Ebene der in der Geschichtswissenschaft geäußerten Kritik. Hier wäre also
die Frage zu stellen, wie sehr das in einer Selbsterklärung als nicht mestizisch
Bezeichnende, mestizisch wäre.

Ann Laura Stoler hat diese Frage indirekt am Beispiel des weißen Rassismus
der holländischen Kolonialherren in Indonesien während der ersten Jahrzehnte
des zwanzigsten Jahrhunderts gestellt.[11] Hier konstatiert sie, dass die durch ras-
sistische Abgrenzungsvorgaben bestehende Kolonialgesellschaft vielfältig mestizisch aufgrund der Interaktionen der eigentlich segregierten Gruppen war. Ähnlich

---

[8]Rüdiger Safranski, Wieviel Globalisierung verträgt der Mensch?, Frankfurt am Main
2003, S: 109 ff.

[9]Samuel Huntington, Kampf der Kulturen. Die Neugestaltung der Weltpolitik im 21. Jahrhundert, München 1996.

[10]Walter Mignolo, Local Histories/Global Designs. Coloniality, Subaltern Knowledges, and
Border Thinking, Princeton 2000.

[11]Stoler, Along the Archival Grain, Princeton 2009.

könnte das Argument von Sebastian Conrad weiterentwickelt werden, wonach jeder Nationalismus in der Abgrenzung von anderen Nationalismen entsteht.[12] Die Ablehnung eines Umstandes als Reaktion wäre im Umkehrschluss die Einbindung in ein diskursiv Totales. In dieser antithetischen Reaktion auf Beobachtungsprozesse liegt folglich die Mestizierung dessen, was sich als „rein" bezeichnet. Der Widerstand und die zum Teil radikale Ablehnung von Vermischungen sind eher Teil des Prozesses und ausdrückliche Zeichen für die hier entstehenden Reibungen, als dass sie absolute Widerparts darstellen würden. Im Einzelnen muss mit einer längeren historischen Ausführung dieser Vorgang des Beobachtens und Reagierens aufgezeigt werden, um von einem mestizischen Nicht-Mestizischen ausgehen zu können.

Métissage oder *mestizaje* sind abgeleitete Begriffe aus verschiedenen, miteinander jedoch vergleichbaren kolonialen Kontexten seit dem sechzehnten Jahrhundert. Beide bezogen sich in erster Linie auf die Vermischung unterschiedlicher *races* oder *razas* in der kolonialen Situation, als deren Ergebnis der Mestize, *mestizo* oder *métisse* hervorging. Mestizierung, dieser Begriff tauchte in spanischen, portugiesischen und französischen Kolonialreichen auf und wurde in diesem Zusammenhang zumeist als negativ bewertet. Jedoch war die Unterscheidbarkeit von Untertanen bereits im Mittelalter durch das Ständesystem und durch Zünfte auch in Europa ein Ziel jeder gelenkten Gesellschaftspolitik. Deswegen waren die Hürden für Veränderungen von sozialem Status hoch gelegt, sodass auch jeweilige Herrscher ihre Mühe und Not hatten, dieses entgegen dem Widerstand von Ständen zu lockern – selbst für individuelle Ausnahmesituationen.

Die Ausdehnung des kastilischen Herrschaftsraums mit der endgültigen Einnahme der letzten arabischen Bastion Granada – wodurch sich das Bild eines geeinten christlichen Spaniens ermöglichte – fällt um 1500 zusammen mit aus der italienischen Renaissance und der spanischen Rechtsphilosophie herkommenden Idealen von „reinen" Gesellschaften, die sowohl hierarchisch dem organischen Kopf-Körper-Prinzip gemäß pyramidisch vom Herrscher geleitet „gut" regiert wurden, wie mit dem herrschaftstechnischen neuen Möglichkeiten auf einer von politischen Konkurrenten weitgehend freien iberischen Halbinsel unter der vereinten Krone von Kastilien und Aragon. Das Konzept der „limpieza de sangre" erlebte unter diesen Umständen, in denen die Herrscher begannen eine Bürokratie zu schaffen, nachgeordnete Stellen in ständiger, aber abhängigen und überprüften Delegation herrschaftlicher Aufgaben einzurichten, einen breiten Widerhall. So wurde die Ausweisung der jüdischen Bevölkerung radikal durchgesetzt, die Zwangstaufen von Muslimen, ihre zielgerichtete Assimilation und vollständige

---

[12]Sebastian Conrad, Globalisierung und Nation im Kaiserreich. München 2006.

Marginalisierung zur „raison d'état".[13] Die Vereinheitlichung von Rechts-
systemen, Wirtschaftsformen, Steuersystemen, politischer Organisation wurde
zum Programm, stieß auf der iberischen Halbinsel, die Eingliederung des König-
reichs Portugal in eine iberische Krone war ebenfalls beabsichtigt, auf den Widerstand von territorial organisierten Ständen.[14] Dieser jedoch nahm ab den 1520er
Jahren so stark ab, dass auch hier die Zentralgewalt sich durchsetzen konnte.[15] In
den Kolonialgebieten fand diese Regierungsabsicht einen vollen Durchschlag und
konnte trotz Partikularinteressen durchgeführt werden.[16]

Um nur kurz ein weiteres Beispiel aus der Frühen Neuzeit der europäischen
Geschichte anzureißen, in dem die schmerzhafte und gewaltsame Herstellung von
Einigkeit deutlich wird: In Frankreich waren es die Religionskriege, die letztendlich den sich nach dem Hundertjährigen Krieg etablierenden Zentralkönig-
tum zum Durchbruch verhalfen. Mit ihnen wurden konkurrierende Adelsklans
entweder entmachtet oder in ein enges Abhängigkeitsverhältnis zum Königshaus
gebracht. Die Minderheit der Kalvinisten wurde auf dem königlichen Territorium nach dem Edikt von Nantes von 1598 nun geduldet, bis es Kardinal Riche-
lieu teilweise 1629 und Ludwig XIV. endgültig widerrief und die Hugenotten
verfolgen und aus dem Land treiben ließ. Diese fanden nun Aufnahme in den
Niederlanden, in Hamburg, Brandenburg und Russland, wo sie als Glaubens-
brüder anderer Nation mit einigen Schwierigkeiten akzeptiert wurden.

Im Unterschied zu den Rassentheorien des neunzehnten und zwanzigsten Jahrhunderts, die ja vornehmlich die Zementierung asymmetrischer Machtbeziehung
zum Ziel hatten, kann für diese (wie die meisten) historischen Kontexte nicht von
einer rein biologischen Definition des Vermischungsprozesses ausgegangen werden. Vielmehr zeigen die politischen und ideengeschichtlichen Schriften der Zeit,
eine enge Verbindung von „biologischen" oder als natürlich verstandenen Kriterien mit kulturellen (in der Regel religiösen) und sozialen. Zu den Natürlichen
gehörten demnach der Phänotyp und bestimmte Charaktereigenschaften, die einer

---

[13]Vgl. A. Katie Harris, From Muslim to Christian Granada. Inventing a City's Past in Early
Modern Spain, Baltimore 2007. Henry Kamen, Spain's Road to Empire. The Making of a
World Power (1492–1576), London 2003. Horst Pietschmann, Staatliche Entwicklung am
Beginn der spanischen Kolonisation Amerikas, Münster 1980.

[14]Vgl. Henry Kamen, Crisis and Change in Early Modern Spain, Aldershot 1993. Richard
Konetzke, Das spanische Weltreich. Grundlagen und Entstehung, München 1943.

[15]Vgl. John Edwards, The Spain of the Catholic Monarchs, 1474–1520, Oxford u. a. 2000.
Aurelio Espinosa, The Empire of the Cities. Emperor Charles V, the „comunero" Revolt,
and the Transformation of the Spanish System, Leiden 2009.

[16]Vgl. Arndt Brendecke, Imperium und Empirie. Funktionen des Wissens in der spanischen
Kolonialherrschaft, Köln, Weimar, Wien 2009.

so genannten „Rasse" zugewiesen wurden. Zu den kulturellen Eigenschaften sind Verhaltensweisen, Religion, Geschichte und Gebräuche zu rechnen. Aus der Verbindung dieser beiden Aspekte – die von den Zeitgenossen jedoch nicht bewusst vorgenommen wurde – ergaben sich sozio-juridische Konsequenzen. Anders als im historisch-analytischen Verständnis, wurde im kolonialen oder im rassentheoretischen Kontext das Mestizische keinesfalls als ein Prozess gedacht: Weil aber Vermischung und Vermischt-Sein untrennbar werden und weil kein Anfang eines Vermischungsprozesses über den Zeitpunkt eines Hinzukommens eines Elementes festgestellt werden kann, dessen Ein- und Auswirkungsmoment jedoch undefiniert bleibt, ist Métissage ständige Dynamik und führt zu einem nur als Konstrukt verständlichen *status quo.*

Ist so geklärt, was eine Geschichte der Métissage darstellen kann, was sie einbeziehen muss und auf welchen reflexiven Ebenen sie sich bewegen soll, könnte nun endgültig die Frage gestellt werden, ob es nicht lohnend wäre, das Konzept der Métissage auch für historische Darstellungen der Geschichte Europas zu verwenden. Das Reflexive in Geistes- und Sozialwissenschaften heißt nach Pierre Bourdieu, dass

> das empirische „Subjekt" der wissenschaftlichen Praxis in die Begriffsbildung der vom wissenschaftlichen „Subjekt" konstruierten Objektivität eingeht – insbesondere durch seine Situierung an einem bestimmten Punkt des sozialen Raum-Zeit-Kontinuums –, und sich damit ein schärferes Bewusstsein und eine weitergehende Beherrschung der Zwänge verschaffen, die sich vermittels alldessen geltend machen, was das wissenschaftliche „Subjekt" mit dem empirischen „Subjekt" verknüpft: mit seinen Interessen, Trieben, uneingestandenen Voraussetzungen, kurz all dem, womit es brechen muß, um sich selbst zu konstituieren.[17]

Dabei sind zwei Dinge zu beachten. Erstens, dass eine Anwendung des Konzepts Métissage nicht ohne seinen kolonialen und nicht ohne seinen postkolonialen Hintergrund geschehen kann oder darf. Europa ist im Ganzen und in seinen staatlichen und regionalen Verbünden sowie den verschiedenen Handlungsgruppen „postkolonial":

> If „postcolonial" is a useful word, then it refers to a *process* of disengagement from the whole colonial syndrome, which takes many forms and probably is inescapable for all those whose worlds have been marked by that set of phenomena: „postcolonial" is (or should be) a descriptive, not a evaluative, term.[18]

Peter Hulme plädiert in *Including America* für die Einbeziehung Amerikas, gemeint sind die Vereinigten Staaten von Amerika, in eine postkoloniale Analyseform von

---

[17]Pierre Bourdieu, Meditationen, Frankfurt am Main 2001, S. 153.
[18]Peter Hulme, Including America, in: Ariel 26, 1 (1995), S. 117–123; Zitat auf S. 120.

Literatur, weil er eine Trennung in solche vom Kolonialismus nachhaltig Betroffene und solchen, die dies nicht wären, für unsinnig und fehlleitend hält. Dieser Erkenntnisfortschritt, auf dem sich ausführlich Stuart Hall in seinem berühmten Aufsatz *When was ‚the Post-Colonial?' Thinking at the Limit* bezog, trug als blinden Fleck mit sich, dass die postkoloniale Perspektive ja genau ermöglichen sollte, ohne die Kolonialmächte eine Geschichtlichkeit zu erfragen und zu erforschen, die unter kolonialen Machtasymmetrien und hegemonialen Geschichtsdiskursen verborgen zu liegen, vermutet wurde.

Für den europäischen Raum hat Michael Broers eine Untersuchung der napoleonischen Herrschaft in Europa mit aus der Imperialismus-Forschung bekannten Konzepten wie „Andere", „Entfremdung" und „Akkulturation" gewagt. Mit der Einführung des Begriffs Métissage wird das Undeutliche zu einem Untersuchungsgegenstand, bei dem die „malaises, des confusions, des lacunes" offen zutage treten.[19] Das Wagnis liegt in der Napoleon-Forschung (wie bei jedem anderen Forschungsgegenstand aus der Geschichte Europas) in der Übertragung von Konzepten aus der Geschichte Außereuropas in den ansonsten als gegenüber solchen Einflüssen für immun befundenen Alten Kontinent. Broers begründet seine Begriffswahl mit bereits geleisteten Studien, die möglicherweise nicht die Begriffe selbst verwenden, aber bereits die Idee vorweg genommen haben.[20] Sollte ein „postkolonialer" Ansatz also zur Annäherung an die Geschichte der Kolonialstaaten bemüht werden, müssen Parallelen und Ähnlichkeiten, Bezüge, Verschiebungen und Beobachtungsverläufe berücksichtigt werden. Dies bedeutet, dass es nicht um eine Europäisierung des Konzeptes geht, also einer Enteignung der postkolonialen Stimmen des als besonders gewerteten Erbes.

Eine mestizische Antike

Neben den Überlegungen von Broers führen weitere Beispiele europäischer Geschichte und Geschichtsschreibung, in denen Métissage deutlich wird, ohne dass sie als solche bezeichnet wurde, die Nützlichkeit und die Perspektiven des Konzepts vor Augen. Eine Studie von Irad Malkin zeigt in diesem Zusammenhang, wie zum

---

[19]Béatrice Didier, Le métissage de *L'Encyclopédie* à la Révolution. De l'anthropologie à la politique, in: Métissages, I: Littérature-Histoire, Cahiers CRLH_CIRAOI 7, Paris 1991, S. 11 (S. 11–24).

[20]Michael Broers, Le Fardeau du Franc. Aufklärung zu Pferde. Eine Zivilisierungsmission in Napoleons Europa?, in: Boris Barth und Jürgen Osterhammel (Hg.), Imperiale Weltverbesserung seit dem 18. Jahrhundert, Konstanz 2005, S. 73–99.

einen die Kolonisierung Griechenlands vonstatten ging, wie von Hauptorten ausgehend, Nebenorte, Pflanzstädte, also im eigentlichen Sinne Kolonien entstanden.
Malkin zeigt aber auch auf, dass solche Neugründungen nie ausschließlich von denen
gegründet, bewohnt, bewirtschaftet und geleitet wurden, die sich als ihre Kolonisten
in der Geschichte verewigten. Die Kolonien waren kulturell, ethnisch und sprach-
lich bunt gemischte Gemeinden. Diese Situation führte häufig zu Entfremdungs-
prozessen der Tochter zur Mutterstadt. Ein Prozess der zusätzlich dadurch angefeuert
wurde, dass die Vermischung zur Einbindung einer solchen Stadt in das eigentlich
als „fremdartig" dargestellte Hinterland beitrug und zudem die Vermischung der
Bevölkerung durch gemischt-ethnische Ehen Gang und Gäbe war. Dies betraf in
nicht geringem Maße auch die Führungseliten dieser Städte, womit Veränderungen
in der politischen, nicht in der religiös-ideologischen Loyalität einhergingen. Malkin wagt dann den Schritt und wendet, nachdem er allgemein seine Studie mittels
neuen Netzwerktheorien bereits wegweisend ausrichtet, Richard White's Konzept
des *Middle Ground* an: Im sechsten vorchristlichen Jahrhundert stellt Malkin eine
Veränderung in der Form von Netzwerken fest. Waren sie bis dahin von regionalem,
ethnischem und mit großen Distanzen versehenem Charakter, so wurden sie nun zu
solchen mit starken Asymmetrien, kurzen Distanzen und multiethnisch. Die neue
Form von Koloniebildung mit dem Ziel einer Einbeziehung ganz unterschiedlicher
Bevölkerungsgruppen verstärkten ihre regionale Verankerung an Küsten:

> With Europeans arriving from the sea and natives advancing from the hinterland,
> both met on the shore. Colonization, then, stimulates or provokes what may be cal-
> led, antithetical imitations.'[21]

Dieser Prozess vollzog sich, so Malkin, an den Nordküsten Afrikas. Aber auch
für einen seiner räumlichen Foki um das heutige Marseille herum, gilt ähnliches: Kleinräumliche Interaktionsräume von sich aufeinander zu bewegenden
nicht hellenisierten und hellenischen Siedlern, Händlern, Soldaten etc. wurden
zum Hauptcharakter eines nun voll und ganz zu einem Netzwerk mit schwachen
Beziehungen gewordenen Mittelmeers.[22] Malkins Ansatz richtet sich nun gegen
die Annahme, eines einheitlichen und abgegrenzten hellenischen Raums. Er ist
insofern hellenisch, als in gewissem Maße eine ideologisch-religiöse Ausrichtung
auf Delphi vorherrschte. Jedoch – und auch hier finden Prozesse der Métissage
statt – wurde diese Vorstellungswelt in den Kolonien durch die Inkorporation
und Synkretisierung von nicht hellenischen religiösen Figuren und Praktiken

---

[21]Irad Malkin, A Small Greek World, Oxford 2011, S. 163.
[22]Ebd.

erweitert. Politisch war der Raum ohnehin vielfältig und „tanzte" eher aus-
einander als miteinander, wie Constantakopoulou formuliert.[23]

Auffällig ist wie sehr sich eine Annahme und eine Untersuchung von Vermischungsprozessen in der Alten Geschichte feststellen lässt. Für das Mittelalter
und die Frühe Neuzeit hat diese Aussage schon geringeren, für die an nationalen
Grenzen orientierte Geschichtsschreibung der jüngeren Vergangenheit und Zeit-
geschichte jedoch kaum Gültigkeit.[24] Wolfgang Schmale stellt fest:

> Jede x-beliebige bibliografische Recherche macht augenfällig, dass sich die
> Geschichtswissenschaft zunehmend mit Prozessen von Austausch, Transfer, von
> *métissage,* von Interaktion, von Vernetzung, von Kommunikation, von Integration,
> von Europäisierung, von Globalisierung, von „Hybridisierung" beschäftigt, dass das
> Polymorphe zum Thema wird, dass von *entangled history,* von *histoire croisée,* von
> *Kulturtransfer* etc. gesprochen wird.[25]

Ob diese Feststellung tatsächlich für die Geschichtsschreibung über Europa
Gültigkeit beanspruchen darf, kann für weite Bereiche in Zweifel gezogen werden.
Besonders hinter dem „zunehmend" müsste zumindest ein leichtes Fragezeichen
gesetzt werden. Natürlich ist es bereits ein wichtiger Schritt festzustellen, dass historische Akteure und Prozesse an Nationalgrenzen (die zudem vielleicht noch gar
nicht bestanden) nicht Halt machten: Der Fehler im Denken besteht aber besonders
dann, wenn jedes grenzüberschreitende Phänomen in erster Linie als Phänomen in
der Beziehung zwischen Nationalstaaten verstanden wird und nicht als ein Phänomen an sich, welches sich eindeutigen Einordnungen teilweise entzieht.

Für die Geschichtsschreibung über die mittelmeerische Antike scheint die
Akzeptanz von „Fremdeinflüssen" auch deswegen einfach zu sein, weil Europa
in einem ideologisierten Blick, noch in der Entstehung begriffen war und ohnehin weit – auch dieser Umstand war ideologisch für die Forschung lange Zeit
ein begrüßter – über das heutige Europa hinaus reichte. So streicht der Sprach-
forscher Harald Haarmann zwar hervor, dass „Historiker und Archäologen [sich]

---

[23]Christy Constantakopoulou, The Dance of the Islands. Insularity. Networks, The Athenian Empire and the Aegean World, Oxford 2007.

[24]Vgl. Mathieu Olivier, Geschichtsschreibung im mittelalterlichen Preußen und historio-
graphischer Wissenstransfer (13.–15. Jahrhundert), in: Anne Klammt u. Sébastien Rossignol (Hrsg.), Mittelalterliche Eliten und Kulturtransfer östlich der Elbe. Interdisziplinäre
Beiträge zu Archäologie und Geschichte im mittelalterlichen Ostmitteleuropa, Göttingen
2009, S. 151–168.

[25]Schmale, Die Bedeutung der Europäistik, S. 117.

bis heute schwer mit der Vorstellung von Etruskern als Einwanderern [tun]." Aber sobald der Fehler in der Vorstellung korrigiert ist, dass es sich wie bei der Einwanderung von „Proto-Etruskern" nicht um eine Migrantengruppe handelte, die bereits mit allen später so berühmt gewordenen kulturellen Hochleistungen aus Kleinasien nach Italien kam, lassen sich breitere Teile der Fachwelt überzeugen. Die nämlich in einer für das damalige Italien ungewohnten Stadtkultur lebenden Einwandererkultur entwickelte sich im Laufe der folgenden Jahrhunderte und im „italienischen" Kontext weiter.

Ältere Dorfgemeinschaften werden zusammengeschlossen, und aus ihnen entwickeln sich die ersten städtischen Zentren der Villanova-Kultur. Diese Kultur zeigt bereits die typischen Amalgamierungsprozesse, nämlich die symbiotische Verflechtung einheimischer Eigenheiten mit Elementen, die die Einwanderer mitgebracht haben. Denn von Anbeginn treten externe Zusatzkomponenten, und zwar ägäische und nahöstliche Merkmale, in der Villanova-Kultur in Erscheinung.[26]

In der langen Tradition, die die deutschsprachige Beschäftigung mit dem Thema der Etrusker in Italien hat, kann man diese Feststellung der jüngsten Forschung nicht stehen lassen, ohne auf Theodor Mommsens ersten Band der *Römischen Geschichte* zu verweisen, in dem er die kulturelle Stellung der Etrusker bewertet und die Beziehung zwischen dem archaischen Rom und den „Rasenna" thematisiert. Mommsen bespricht die Herkunft von archaischen römischen Musiktraditionen, und nimmt besonders die Ahnen- oder Totenklagelieder in Betracht. Für das Thema der Métissage ist interessant, dass er annimmt, diese Lieder seien, anders als andere Elemente der frührömischen Musikkultur, wie das Maskenspiel, nicht aus lateinischem Kulturerbe in die römische Alltagskultur übergekommen, sondern aufgrund eines Transfers aus der griechischen Kultur. Jedoch hätten auf keinen Fall Elemente von den Etruskern oder den Phöniziern in die römische Kultur Einzug finden können. Spannend ist nun, dass Mommsen es keinesfalls bei dieser einfachen Feststellung belässt, nur die griechische Kultur sei prägend für die entstehende römische Kultur gewesen.

Denn lediglich die Hellenen und weder Phoeniker noch Etrusker sind es gewesen, welche in dieser Beziehung eine Einwirkung auf die Italiker übten; nirgends begegnet bei den letzteren eine musische Anregung, die auf Karthago oder Caere

---

[26]Harald Haarmann, Alteuropa, 2011, S. 39–74; Zitat af S. 57.

zurückwiese und es darf wohl überhaupt die phoenikische wie die etruskische den unfruchtbaren und darum auch nicht weiter zeugenden Civilisationsgestaltungen zugezählt werden.[27]

Das Zitat findet sich so in der zweiten Auflage von 1856 des nur zwei Jahre zuvor in erster Auflage erschienen ersten Bandes der *Römischen Geschichte*. In der Ausgabe von 1881 steht das Zitat noch verschärft dort:

> Denn lediglich die Hellenen und weder Phoenikier noch Etrusker sind es gewesen, welche in dieser Beziehung eine Einwirkung auf die Italiker übten; nirgends begegnen bei den letzteren eine musische Anregung, die auf Karthago oder Caere zurückwiese, und es darf wohl überhaupt die phoenikische wie die etruskische den Bastard- und darum auch nicht weiter zeugenden Formen der Civilisation zugezählt werden.[28]

In diesem, ab der siebten Auflage bis heute zu gedruckten Zitat, qualifiziert der Althistoriker die Etrusker und Phönizier als „Bastarde" und allein deswegen, da Bastarde[29] sich nicht fortpflanzen könnten, wären sie eben auch nicht fähig gewesen, prägenden Einfluss auf andere Zivilisationen auszuüben. Mommsen sticht also genau in das Wespennest, aus dem nun eine Vielzahl von Stereotypen herausgeflogen kommen: kulturelle Überlegenheitsrhetorik, Dekadenzlogik, teleologisches Geschichtsverständnis, Determinismus in Form kultureller Begrenzungen und Übertragung biologischer Konzepte in die Geschichtswissenschaft, ohne dass hierfür eine Validität geprüft wäre. Er folgert, es sei allgemein Unsinn überhaupt anzunehmen, es habe eine Zeit im alten Rom gegeben, in der Etruskisch Bildungsinhalt in der Schulausbildung gewesen sei. Mommsen fragt, was denn ein solcher Unterricht den Schülern für einen Nutzen gebracht haben könne.

Es ist ein Einfaches, einem Wissenschaftler der zweiten Hälfte des neunzehnten Jahrhunderts Vorhaltungen zu machen.[30] Zu berücksichtigen sind

---

[27]Theodor Mommsen, Römische Geschichte. Bd 2: Bis zur Schlacht von Pydna, Berlin 1856 (2 Aufl.), S. 208.

[28]Theodor Mommsen, Römische Geschichte. Bd 1: Bis zur Schlacht von Pydna, 1881, S. 211.

[29]S. zur „ethnologischen" Sicht auf die *Italiker*, Adolf Bastian; hierzu auch die Frage nach Kreuzung und Züchtung.
http://reader.digitale-sammlungen.de/de/fs1/object/display/bsb10254.902_00.017.html.

[30]Zur ständig sich wiederholenden Verwendung des Begriffs „Bastard" kann man bei Ernst Moritz Arndt fündig werden.

damaliger Forschungsstand, das Wagnis überhaupt Anleihen aus einer anderen Wissenschaft zu tätigen (schließlich war man ja gerade dabei, die Bedeutung der Selbstständigkeit von eigenen Fächern zu unterstreichen) und Mommsens Überlegung, Kulturtransfer zu einem Thema zu machen. Erinnert sei nur an den Beginn des ersten Bandes, in dem Mommsen auch in der zweiten Auflage noch schreibt, nachdem er die Abgrenzung von Völkern und Kulturberührungen im weiten circum-mediterranen Raum gestreift hat:

> ... soweit überhaupt Culturkreise sich abschließen lassen, kann derjenige als eine Einheit gelten, dessen Höhepunkte die Namen Theben, Karthago, Athen und Rom bezeichnen. Es haben jene vier Nationen, nachdem jede von ihnen auf eigener Bahn zu einer eigenthümlichen und großartigen Civilisation gelangt war, in mannigfaltigster Wechselbeziehung zu einander alle Elemente der Menschennatur scharf und reich durchgearbeitet und entwickelt, bis auch dieser Kreis erfüllt war, ...

Mommsen kann also – wenn auch schon weniger als in der ersten Version des ersten Bandes – sich vorstellen, dass die einzelnen Zivilisationen oder Nationen ihr kulturelles Wissen miteinander austauschten. So erscheint diese einleitende Passage in Hinblick auf die später im Band folgende Einordnung recht inkonsequent. Noch überraschender ist sie natürlich im Vergleich zu den dann ab 1881 abgedruckten Texten.

Aber selbst, wenn man die späteren Versionen sich mit der Perspektive anschaut, Momente des Kulturtransfers entdecken zu wollen, wird man fündig. Er fand nun für den alternden Althistoriker aber hauptsächlich zwischen Griechen und Römern statt, weil sich hier eine historische Konstante zeigte, die mehrere hundert. Jahre, bis in die römische Kaiserzeit mit der Philosophierezeption anhielt.

Aus einer globalhistorischen Perspektive folgt keinesfalls zwingend, dass nur eine größere Nähe auch automatisch zu einem erhöhten Wissens- und Kulturaustausch geführt haben müsse. Dass sich Mommsens Annahme möglicherweise aus einer Skepsis gegenüber einem französisch-deutschen Kulturaustausch im Rückblick auf das Verhältnis der beiden großen Kulturentitäten des archaischen Italiens übertragen ließe, mag ein wichtiges Argument in seiner Auswahl gewesen sein, die griechische der etruskischen Kultur als Inspirationsquelle des frühen Roms vorzuziehen. Jedenfalls folgt Mommsen dem aufklärerischen Bewertungsschema, wonach die Wiege der europäischen Kultur eben in den gut zu dechiffrierenden Hellenen zu finden sei, die ausreichend Quellenmaterial in Form von Bauten, Inschriften und Texten hinterlassen hatten, wohingegen der etruskische Nachlass nicht nur schwierig aufzufinden, sondern dann noch großteils a-textuell, unverständlich und regionalistisch erschien. Die auch aus diesen Gründen sich erklärende Bevorzugung der Griechen verführte Mommsen nun aber nicht dazu, die Römer zu Hybriden einer kulturellen Vermischung zwischen im Dunkeln sich bewegenden Latinern und kulturbringenden Griechen zu machen. Denn die Bildung von Bastarden war zu vermeiden, wollte man sich doch mit starken und „fortpflanzbaren" Zivilisationen beschäftigen, nicht mit präsumptiven Sackgassen der Kulturgeschichte der Menschheit. In letzter Konsequenz lässt Mommsen also die Frage unbeantwortet, wie denn die römische Kultur zu bewerten sei. Es ist bei ihm eine Tendenz abnehmender Gewogenheit gegenüber Austauschmodellen zu erkennen, die zum Teil aus aktuellen politischen Konstellationen, anderseits aus dem Forschungsstand seiner Zeit zu erklären sind.

Dies ist keine überraschende Feststellung, da im neunzehnten Jahrhundert die Nation und die Nationalgeschichtsschreibung ganz vorne anstand. Jedoch muss eben bei einer Analyse der vielen (Pseudo-)Nationalgeschichten die teilweise gegenläufigen, aber das Narrativ ungemein befördernden Prozesse der Vermischung berücksichtigt werden. Barthold Georg Niebuhr, um einen weiteren „Großen" der deutschsprachigen Althistoriker des neunzehnten Jahrhunderts zu nennen, bemühte sich beispielsweise um eine Nationalgeschichte Griechenlands in der Zeit nach der makedonischen Dominanz. Niebuhr unterstreicht mehrfach, wie wenig der Staat Griechenland noch bestanden habe, er findet jedoch – und dieser Umstand bestärkt ihn in seinem Vorhaben – in seinen Quellen, hauptsächlich in hellenistischer und römischer Zeit geschriebene Geschichtswerke, einen griechischen Nationalgeist.

> Gerade gegen das Ende des achaischen Bundes schrieb Polybius seine vortreffliche Geschichte. Er der sein Vaterland so sehr liebte, musste doch die Kleinheit desselben gegen die Größe Rom's als Mittelpunct der Welt vollkommen anerkennen und sich selbst gestehen, dass es nicht mit Rom verglichen werden könne. ‚Er fasste den richtigen Gesichtspunkt und schrieb seine Geschichte universell, so dass er Griechenland seinen Platz zuwies, der ihm zukam.[31]

Für Niebuhr standen Nationalgeist und Universalismus nicht im Gegensatz, weil er am Beispiel des Polybios die Rettung Griechenlands von einem Vergessen aufgrund des politischen Untergangs als das eigentliche Ziel anerkennt. Eine solche Rettung konnte nur mithilfe der Einbettung Griechenlands in einen größeren

---

[31]Barthold Georg Niebuhr, Historische und philologische Vorträge. Die makedonischen Reiche. Hellenisierung des Orients. Untergang des alten Griechenlands. Die römische Weltherrschaft, Berlin 1851.

Kontext geschehen, der nicht dessen Abgeschlossenheit betonte, sondern die Teilhabe und den Einfluss Griechenlands an größeren Zusammenhängen. Deutlich wird an dieser Nationalgeschichte der untergegangenen Nation Griechenland auch, dass es sich eigentlich um eine Geschichte Athens dreht. Diese bietet Niebuhr als pars pro toto für ein gesamtes Griechenland an, ohne dass die Nation geografisch je eindeutig definiert würde. Die Gegnerschaft Athens zu Alexander wird bei ihm zu einer nationalen Angelegenheit, einem letzten politischen Zucken, bevor die Fremdherrschaften sich an der Ägäis die Türklinke in die Hand gaben. Die Tyranneien, zuerst die makedonische, dann die römische trugen dabei zu einer politischen Gemengelage bei, die Niebuhr in drei Parteien unterscheidet. Neben den makedonischen Parteigängern, standen die römischen. Als dritte Partei, die kleinste und schwächste, bestand im Griechenland bzw. Athen unter römischer Herrschaft die Partei der griechischen Nationalisten, die Niebuhr als ehrenwert bezeichnet.[32] Die großen politischen Verwerfungen seit Alexander dem Großen hatten also zu einer neuformierten politischen Landschaft geführt, die selbst diese Verwerfungen widerspiegelte.

Alexanders Wirken war auch in seinen Koloniestädten spürbar. Er hatte in den vielen auf dem Weg gegründeten „Alexandria" griechische Stadtverfassungen eingeführt, meint Niebuhr. Diese hätten die dort angesiedelten Makedonier und Griechen als gleichwertige Bürger im Unterschied zu den „asiatischen" Bewohnern definiert, jedoch auf eine Ununterscheidbarkeit der beiden mit Alexander dorthin gekommenen Bevölkerungsgruppen abgezielt. Dasselbe sei letztendlich im ägyptischen Alexandria geschehen, kontrastierte aber mit den Rechtsnormen der „einheimischen" Bevölkerung:

> Aber was für Griechen und Makedonier, zwischen denen die Diadochen, in den von ihnen gegründeten Städten, keinen Unterschied machten, angemessen, ja was ihnen unentbehrlich war, um behaglich zu sein, das paßte nicht für die Einheimischen, noch für die Barbaren aller Völker, welche der Handel nach Alexandria führte, und, sicher in großer Zahl, dort festhielt: Syrer, Araber, Aethiopier, ja gewiß selbst Neger.[33]

Niebuhr beschreibt hier eine multi-kulturelle Situation in Alexandrien, überformt durch die makedonische politische Ordnungsmacht. Die kulturellen Unterschiede waren nach Niebuhr dabei begleitet von Vermischungstendenzen zwischen anderen Gruppen. Für Niebuhr war aber genau diese enge Verbindung, die über eine

---

[32]Ebd., S. 502–503.
[33]Ebd., S. 360, Fußnote 1.

Koexistenz zwischen zwei eigentlich verwandten Gruppen hinausging, eben keine Besonderheit des Koloniestatus der „Alexandrien", sondern typische soziale Situation in Makedonien und Griechen. Was in Athen Demen genannt war, waren sozio-ökonomische Gruppen, im Charakter Klane, die sich untereinander so unterschieden wie sie sich in der Praxis vermischten.[34] Und genau dieses griechische Modell exportierte der Makedone Alexander nun, verschärfte jedoch die Konkurrenz zwischen den Gruppierungen durch die Ausgrenzung großer und dynamischer Bevölkerungsteile.

Einen lang anhaltenden mestizischen Kulturraum bildet der gesamte Raum der Levante, der seit Alexanders Eroberungen stark hellenisiert und damit „Teil Europas" war. Hier fand unter arabischer Herrschaft ein Prozess statt, der zutiefst das Europa der Renaissance prägen sollte: Die Griechisch-Arabische Übersetzungsbewegung. Vom 8. Jahrhundert nach Christus an wurden aus dem Griechischen, aber auch aus dem Persischen, Syrianischen und Lateinischen Texte philosophischen, medizinischen, mathematischen oder physikalischen Inhalts ins Arabische übersetzt. Sie dienten letztendlich einer im Entstehen begriffenen arabischen Wissenschaftskultur in Abhängigkeit von und im Nutzen für die politischen und wirtschaftlichen Strukturen.[35] Interessant ist dieser gesamte Prozess, der breite Aufmerksamkeit in der Geschichtsschreibung über die Umayyaden und Abbasiden einnimmt, weil er herausragend Vermischungsprozesse von Wissen sowie den Umgang mit adaptierten Wissen und Formen des dissimulierten Bestandes von Vermischung demonstriert. Diesen Dreiklang hat A.I. Sabra dargestellt und den Prozess, der dahin führte, dass die griechisch-paganen „Wurzeln" arabischer Wissenschaften nicht mehr von den arabischen „Wurzeln" zu unterscheiden sind und zeitgenössisch ab ca. dem 10. Jahrhundert dissimuliert wurden.[36] Beide hier als kurze Beispiele angeführten historischen Entwicklungen aus der antiken und der mit dieser eng verzahnten mittelalterlichen Geschichte zeigen, dass ein Begriff wie Métissage nützlich sein könnte, um eben Forschung jenseits der Eindeutigkeit des Untersuchungsgegenstands und der Abgeschlossenheit des Kulturraums betreiben zu können.

Andere Regionen treten in dieser Zeit der Geschichte wenig hervor und hätten Herodot oder Thukydides nicht wenigstens einige Zeilen über die nicht-mediterrane Welt verfasst, der nordeuropäische Teil des Kontinents stünde in der Darstellung großer historischer Tiefe vor noch größeren Herausforderungen. Die Lücken füllt besonders die Archäologie, die jedoch Dinge zutage fördert, die so

---

[34]Ebd., S. 360.

[35]Dimitri Gutas, Greek Thought, Arabic Culture: The Graeco-Arabic Translation Movement in Baghdad and Early Abbasid Society (2nd–4th/8th–10th Centuries). London 1998.

[36]Abdelhamid Sabra, The Enterprise of Science in Islam. New Perspectives, in: Isis 87, 4 (1996), 654–670.

erstaunlich sie sind, ebenfalls die häufig als positiv bewertete Isolierung und kulturelle Eigenständigkeit von Germanen und Kelten hinterfragt: Artefakte belegen weitgehenden Handels- und Wissensaustausch und daraus entstandene Ergebnisse sind heute von der Öffentlichkeit gefeierte Kulturleistungen. Die Frage aber, ob diese Eigenleistung waren oder Importe muss der Archäologe mit einem Fragezeichen beantworten.[37] Dabei wäre es ihr ein Leichtes, eben umfassende und komplexe, im Einzelnen nicht immer lückenlos nachweisbare, aber wirkmächtige Austauschprozesse dem Entstehungs- und Anwendungskontext von archäologischen Funden zugrunde zu legen, ohne den „wirklichen Ursprung", bestimmen zu müssen.

Thales und der Ursprung der europäischen Wissenschaft

Im Folgenden soll ein Beispiel aus der Antike zeigen, wie der Ansatz der Vermischungsgeschichte durch die Identifizierung narrativer Schichten und die Rückbindung dieser Schichten an das dokumentierte historische Material neue Perspektiven auf Geschichte eröffnen. Als um 600 vor Christi Geburt sich Thales daran begab, einige Grundrechenarten und geometrische Figuren zu lehren, konnten sich in den folgenden Jahrhundert eine ganze Reihe von Griechen daran erinnern, dass genau jener Thales es gewesen sei, der als erster Grieche dies getan hatte. Thales wurde zum ersten Mathematiker, ja zum ersten Wissenschaftler stilisiert und Aristoteles bezeichnete ihn als ersten der sieben Weisen. Thales war derjenige gewesen, der das alte, archaische Griechenland auf dem Weg zur Zivilisation gebracht hatte. In der Antike beschäftigten sich Mathematiker, Philosophen und Geschichtsschreiber von Plato, Homer, Sokrates, Aristoteles, Xenophanes bis zu den Römern Diogenes Laertius oder Plinius der Jünger so ausführlich mit Thales, wie es der Umstand erlaubte, dass von ihm keine Originalschriften erhalten waren. Aber neben den ihm zugeschriebenen mathematischen Grundsätzen kursierten einige Anekdoten über den Mann aus Milet, dieser wichtigen griechischen Kolonie an der Küste Kleinasiens, die selbst wiederum im ganzen Mittelmeerraum und am Schwarzen Meer Koloniestädte gegründet hatte. Milet war ein geradezu kosmopolitischer Umschlagsort: hier lebten neben den Griechen Ionier, Phönizier und wahrscheinlich auch Ägypter und Chaldäer.

Thales selbst war phönizischer Abstammung, Kaufmann und reiste als solcher die kleinasiatische Küste Richtung Süden. Es ist wahrscheinlich, dass er

---

[37]Regine Maraszek, Die Himmelsscheibe von Nebra, Halle 2008.

einige Jahre in Ägypten verbrachte, dem Land, in dem die Großbauten, die Landverteilung und die hierarchische Gesellschaftsordnung spezialisiertes Wissen hervorbrachten und verlangten. Thales scheint hier Wissen in Mathematik, in astronomischer und geometrischer Berechnung erworben zu haben, das er nach seiner Rückkehr nach Milet dort weitergab und somit die Ionische Schule von Mathematikern und Philosophen begründete.

In der Frage nach Austauschprozessen in Europa ist auf der historisch faktischen Ebene eine hohe Wahrscheinlichkeit zu verzeichnen, dass ein Teil der ersten Impulse einer europäischen Wissenschaft und Philosophie aus Gegenden stammte, die in der folgenden historischen Entwicklung nicht zu Europa gerechnet wurden. Und genau dieser Umstand begann zu einem Zeitpunkt zu einem Problemfall zu werden, als die Abgrenzung Europas gegenüber anderen Kontinenten ein wichtiger Bestandteil des europäischen Zivilisationsdiskurses wurde. Schaut man sich nämlich die Diskussionen um die Person Thales und den Ursprung der europäischen Wissenschaften in der Zeit um 1800 an, dann wird das Wissen um in der Antike stattfindende Austauschprozesse zu einem Stolperstein bei der Begründung des weitgehend gebräuchlichen Überlegenheitsdiskurs.

In der um 1800 geschriebenen Literatur lassen sich drei Herangehensweisen finden, wie das Verhältnis des europäischen Thales zu außereuropäischem Wissen beschrieben wird. In der ersten Argumentationsstrategie wird den antiken Quellen, die über diesen Austauschprozess berichten, Glaube geschenkt. Die alte griechische Mathematik sei tiefgreifend von der ägyptischen gestaltet worden. Die zweite Position vertrat die Auffassung, dass ägyptisches Wissen hauptsächlich von praktischem Nutzen war und nur in der Anwendung überhaupt Sinn ergab. Es waren aber die Griechen, und hier zu Beginn Thales, der dieses Wissen auf eine höhere, nämlich abstraktere Ebene hob. Die dritte Sichtweise verneinte jeden Einfluss von Ägypten auf Griechenland und betonte die Autonomie der griechischen Wissenschaftstradition von ägyptischen, chaldäischen oder persischen Vorläufern.

Diese drei Argumentationsweisen wurden vor den Hintergrund zunehmend nach nationalen Kriterien einteilendem Denkens gefasst, zudem in den Befreiungsbemühungen der Griechen gegenüber der Osmanischen Herrschaft, den kolonialen Interessen Großbritanniens und Frankreichs in Ägypten und der Levante sowie einer frühromantischen Griechenlandbegeisterung.[38] Geht man heute deswegen der

---

[38]Efthymios Nicolaidis, Science and Eastern Orthodoxy. From the Greek Fathers to the Age of Globalization, übersetzt von Susan Emanuel, Baltimore 2011, S. 164. Suzanne L. Marchand, Down from Olympus. Archaeology and Philhellenism in Germany, 1750–1970, Princeton 1996, S. 3–35.

Frage nach dem „Ursprung" der griechischen Wissenschaft nach, dann muss man sich mit vier verschiedenen Ebenen auseinandersetzen. Die erste Ebene beinhaltet die Person Thales an sich, die jedoch nur aus Überlieferungen von mehr oder weniger zeitgenössischen Beschreibungen und Bewertungen Thales in der Antike bekannt ist. Seit Herodot ziehen sich die Anekdoten durch die Darstellungen, die Diogenes Laertius im 3. Jahrhundert nach Christus eindrucksvoll zusammen gestellt hat. Die dritte Ebene stellt genau die hier bereits angesprochene intensive Auseinandersetzung mit der allgemeinen Fragestellung nach dem Ursprung der griechischen Wissenschaften und mit der Person Thales im besonderen in der Zeit zwischen 1750 und 1800 dar. Die Werke stellen die ersten Zeugen der Disziplin Geschichtsschreibung dar, die sich in einem noch sehr jungen Stadium ihrer Entwicklung befand. Die Autoren dieser Ebene bezogen sich auf die vorherigen Ebenen und wählten unter den Autoren der zweiten Ebene nach den Darstellungen, die ihrer Argumentationsweise am nächsten kamen. Selbstverständlich, lassen sich diese Ebenen, zu der die vierte des heutigen Historikers hinzukommt, nicht sauber voneinander trennen. Unterschiedliche Vermischungsprozesse laufen demnach gleichzeitig ab. Zum einen der Vermischungsprozess in der Formierung einer eigenen griechischen Wissenschaft. Zum anderen der Vermischungsprozess in der historiografischen Bewertung und der Auseinandersetzung mit den vorangegangenen Erzählungen und zudem der Einordnung der eignen Bewertung in den historischen Kontext.

Zu dem Einordnen der um 1800 geschriebenen Darstellungen über den Ursprung der griechischen Wissenschaften gehört die Wiedererweckungsbewegung von Themen und Gegenständen, die im Laufe der Zeit verloren gegangen waren, nun aber neu wiederentdeckt wurden.[39] Zu dieser Wiedererweckungsideologie gehörten sowohl die Napoleonische Ägyptenexpedition, inspiriert von Abbé Gregoire, Volney[40] und anderen wie die in Europa erfolgreiche Bewegung des Panhellenismus. Beide verfolgten unter anderem auch das Ziel, Ägypten bzw. Griechenland von Osmanischer Herrschaft zu befreien.[41] Und so wurde Nationalstaatsgründung ein politisches Ziel, zu dem auch die Wissenschaft ihren Teil beitragen sollte. Denn ein Staat benötigte seine eigene

---

[39]Mona Ozouf, L'homme régénéré, Paris 1989.

[40]Beide waren ebenso in der Wiedererweckung einer Geschichtsschreibung über eine schwarze Zivilisation engagiert, wie Pathe Diop (Cheikh Anta Diop et l'Afrique dans l'histoire du monde, Paris 1997) herausstellt.

[41]Jean-Loup Amselle, Vers un multiculturalisme français, 1996, S. 60.

Geschichte und bedeutende historische Leistungen,[42] unter welche die Geschichte vom Ursprung der Wissenschaften einen prominenten Platz einnehmen konnte.

Die Welt des östlichen Mittelmeers war eine Region vergleichsweise regen Austausches, wie schon Robert Eden Scott 1810 feststellte:

> After the death of Socrates, Plato visited Magna Graecia in pursuit of wisdom, and there it is supposed he was initiated into all the mysteries of the Pythagorean philosophy. Not content with this, he proceeded to Cyrene, and became a pupil of Theodorus in the mathematical sciences; and even visited Egypt in the capacity of a merchant, in order to study astronomy and other branches of knowledge. On his return to Italy, he was further instructed at Tarentum in the doctrine of Pythagoras, as it was then taught by Archytas, Timaeus and others; and afterwards, when he visited Sicily, he retained such an attachment to the Italic school, that he purchased, at a great price, several Pythagorean books from Philolaus, one of the philosophers of that sect; which acquisition he was enabled to make through the bounty of King Dionysius.
>
> Returning home this richly stored with knowledge, he instituted about the year 460 B.C. a new school of philosophy at Athens, in a public grove, called the Academy, from the Athenian Hecademus, who had left it to his countrymen for the purpose of gymnastic exercises. ...[43]

Menschen und Waren reisten umher, wandernde Philosophen verbreiteten ihr Wissen und semi-rituelle Zusammenkünfte wie die Olympiaden waren Anlässe, bei denen Wissen ausgetauscht werden konnte.[44] Zudem wird Thales zugeschrieben, mit der Berechnung von Sternenpositionen das Schiffsreisen selbst zu einer Anschauungshandlung praktizierter Wissenschaft gemacht zu haben.[45]

Die Beziehungen zwischen Ägypten und Griechenland in der archaischen Zeit wurden, so die Autoren, die um 1800 herum ihre Ansichten niederschrieben,

---

[42]Terence Ranger, The Invention of Traditon in Colonial Africa, in: The Invention of Tradition, hg. von Eric Hobsbawm und Terence Ranger, Cambridge 1983, 211–262.

[43]Robert Eden Scott, Inquiry into the Limits and Peculiar Objects of Physical and Metaphysical Science, Tending Principally to Illustrate the Nature of Causation; and the Opinions of Philosophers, Ancient and Modern, Concerning that Relation, London 1810, S. 58.

[44]Nicholas J. Richardson, Panhellenic Cults and Panhellenic Poets, in: *Cambridge Ancient History* (2. Auflage), Band 5. Cambridge 1992, S. 223–244. Håkan Tell, Sages at the Games. Intellectual Displays and Dissemination of Wisdom in Ancient Greece, in: Classical Antiquity 26, 2 (2007), S. 249–275.

[45]Henry Hodges, Technology in the Ancient World, Harmondsworth 1970, S. 157.

als die Aufeinanderfolge von unterschiedlichen Zivilisationen verstanden, die selbst schon zeitgenössisch ein Verständnis von ihrem Status besaßen. Die Wissenschaft in dieser frühen Antike bestand hauptsächlich aus Mathematik, Geometrie und Astronomie. Die Wissenschaftler der Spätaufklärung mussten sich nun mit der Beschränkung ihrer wissenschaftlichen Arbeit auseinandersetzen, dass sie keine Hieroglyphen und keine Keilschrift lesen konnten. Insofern waren ihnen Teile, die zu einer umfassenderen Kenntnis der Wissensleistungen zu Zeiten Thales in Ägypten oder im Vorderen Orient beigetragen hätten, vollkommen unzugänglich. Autoren wie Charles Bossut, Georges Cuvier oder Richard W. Rothman mussten ihre historische Darstellung vollständig auf griechischen und lateinischen Texten aufbauen. Heinrich Ritter und Delambre gaben diese Lücken zu und Rothman konstruierte aufgrund von wissenschaftlichen Ausdrücken, die er für chaldäischen Ursprungs hielt, einen Wissenstransfer zu den Griechen.

Besonders bei deutschen Philosophen und Philosophiehistorikern war die Annahme jedoch umstritten, dass die Griechen es nötig gehabt hätten, von den Ägyptern Wissen zu übernehmen. Dietrich Tiedemann stellte schon 1780 in einer biografischen Skizze Thales fest:

> Nach allen vorhandenen Datis können die entlehnten Schätze nicht sehr groß gewesen sein. Weder damals, noch auch in den folgenden Zeiten scheinen die Egypter durch ihre eigene Geistes-Kraft je eine würklich philosophische Cosmogonie erfunden; nie über Fiktionen und dichterische Vorstellungen sich erhoben zu haben. Alles was wir von Egyptischer Philosophie wissen, besteht in Bildern und Phantasien, deren Grund von den spätern Griechen fast immer aus einem ihrer Lieblings-Systeme entlehnt, und zusammenhängende systematische Beweise nirgend gefunden werden. Die Idee also, welche eigentlich den Tales zum Philosophen erhob, das was bisher blos Dichter-Vorstellung gewesen war, durch Beweise und Raisonnement zu philosophischer Wahrheit, und zum Systeme von Wahrheiten zu machen, kann er nicht in Egypten vorgefunden, muß er selbst erfunden haben.[46]

Tiedemann behauptete, dass in Ägypten zu Zeiten Thales Wissenschaft nicht bestanden hätte. Tiedemann zieht jedoch nicht in Zweifel, dass Thales die Reisen nach Ägypten und vielleicht sogar nach Kreta unternommen habe, die antike Autoren mehrfach berichten.[47] Dieses Faktum bezweifelte jedoch Heinrich Ritter, weil eine so rege Reisetätigkeit zu der Zeit Thales' nicht möglich gewesen wäre.

---

[46]Dietrich Tiedemann, Griechenlands erste Philosophen, oder Leben und Systeme des Orpheus, Leipzig 1780, S. 109–110.
[47]Tiedemann, Griechenlands erste Philosophen, 1780, S. 117–119.

Zudem wären sich die Griechen ihres besonderen Status gegenüber den Ägyptern und anderen „Orientalen" bereits bewusst gewesen. Auch ein grundlegender Mentalitätsunterschied hätte einen Wissensaustausch verhindert,[48] schrieb Ritter und übernahm diese Sichtweise von seinem Lehrer Friedrich Schleiermacher.[49]

Ein quasi-rassischer Diskurs hatte sich in die Diskussion um den Ursprung der Wissenschaft eingeschlichen, der jedoch nicht nur von der Austausch ablehnenden deutschen Seite geführt wurde. In seinem polemischen Essay „Défense d'Hérodote contre les accusations de Plutarque" konstruierte der Abbé Geinoz ein griechisches Selbstbewusstsein, das in der Lage war zwischen positiven und negativen Einflüssen aus ihrer sich degenerierenden Umwelt zu entscheiden. Die positiven Punkte, wie zum Beispiel wissenschaftliche Methoden und Erkenntnisse, nahmen sie auf und inkorporierten sie in ihr Sozialsystem, während sie negative Einflüsse als ihre eigene Kultur schwächend, ablehnten.[50] Nicht zu verleugnen ist in Geinoz' Schrift der koloniale Hintergrund und Einfluss, der die Illusion gerichteter Kulturaneignung beinhaltete.

Die Métissage-Geschichte von der Entstehung europäischer Wissenschaft in Griechenland kann also verschiedenartig geschrieben werden. Nach 1830 konnten Altertumskundler sich mit und mit Ägyptisches Wissen durch die Fähigkeit, Hieroglyphen lesen zu können, erschließen. Und ab den 1870er Jahren konnte auch die Keilschrift langsam verstanden werden. Aber bis in die Mitte des 20. Jahrhunderts war das Thema des Ursprungs der Wissenschaft ein schwieriges Terrain. George Lloyd, zum Beispiel, war noch 1970 der Überzeugung, dass echte Wissenschaft erst im Hellenismus betrieben wurde, und zuvor ein qualitativer Unterschied bestanden hatte zwischen der Abstraktionsleistung der Mileter und der Beschränkung auf praktische Anwendung von Mathematik bei den Ägyptern.[51] Eine zusammenhängende, Ägypten, den Vorderen Orient und

---

[48]Heinrich Ritter, Geschichte der pythagorischen Philosophie, Hamburg 1826, S. 25.

[49]Friedrich Schleiermacher, Geschichte der Philosophie, Friedrich Schleiermacher's sämmtliche Werke, 3. Abtheilung: Zur Philosophie, 4 Bd, 1. Teil, hg. von Heinrich Ritter, Berlin 1839, S. 24.

[50]L'Abbé Geinoz, Défense d'Hérodote contre les accusations de Plutarque, in: Histoire d'Hèrodote, traduit du Grec. Avec des Remarques Historiques et Critiques, un Essai sur la Chronologie d'Hérodote, et une Table Géographique, Band 6, Paris 1802, S. 515–568; bes. 555.

[51]Geoffrey E.R. Lloyd, Early Greek Science. Thales to Aristotle, New York 1970, S. 8. Vgl. auch George Sarton, Ancient Science and Modern Civilization, New York 1959, S. 4. Arnaldo Momigliano, Alien Wisdom, Cambridge 1975, S. 3.

Griechenland umfassende Erforschung von Wissensbeständen, Austausch von Wissensbeständen und deren Transformationen in der Zeit um 600 vor Christus wurde jedoch nicht vorgenommen und perpetuiert damit wissenschaftshistorische Traditionen, wie sie um 1800 grundgelegt worden sind.

Métissage des Wissens im Mittelalter

Neue historische Forschung zu Europa macht es sich nicht immer leichter als ältere, Vermischungsprozesse anzuerkennen und ganz nach oben auf die Agenda zu setzen. Selbstverständlich gibt es immer die Ausnahmen, die einen Betrachtungsgegenstand am Rande des Kontinents oder von zentralen Geschichtsdiskursen untersuchen. Sie stellen nämlich dann gerne fest, wie wirkmächtig ihr Untersuchungsgegenstand sogar in solchen Geschichten gewirkt habe, aus denen er bisher verbannt gewesen war.

Bereist 1914 veröffentlichte E.A. Lowe eine Studie, die genau aus jener Position heraus geschrieben war, die vom Rande Europas her eine für den gesamten Kontinent zentrale Bewegung feststellen wollte: Er legte eine Studie über die Schriftform Beneventa vor. Diese Typografie, die in enger Verwandtschaft zur langobardischen Rotula steht, gewann seit dem achten Jahrhundert einige Bedeutung für die Übertragung von religiösem und paganem Wissen, neu gefasst oder aus antiken Quellen her stammend. Lowe – sucht man in seinem Werk nach Hinweisen auf Vermischungen – schließt seinen Untersuchungsgegenstand im ersten Schritt gegenüber anderen Schriftformen hermetisch ab: Beneventa ist nicht Vizegotisch, selbst wenn Ähnlichkeiten nicht von der Hand zu weisen seien. Er verteidigt zudem die Namenswahl: Nicht Langobardisch oder Monte-Cassinisch sei sie zu nennen, sondern nach dem süditalienischen Raum Benevento. Die Geschichte zeige nämlich, dass handschriftliche Fragmente nicht allein aus einer langobardischen Tradition her stammten und auch nicht allein im Kloster Monte Cassino – bei all seiner Bedeutung und Zentralität in dieser Frage erstellt wurden, sondern im gesamten süditalienischen Raum und Dalmatien. Die Schriftart war eng an die benedektinische Mönchsbewegung gekoppelt. Und wenn die Mönche Monte Cassino verlassen mussten (wie bei der Besetzung durch die – bei Lowe ganz negativ bewerteten – *Sarazenen*) oder in neue Klöster umzogen, wenn Mönche, die eine Zeit dort studiert hatten in eine neue Umgebung kamen oder Handschriften, die in Monte Cassino angefertigt wurden als Geschenk in andere Teile Europas „reisten", dann kann Lowe mit Fug und Recht behaupten, dass es sich hier um einen fundamentalen Prozess der europäischen Geistesgeschichte handelte.

In the history of western culture southern Italy has played if not a leading certainly a significant part. ... It was a little Greek colony in southern Italy that brought the alphabet to Rome. When Rome fell and the German barbarians swept over Italy, it was a son of the extreme south who did much to save profane learning from impeding destruction. A south Italian abbey became the mother-house of the order which more than any other institution offered for centuries an asylum to learning and the arts. It was, again, largely through southern Italy that the wisdom of the East was made accessible to the West. Contact with Greek culture southern Italy probably never lost; and new treasures were opened up by the translation movement that began under the Normans in Sicily and was continued by their Suabian and Angevin successors. It was from a Calabrian that the first humanist learned his Greek; and it was a Sicilian who, in the memorable year of 1423, brought back with him from Constantinople classics unread for a thousand years.[52]

Lowe entwirft hier das Bild, das geradezu stilgebend für eine Untersuchung europäischer (Geistes)Geschichte als Geschichte der Métissage sein könnte. Nimmt man die Vorverurteilungen der „barbarischen Germanen" und eines „new enemy ... [who] put an end to these peaceful activities"[53] – den Sarazenen – sowie den Versuch der Alleinstellung von Monte Cassino aus der Erzählung heraus, dann bleibt eine einzigartige Vermischungsgeschichte übrig: die politische Situation, der intellektuelle Austausch, die Bildung von Charakteren, die Verbreitung des Schrifttyps und seine Veränderungen an unterschiedlichen Orten sind Zeugen einer nicht eindeutigen Geschichte, die keinesfalls konfliktfrei eine gewisse Auswirkung auf das mittelalterliche Europa ausübte.

Hier knüpft sich dann die Arabo-Griechisch-Lateinische Übersetzungsbewegung des zwölften und dreizehnten Jahrhunderts an, die so grundlegende Texte für die Scholastik und den Humanismus der Renaissance überhaupt erst zugänglich machte. Ein Zentrum war Toledo, ein anderes lag weiterhin in Süditalien. Hinzu traten andere wirtschaftlich starke und intellektuelle Zentren wie Venedig, Paris, Oxford, Löwen, Köln, usw. usf. Moritz Steinschneider, der die Übersetzungen aus dem Griechischen ins Hebräische komplex in ihrer Chronologie, ihrem Umfang und ihrer Bedeutung sowie die in Westeuropa angefertigten Übersetzungen aus dem Hebräischen, Arabischen und Griechischen ins Lateinische oder in europäische Vernakularsprachen Ende des neunzehnten und zu Beginn des zwanzigsten Jahrhunderts aufgearbeitet hat, stellte schon 1904 fest:

---

[52]E.A. Lowe, The Beneventan Script. A History of the South Italian Miniscule, London 1914, S. 1–2.

[53]Ebd., S. 7.

Die Geschichte der Menschheit zeigt uns Zeiten und Länder in Zuständen, welche nicht bloß den Menschenfreund betrüben, sondern auch den Geschichtsforscher von seiner mühsamen, alle Hingebung erfordernden Aufgabe zurückschrecken würden, wenn es nicht auch da Lichtseiten gäbe, deren Aufhellung der schönste Lohn des Beleuchters ist. Auch in den rohesten Erscheinungen des europäischen Mittelalters hat man im Ritterwesen und Minnedienst poetische Spuren entdeckt und verfolgt, welche nach der Ansicht neuerer Gelehrten auf einen Einfluß des Orients zurückzuführen sind. Greifbar und im allgemeinen frühzeitig erkannt ist die Bedeutung der arabischen Literatur für die europäische des Mittelalters, insbesondere für die wirklichen oder vermeintlichen Wissenschaften, Theologie und Alchemie nicht ausgeschlossen.

Steinschneider führt weiter aus, wie bedeutend doch eine Rekonstruktion der Übersetzertätigkeit im Mittelalter und der Frühen Neuzeit für eine Neubestimmung der europäischen Geistesgeschichte sei. In diesem Feld der Geschichte von Übersetzungen und Übersetzungsbewegungen ist viel geleistet worden, weswegen es umso überraschender ist, wenn einmal die Bedeutung von Übersetzung für die Übertragung von neuen Wissensbestandteilen hinterfragt wird.

Um ein anderes Kloster wurde in den vergangenen Jahren eine heftige Kontroverse ausgetragen. Auf der einen Seite steht relativ allein Silvain Gouguenheim, der die Abtei von Mont Saint-Michel als ein wichtiges Übersetzungszentrum griechischer Schriften des Aristoteles betrachtet (im Nachwort zur deutschen Ausgabe widerruft er dann die Bedeutung als Übersetzungszentrum und bettet das Kloster und einige der Akteure aus dem elften und zwölften Jahrhundert in eine Geistesbewegung ein, die Italien, Westfrankreich(!) und teilweise das Rheinland umfasste). Gouguenheim verneint, dass es zu einem tief greifenden Kulturaustausch mit dem muslimischen Territorien gekommen sei. Zum Teil muss man ihm Recht geben, denn schließlich ist Kulturaustausch kein friedlich-fröhliches Geben und Nehmen, bei dem der eine Partner von dem anderen freundlich erfragt, was er denn gerne erhalten würde, und freigiebig abgibt, was der Andere erbittet. Kulturaustausch bedeutet Konkurrenz, Kampf, Anerkennung der Fremdheit, weil nur in der Konstatierung von Fremdheit überhaupt eine Anerkennung möglicher Austauschbeziehungen liegen kann – ein Austausch mit sich selbst (also dem undefinierten) ist gemeinhin nicht möglich. Aus Gouguenheims Perspektive findet jedoch kein Austausch zwischen Zivilisationen oder Kulturen statt und der Islam tauscht sich nicht mit dem Christentum aus.

Bei der Gegenüberstellung von abendländischer Christenheit und Islam im Mittelalter stoßen wir wieder auf diesen, wahrscheinlich allen Zivilisationen gemeinsamen Prozess, dass eine Zivilisation als Mischung aus Gütern, die sie herstellt, aus dem Erbe, das sie empfangen hat, und aus äußeren Einflüssen, die

sie akzeptiert oder ablehnt, entsteht. Zwischen Kulturen besteht eine Diskontinui-
tät, ohne die sie nicht existieren würde. Genauer gesagt: Die Strukturen der einen
Zivilisation entstehen im Vergleich zu einer anderen Zivilisation zeitlich versetzt,
obwohl die Züge oder sogar gewisse Themen von beiden austauschbar sind. Eine
Kultur verstanden als Gesamtheit von Verhaltensweisen, von Kulturtechniken
oder sogar von Institutionen, mag sich wandeln, aber eine Zivilisation kann nur
an die Stelle einer anderen treten.[54]

Zivilisationen sind jedoch keine Entitäten und sie sind besonders keine historischen Akteure, die wie ein Händler, Bauer oder König aktiv Entscheidungen
über die Handlung treffen könnten, die sie als nächstes vollziehen wollen. Es
bedarf schon einiger Ignoranz von Erkenntnisfortschritt (obwohl eine Kurzlektüre
Fernand Braudels für Gouguenheim gereicht hätte), um einen Zivilisations-
unterschied in Essgewohnheiten zwischen dem Islam und dem mediterranen
Christentum zu postulieren. Um die Kritik an Gouguenheim fort zu führen, wäre
es nun nämlich spannend, nicht nur die aus dem Arabischen angefertigte Übersetzung von Gerhard von Cremona als zu ausgeschmückt zurück zu weisen und
stattdessen die von Jakob von Venedig zu loben.[55] Der nächste Schritt ist die
Diffusion von Textteilen, von Ideen und der praktische Umgang mit „Aristoteles" durch Kommentare, Zitate und Berufung zu untersuchen: Denn keine Verwendung – sei es eine Übersetzung oder ein Zitat – kommt ohne Interpretation
aus. Und insofern ist das aristotelische Erbe in der christlichen Tradition nicht reiner als in der „manieristischen" islamischen Überlieferung.

Convivencia: Zusammenleben oder Vermischung in Spanien

If we call Rodrigo Diaz, the Cid, a Spaniard, why not his contemporary Judah
Halevi? And why do we so often – even among those of us who „know better" –
persist in calling the Muslims of the Iberian peninsula „Moors" or even „Arabs" –
thus grossly confusing religion and ethnicity and suggesting, every time we do, that
to be a Muslim was always not to be a Spaniard, in the way that being a Christian
was, or that confession is equivalent to ethnicity?[56]

---

[54]Sylvain Gouguenheim, Aristoteles auf dem Mont Saint-Michel. Die griechischen Wurzeln
des christlichen Abendlandes, aus dem Französischen üb.v. Jochen Grube, Darmstadt 2011,
S. 162–163.
[55]Ebd., S. 155.
[56]María Rosa Menocal, Why Iberia?, in: Diacritics 36, 3–4 (2006), S. 7–11; hier S. 7.

Menocal in ihrem kurzen einleitenden Aufsatz von 2006 bleibt nicht bei der Frage stehen, welche anderen Bezeichnungen denn angebracht wären, will man das spanische Mittelalter mit seiner Bevölkerungszusammensetzung aus den „drei abrahamitischen Religionen" studieren. Menocal weist darauf hin, wie hoch politisch diese Art der Fragestellung sei, und dass nur in dem besonderen historischen Moment der Bewusstwerdung der muslimischen Einwanderung nach den Terroranschlägen in New York 2001 und der – wie sie es nennt – Deformierung der Geschichte von Al-Andalus in den Ansprachen von Al-Qaida Führer Osama bin Laden. Vielleicht gehörte zu dem besonderen historischen Moment in Spanien auch eine relativ geschichtsbewusste und auf Ausgleich besonnene Regierung. Die Umstände der Entstehung von gewissen Formen von Geschichtsschreibung sind jedenfalls abzuschätzen – und dies gilt insbesondere für das Wiederaufleben von Forschung zum Thema Convivencia. Convivencia bezeichnet das Zusammenleben von drei Religionsgemeinschaften in den mehrheitlich entweder islamischen oder christlichen iberischen Territorien im Mittelalter und der beginnenden frühen Neuzeit.

Das Konzept Convivencia widersetzt sich mit einem vielleicht nicht besonders glücklich gewählten Begriff einer historiografischen Tradition, die den Widerspruch zwischen Christentum und Islam verabsolutiert und eine Geschichte Europas imaginiert, die vollständig ohne Islam abgelaufen sei. Eigentlich ist es viel mehr als nur eine Imagination einer solchen Geschichte, es ist vielmehr eine seit der Gründungszeit des Fachs Geschichte ablaufende Konstruktion eines Geschichtsbewusstseins, das sich tief in Hobby-, öffentliche und wissenschaftliche Geschichtsschreibung hineingefressen hat. In den Worten von Thomas W. Allies, der gegen Ende des neunzehnten Jahrhunderts in sieben Bänden die Entstehungsgeschichte der Christenheit nacherzählte, bestand und besteht folgende historische Konstellation: „We are now come to the greatest of contrasts and oppositions in human history – to the Church of Christ, the foundress of nations, and to Islam, her counterfeit and opponent."[57]

Dass Islam in Europa nicht als „Betriebsunfall" der europäischen Geschichte bewertet werden kann, macht in seinem monumentalen Werk „Muslims of Medieval Latin Christendom" Brian A. Catlos deutlich. In der Frühzeit der „arabischen" Invasion bestand nichts, was man ein christliches Europa hätte nennen können und in den späteren Jahrhunderten hatte sich der muslimische Glaube, die alltägliche Präsenz von Muslimen und der wirtschaftliche und intellektuelle Verkehr

---

[57]Thomas W. Allies, The Formation of Christendom, Band 7: Peter's Rock in Mohammed's Flood, London/New York 1890, S. 171.

mit Muslimen dermaßen eingebürgert, dass von einer ausschließlichen Gegnerschaft nicht die Rede sein kann.

> Local princes and potentates made alliances, fought against each other, and even
> intermarried, with little regard for their religious identity. Common folk innocently
> and intuitively mixed the religious and magical beliefs they were exposed to in ways
> that caused no small amount of consternation to the arbiters of orthodoxy among
> them. Even the clergy who served them were often woefully unfamiliar with their
> own religious dogma.[58]

Henry Pirenne, dessen Buch „Mahomet et Charlemagne" von 1937 sich vom Titel
her liest, als handle es sich um eine Doppelbiografie, erstellte eher eine Doppel-
psychologie zweier miteinander in Streit geratener religiöser Räume. Während
die christlichen oder heidnischen, dann christianisierten Germanen ihre Herrschaft auf der zerfallenen und zerschlagenen römischen aufbauten, ritten islami-
sche Heere zuerst byzantinische, dann auch persische, zuletzt eben germanische
Territorien einfach über den Haufen. Sie trugen dazu bei, dass sich der Islam in
einer ungeheuren Geschwindigkeit ausbreitete, wohingegen das Christentum
Jahrhunderte gebraucht hatte.[59] Dabei traten sie nicht weniger assimilierend auf,
als die germanischen Eroberer – mit dem Unterschied, dass die Araber weniger
die politischen Dimensionen zu beerben beabsichtigten als die intellektuellen.
So romantisierte sich bei Pirenne der Germane und der Romane arabisierte sich
unter der islamischen Herrschaft.[60] Dieses Psychogram beider Herrschaftsräume
konstituiere dann den politischen Antagonismus, den Pirenne folgendermaßen
beschrieb:

> Aux bords du *Mare nostrum* s'étendent désormais deux civilisations différentes et
> hostiles. Et si de nos jours l'Européenne s'est subordonné à l'Asiatique, elle ne l'a
> pas assimilée. La mer qui avait été jsuque-là le centre de la Chrétienté en devient la
> frontière. L'unité méditerranéenne est brisée.[61]

---

[58]Brian A. Catlos, Muslims of Medieval Latin Christendom, c. 1050–1614, Cambridge
2014, S. 5. Mònica Colominas Aparicio, The Religious Polemics of the Muslims of Late
Medieval Christian Iberia. Identity and Religious Authority in Mudejar Islam, Leiden 2018.
[59]Henri Pirenne, Mohamed and Charlemagne, New York 1939, S. 106.
[60]Ebd., 1939, S. 107.
[61]Ebd., S. 108.

Henri Pirenne, einer dieser Gründungsväter der neueren europäischen Geschichtsschreibung zu Beginn des zwanzigsten Jahrhunderts tappte hier in die Falle, die
gültigen religiösen Grenzen seiner Zeit als die historisch vorherrschenden anzunehmen. Dabei waren Teile des südlichen und des östlichen Europas bis ins fünf-
zehnte Jahrhundert, ja bis ins neunzehnte Jahrhundert hinein muslimisch oder
von einer starken muslimischen Minderheitsbevölkerung bewohnt. Zudem ver-
schweigt Pirenne in dieser Passage vollkommen, wie sehr auch noch zu seinen
Zeiten die europäischen Kolonialmächte zwangsweise versuchten, nicht europäische Lebensweisen mit Peitschenhieben aus nicht europäischen Menschen auszu-
treiben, wie stark die christlichen Missionsbewegungen waren und wie sehr eine
weitergehende Assimilierung dieser kolonialen Untertanen nur deswegen unter-
lassen wurde, weil gleichermaßen ein starker Rassismus vorherrschte, der eine
Gleichheit (ob im Glauben oder in der Staatsbürgerschaft) unmöglich machte.

Um die politische Dimension, die Aktualität und den möglichen Beitrag von
Convivencia zu einer Geschichte von Vermischung zu verstehen, muss historisch
und historiografisch ein wenig ausgeholt werden. Das Römische Reich auf der
iberischen Halbinsel war hauptsächlich durch Kleinkönigreiche der Westgoten
und Vandalen ersetzt worden. Diese bekriegten sich munter gegenseitig und konnten sich gegen äußere Einfälle kaum wehren. Als dann arabische Reiterheere
einfielen, brachen einige der Herrschaften zusammen und so begann eine lange
muslimische Dominanz, die Teilweise aus Damaskus zentral organisiert wurde,
teilweise aus kleineren Territorien mit spanischen Hauptstädten wie Córdoba oder
Granada bestand. Üblicherweise wird diese arabische Herrschaft auf der iberischen Halbinsel „Besetzung" und „Fremdherrschaft" genannt, wobei dabei vergessen wird, dass diese mit rund achthundert Jahren Dauer länger anhielt, als die
meisten aktuell Staaten in und außerhalb Europas Bestand haben. Zudem ist zu
hinterfragen, inwiefern die muslimische Eroberung mit einer unmittelbaren Isla-
misierung der Bevölkerung einherging. Aus dem iberischen Beispiel lässt sich
wohl vielmehr ein langsamer Prozess feststellen, der unter Umständen bis ins
11. Jahrhundert andauerte. Diese Herabsetzung der arabischen Herrschaften sind
hauptsächlich ideologisch besetzte Termini, die davon ausgehen, dass Europa
seit der Spätantike nur aus christlichen Herrschaften bestünde. Diese Geschichtsschreibung heroisiert den Kampf „christlicher" Herrscher gegen die Araber
als „Reconquista" – als Wiedereroberung. Karl Martell als Sieger der Schlacht
der Franken gegen arabische Heere bei Tours und Poitiers wird das hohe Lied
gesungen, Europa vor dem Islam bewahrt zu haben. Dem Rolandslied wird dann
Glauben geschenkt, der Gefolgsmann Karls des Großen sei von „Sarazenen"
hinterhältig überfallen, anstelle von Basken in einen Hinterhalt gelockt worden. Dieses Fanal des christlichen Widerstandes führt dann zur langsamen und

sechshundert Jahre dauernden „Befreiung" der Halbinsel von „Mohren" bis 1492. Dann verschwindet dieses Thema von der Bildoberfläche, weil ja mit der Eroberung Granadas die christliche Herrschaft über die iberische Halbinsel hergestellt war – in der herkömmlichen Interpretation, eine Art Reichseinigung stattgefunden habe.[62]

Diese Interpretation des militärischen Erfolges unter den „katholischen" Königen Isabel von Kastilien und Ferdinand von Aragon ist natürlich in mehrfacher Hinsicht zu hinterfragen – wenn man diesen netten Ausdruck für hauptsächlichen Unsinn überhaupt verwenden möchte. Erstens gab es nur bedingt eine Einigung der spanischen Königreiche. Das als „Spanien" titulierte Territorium war durch die Personalunion der Erben von Kastilien und Aragon hergestellt. Sein Bestand war keineswegs gesichert, Ferdinand/Fernando von Aragon versuchte mehrfach, seinen Enkel Ferdinand (den späteren deutschen König und Kaiser) gegen dessen Bruder Karl (in Spanien der Erste, in der restlichen Welt der Fünfte) in Stellung zu bringen und eine Eigenständigkeit der Krone von Aragon in Kauf zu nehmen. Die Krone von Navarra wurde ebenso von den französischen Königen, insbesondere von François I reklamiert und blieb bis zum Pyrenäenfrieden ein ständiger Streitfall. Die Bedeutung der Stände (Cortes) gegenüber der Krone war in allen Teilkönigreichen umstritten und das, was in England als Glorious Revolution hundert Jahre später bekannt wurde, hätte auch in Spanien in der Nachfolgefrage nach dem Tod von Isabel von Kastilien zu Aufständen führen können (es kam zu kleineren erst in der Regierungszeit von Karl V, der diese jedoch niederschlagen konnte).[63] Soweit die Situation in der Erbfolgefrage um das Jahr 1516 herum.

Spanische Königreiche waren seit dem vierzehnten Jahrhundert expansiv tätig. Kastilien, beispielsweise engagierte sich in Konkurrenz zur portugiesischen Krone und beanspruchte die Kanarischen Inseln für sich.[64] Aragon war eher an einer mediterranen Ausbreitung interessiert und so kamen die Balearen als eigenständiges Königreich in seinen Besitz und durch einige Erbfälle und im Streit mit der französischen Krone auch die Königreiche von Sizilien und Neapel. In der Forschung

---

[62]Als Kind seiner Zeit konnte Richard Konetzke dieses Prozess vielleicht nicht anders interpretieren: Richard Konetzke, Das spanische Weltreich. Grundlagen und Entstehung, München 1943, S. 56 ff. Vgl. auch John Lynch, Spain 1516–1598. From Nation State to World Empire, Oxford u. a. 1996. Derek W. Lomax, The Reconquest of Spain, London u. a. 1978.

[63]Aurelio Espinosa, The Empire of the Cities, 2009.

[64]Felipe Fernández Armesto, Before Columbus. Exploration and Colonisation from the Mediterranean to the Atlantic (1229–1492), Houndsmill, London 1987, S. 1–8; 151–168.

wird die spanische Herrschaft über italienische Königreiche häufig als eine ver-
lorene Zeit oder eine Epoche des Niedergangs gewertet. Schon in der Renaissance
haben Chronisten die Fremdherrschaft als Verlust von Freiheit empfunden. Dieser
Meinung muss sich nicht unbedingt angeschlossen werden, wie Thomas Dandelet und John Marino meinen. Eigentlich ist die spanische Herrschaft bei Weitem
unterforscht und besonders in Zeiten, in denen nicht unbedingt nationale, sondern
transnationale und transareale Geschichte im Kurs steigt, geraten solche Herr-
schaftsgebiete in den Blickpunkt, die verschiedene Territorien in sich vereinigen.[65]
Thomas Dandelet schreibt in seinem Buch *The Spanish Rome:* „Ferdinand …
became a critical player on the Italian scene in the last decades of the fifteenth cen-
tury, with Rome as the center of his diplomacy."[66] Ferdinand setzte, wie seine Vorfahren, auf eine Expansion des aragonesischen Herrschaftsraums im Mittelmeer: Er
organisierte die Herrschaften über die Balearen und Sardinien neu, versuchte Stütz-
punkte in Nordafrika zu erobern und beteiligte sich an der Schlacht von Opanto
gegen die Osmanen. So gewann er zunehmend die Unterstützung der Päpste, die
ihm sogar den Königstitel von Neapel nicht absprechen konnten, obwohl ihnen –
besonders Alexander VI – der Machtzuwachs Fernandos in Hinblick auf die eigene
Stellung unheimlich wurde.

Die religiöse Lage war nicht weniger unübersichtlich: zwar hatten die „katholischen" Könige dekretiert, alle Muslims und Juden müssten nun die Königreiche
verlassen oder sich christlich taufen lassen – und zwar bei Androhung der Todes-
strafe und unter Konfiskation aller Besitzungen. Trotzdem sah die Praxis doch
seltsam anders aus. Tausende verließen die Königreiche – viele Juden gingen ins
benachbarte Portugal, nicht wenige in die französischen Territorien. Viele zer-
streuten sich in die Städte um das Mittelmeer herum und eine nicht geringe Anzahl
ging nach Amsterdam und nach London. Von den Muslimen setzten viele zur Küste
Nordafrikas über. Aber es blieben halt auch viele im Land – besonders die einfache
bäuerliche Bevölkerung zog es vor, in den durch staatliche Überwachung recht
unbehelligten Raum der unwegsamen Sierras entweder zu verbleiben oder eine neue
Heimstatt zu finden. Dort schien es bis ins siebzehnte Jahrhundert möglich zu sein,
Code-switching zu betreiben, das heißt, wenn gefordert christlich zu erscheinen,
aber eigentlich nach muslimischen Gebräuchen zu leben. Philipp II, der Sohn Karl
V intervenierte verschiedentlich militärisch, sodass die „Rückzugsräume" der muslimisch verbliebenen Bevölkerung erheblich schwanden. Die Menschen jüdischen

---

[65]Thomas J. Dandelet und John A. Marino, Introduction, in: dies. (Hrsg.), Spain in Italy.
Politics, Society and Religion 1500–1700, Leiden 2010, S. 3.
[66]Thomas J. Dandelet, The Spanish Rome, 1500–1700, New Haven 2001, S. 19.

Glaubens, die nicht aus dem Land flüchteten, ließen sich taufen und mussten nun unter dem ständigen Verdacht leben, „Krypto-Juden" zu sein. Damit wurde der Verdacht zum Ausdruck gebracht, ehemalige Juden und deren Nachfahren würden das Christentum nur als Lippenbekenntnis führen, und um Verfolgung zu entgehen, an einem minimalen christlichen Leben teilnehmen. Zu Hause, hinter verschlossenen Türen und Fenstern, im Schoße der Familie aber, lebten sie ihren jüdischen Glauben weiter und tradierten damit auch Riten und Glaubensinhalte an die jüngeren Generationen. Dieser Verdacht gegen die anders auch „Neu-Christen" Genannten, schloss sie von einigen den Alt-Christen vorbehaltenen Privilegien aus und setzten Teile der spanischen Bevölkerung beinahe systematischer Verfolgungen durch die spanische Inquisition aus. Zudem war ihnen untersagt, in die Kolonien überzusiedeln – was dennoch mehrfach geschah.

Dieser Überblick über eine geläufige Sicht auf spanische Geschichte und über einige gegenläufige Darstellungen führt zurück zum Hauptthema dieses Kapitels: Convivencia – dieses Konzepts, das das häufig äußerst konflikthafte Zusammenleben von christlichen, muslimischen und jüdischen Bevölkerungsgruppen beschreiben soll. Menocal, deren Zitat eingangs auf die historiografische Schwierigkeit aufmerksam gemacht hat, erkennt das zusätzliche Problem, dass als brauchbare Gegendarstellung zur Reconquista-Erzählung die Convivencia-Erzählung spanische Geschichte beschreiben kann, ohne jedoch aus den mittelalterlichen Quellen eine größere Legitimität ableiten zu können. Sie plädiert deswegen dafür, beide Erzählungen zu bedienen, sich nicht für eine zu entscheiden:

> A big part of the challenge and the pleasure of our work is the thinking and writing and teaching about medieval Iberia in all its gloriously messy inconsistencies and multiplicities, to be able to dwell on these contradictions and what they tell us about past societies, as well as our own.[67]

Es geht also darum, den Begriff Convivencia weiter zu entwickeln, ihn von einer (möglicherweise falsch verstandenen) Engführung zu befreien, die kaum mehr Platz für die Gewaltausbrüche, sozialen Hierarchisierungen und Segmentierungen bereit hält, die in der Reconquista-Erzählung ausführlich verwendet werden. Seit der ersten Veröffentlichung von Américo Castros Buch *La realidad histórica en España* wurde seine These von einem Zusammenleben mehrheitlich verzerrt als

---

[67]Menocal, Why Iberia, 2006, S. 11.

ein arkadischer Zustand.[68] Ryan Szpiech deutet in einem Aufsatz auf den tiefen und historischen Graben der Disziplinenentwicklungen seit dem neunzehnten Jahrhundert hin, der zu der Gegenüberstellung geführt hat, Convivencia als historischen Fakt anzunehmen oder abzulehnen.

Alan Verskin hat kürzlich eine Untersuchung zur Krise des islamischen Rechts in Zeiten der Reconquista vorgelegt, worin er in einem ersten Schritt die Eindeutigkeit der Grenzen zwischen Christen und Muslime infrage stellt. In al-Andalus lebte eine bedeutende christliche Minderheit unter muslimischer Herrschaft. Zudem gab es die Gruppe der Mudéjars, also die unter christlicher Herrschaft lebenden Muslime. Diese standen unter besonderer Beobachtung seitens der christlichen Landesherren, nahmen aber gleichzeitig zentrale Funktionen in der Gesellschaft wahr. Außerdem schätzten arabische Rechtsgelehrte die muslimischen Andalusier nicht als übermäßig vertrauenswürdig ein, weil sie von den arabischen Kernländern abgeschnitten und in großer Nachbarschaft zu den christlichen Territorien lebten.[69] Recht stellt sich in Verskins Buch als ein hervorragendes Feld heraus, um Vermischungsprozesse zu untersuchen. Dabei muss es sich nicht unbedingt um eine Vermischung von Rechtsnormen handeln – wahrscheinlich war dies ohnehin eher die Ausnahme. Vielmehr zeigt sich, dass Rechtssysteme sich fortentwickelten, wenn sie mit multi-ethnischen oder multi-religiösen sozialen Gegebenheiten umgehen mussten. Das Rechtssystem wird insofern zu einer Vermischungsinstanz höherer Ordnung, in dem Sinne, dass die Behandlung von distinkten Rechtssubjekten in einem einheitlich organisierten Textkorpus vorgenommen wurde. Der Jurist al-Wansharīsī entwarf in einem seiner juristischen Traktate beispielsweise *fatwās* zur rechtlichen Stellung von Christen und Juden unter muslimischer Herrschaft sowie zu der von Mudéjars.[70]

Gómez-Rivas in einer Studie über die Entwicklung des Rechts im Maghreb unter der Herrschaft der Almoraviden führt einen Rechtsfall an, in dem in Marrakesch ein als Muslim lebender ehemaliger Christ beschuldigt wurde, weiterhin seinem alten Glauben anzuhängen. Bei der Durchsuchung seines Hauses wurde eine Kapelle gefunden, Zeugen steuerten dem Prozess ihre Kenntnis von christlicher Symbolik und Lebensart bei. Ibn-Rushd, an den dieser Fall mit der Bitte

---

[68]S. zur Diskussion Ryan Szpiech, The Convivencia Wars: Historiography's Polemic with Philology, in: ders. (Hrsg.), A Sea of Languages: Rethinking the Arabic Role in Medieval Literary History, Toronto 2013, S. 135–161.

[69]Alan Verskin, Islamic Law and the Crisis of the Reconquista. The Debate on the Status of Muslim Communities in Christendom, Leiden 2015, S. 4–10.

[70]Ebd., S. 12–13.

um Beratung berichtet worden war, gab an, dass die Beweislage gegen das Individuum eindeutig vorliegen müsse, bevor eine Bestrafung vorgenommen werden durfte.[71] Dieser Fall zeigt, was Gómez Rivas bereits in seiner Einleitung deutlich gemacht hat, dass auch in der Geschichtsschreibung zu *fatwās* nicht von einer vorgebildeten Meinung ausgegangen werden sollte, es ginge um eine Umsetzung von mit „Heiligen Krieg" umschriebenen Rechtsprinzipien. Vielmehr zeigt sich, dass islamisches Recht überaus anpassungsfähig war und in den unterschiedlichen sozialen Kontexten der islamischen Expansion unterschiedliche Institutionalisierungprozesse durchlief.[72]

Das Beispiel von „Convivencia" oder dem Zusammenleben unterschiedlicher Religionen in einem eher einheitlichen kulturellen Rahmen zeigt, zweierlei: Es gibt eine Tradition, um falsche Vereinheitlichungsversuche in einer politisch motivierten Geschichtsschreibung aufzudecken. Die von Castro ins Leben gerufene Forschung zum Zusammenleben islamischer, christlicher und jüdischer Bevölkerung in den iberischen Königreichen des Mittelalters war dabei Anstoß für weitere Forschung, wie sie einer wandelnden Gegenseite Anlass bot, die Vereinheitlichungstendenzen bis hin zu einer christlichen Nation zu unterstreichen. Convivencia im mittelalterlichen Spanien ist eine Möglichkeit für Forschung von Vermischungsprozessen. Andere Beispiele zeigen, dass sich diese Art von Kontakten und geteilten Lebens- und Aufmerksamkeitssphären nicht allein auf Spanien beschränkten, sondern auch dort zu finden sind, wo die Forschung bisher hauptsächlich das Eindeutige feststellte.[73]

Konfessionalisierung als Prozess der Vermischung

Die klassische europäische Geschichteschreibung des Reformationszeitalters, in welcher der eine Teil Europas der Reformation, der andere der Gegenreformation angehangen habe, ist selbst zur Geschichte geworden. Der Begriff Gegenreformation wurde als ideologisches Konstruktion aus den Geschichtsbüchern weitestgehend verbannt und an die Stelle des Gegensatzes ist der Begriff der

---

[71]Camilo Gómez-Rivas, Law and the Islamization of Morocco under the Almoravids. The Fatwās of Ibn Rushd al-Jadd to the Far Maghrib, Leiden 2014, S. 164–166.

[72]Ebd., S. 6.

[73]Hier ist besonders H. Borgoltes Projekt zu nennen, das Europa insgesamt unter der Fragestellung von interkulturellen Konstellationen untersucht.

Konfessionalisierung getreten. Mit diesem Begriff wird allgemein bezeichnet, dass sowohl die protestantischen wie die katholischen Glaubensgemeinschaften vergleichbare und sogar ähnliche Prozesse im Laufe des sechzehnten Jahrhunderts durchmachten. Konfessionalisierung wurde als „komplexe/s und umfassende/s Modell von Gesellschaft"[74] charakterisiert, bei dem sich „planmäßige und umfassende Änderung menschlichen Verhaltens mit beträchtlichen Folgen für die Politik" in Institutionen, Staatsform und –organisation, Organisation von religiösen Strukturen und Glaubensformen sowie Verhaltensüberwachung von Individuen durch Autoritäten geregelt wurden.[75] Auf den Aspekt der Ausbildung von Staatlichkeit in Verbindung mit der Ausbildung von Konfessionskulturen geht Heinz Schilling genauer ein, wenn er schreibt, dass die

> ... frühneuzeitliche Konfessionsidentität als Identifikationstyp des Übergangs [gewertet werden könne], weil sie in einer epochalen Verschränkung mit den politischen Identifikationszwängen und -angeboten des frühmodernen Staates und der sich herausbildenden nationalen Gesellschaften stand.[76]

Mit Konfessionalisierung werden nun alte Gewissheiten in der Geschichtsschreibung über Bord geworfen: Weder trennen sich Staat und Kirche in der Geschwindigkeit, die vorher angenommen wurde. Noch kann weiterhin behauptet werden, der Katholizismus sei die rückständigere Religionskultur in Westeuropa, während die protestantischen Kirchenstrukturen die Zeit des Fortschritts in Europa einläuteten. Denn bis in die 1990er Jahre galt vor allem, eine sich aus den Konfessionsgegensätzen heraus nährende Interpretation der Geschichte. Auf der einen Seite stand die katholische Kirche, die als eigentliche Hüterin des christlichen Erbes sich darstellte und die durch die protestantischen Kirchen aufgebrachten Neuerungen als Fehlinterpretationen verwarf. Wurde dieses Traditionsbewusstsein der katholischen Geschichtsschreibung auf der einen Seite hoch gehalten, diffamierte die protestantische Geschichtsschreibung diese als die Fortführung der Halsstarrigkeit der Papstkirche und ordnete sie insofern als

---

[74]Wolfgang Reinhard, Was ist katholische Konfessionalisierung?, in: Wolfgang Reinhard u. Heinz Schilling (Hrsg.), Die katholische Konfessionalisierung, Münster 1995, S. 419–452; hier: S. 423.

[75]Ebd.

[76]Heinz Schilling, Die Konfessionalisierung von Kirche, Staat und Gesellschaft. Profil, Leistung, Defizite und Perspektiven eines Geschichtswissenschaftlichen Paradigmas, in: Reinhard u. Schilling (Hrsg.), 1995, S. 1–49; hier: S. 12.

Propagandainstrument Roms ein, als sie in ihr eine Fortführung der Schuldzu-
weisung der Kirchenspaltung vermutete.

Konfessionalisierung ist zudem die Abwendung von Geschichtskonzepten,
die der Rhetorik seitens der Konfessionsinstitutionen einer Herstellung von
Exklusivität folgten. Diese Tendenz hatte bereits Anfang der 1980er Jahren eingesetzt, als Heinz Schilling in seiner Studie zur Grafschaft Lippe das Vorhanden-
sein unterschiedlicher Glaubensgruppen feststellte, ohne dass dadurch ständige
Konflikte bestanden hätten. Schilling hebt in dieser Fallstudie das Verhältnis von
Ausbildung von Konfessionskulturen und von entkonfessionalisierter Staatspolitik hervor, weil nur über das Verständnis der Rolle eines Mediators zwischen
widerstreitenden Konfessionen, hier Lutheraner und Calvinisten, sich ein fried-
liches Zusammenleben ergab.[77] Überhaupt interpretiert Schilling die Konfessio-
nalisierungsgeschichte in der ersten und der zweiten Reformation als eine lang
andauernde Entwicklung, in der Bürgergesellschaften ihre Machtautonomie
gegenüber Landesfürsten behaupten wollten:

> Die Stadtreformation war somit Abschluß einer längeren Phase kommunal-urba-
> ner Geschichte. Daß sie zugleich vorwärts in die Moderne verwies, ist kein Wider-
> spruch. Das hat sie z. B. mit der Stadtverfassung und dem Stadtrecht gemeinsam,
> die trotz unbestreitbarer Zugehörigkeit zur alten Welt zugleich auf Verfassungs- und
> Rechtsnormen des modernen konstitutionellen Rechtsstaates vorausweisen.[78]

Schon hier macht Schilling demnach deutlich, dass nicht unter allen sozial- und
kulturhistorisch wichtigen Gesichtspunkten, das Trennende zwischen Konfessionen die Hauptrolle bildete. Zudem arbeitet er auch heraus, dass in den Konflikten
nicht allein die Religionsfrage von Bedeutung war, sondern politische Fragen die
Oberhand gewannen.

Ähnlicher Meinung war Harm Klueting in „Das konfessionelle Zeitalter" von
1989:

---

[77]So auch: Vera Isaiasz u. Matthias Pohlig, Soziale Ordnung und ihre Präsentationen. Perspektiven der Forschungsgeschichte „Stadt und Religion", in: Vera Isaiasz u. a. (Hrsg.), Stadt
und Religion in der frühen Neuzeit. Soziale Ordnung und ihre Repräsentationen, Frankfurt,
New York 2007, S. 9–32.
[78]Heinz Schilling, Konfessionskonflikt und Staatsbildung. Eine Fallstudie über das Verhältnis von religiösem und sozialem Wandel in der Frühneuzeit am Beispiel der Grafschaft
Lippe, Gütersloh 1981, S. 141.

Mit dem Souveränitätsbegriff zeigte Bodin den Weg zur Überwindung der religiösen Bürgerkriege durch Etablierung der über den konfessionellen Gegensätzen stehenden staatlichen Gewalt, die mit ihrem ‚Gewaltmonopol' den politisch-säkularen
Frieden erzwingt und den theologischen Aspekten des Streites ihre politische Wirksamkeit nimmt.[79]

Wie hier in Frankreich, aber eben nicht nur hier, sondern auch im Deutschen
Reich, in den Niederlanden und in ganz Europa bis hin zum Dreißigjährigen
Krieg führten, nach Kluetings Meinung, die konfessionellen Auseinandersetzung
zur Herausbildung des modernen Staates und der modernen Staatsidee, wie sie in
der Aufklärung dann herausgearbeitet wurde.[80]

Die bis in die 1990er Jahre bahnbrechende Abgrenzung der Geschichts-
forschung der konfrontativen Geschichtsinterpretation von Reformation und
Gegenreformation bedeutet nicht, dass in dem nun ablösenden Programm der
Konfessionalisierung Gegensätze abwesend wären. Wie schon einige frühere
Historiker auch, formulierten Reinhard und Schilling in ihrem grundlegenden
Sammelband von 1995, dass im Laufe des sechzehnten Jahrhundert jede Konfes-
sion nach eigenen Besonderheiten suchte, wodurch Sozialstrukturen oder Institutionen entstanden, die auf ähnliche Art und Weise die Gesellschaft gestalteten.
Diese strukturellen Ähnlichkeiten sollen mit dem Konzept der Konfessionalisierung zusammengefasst werden, ohne dass Konfessionsgrenzen und –unterschiede
verneint würden. Walter Ziegler, ein Kritiker des Konfessionalisierungsbegriffs,
fasst diese Ähnlichkeit in drei Punkten zusammen:

Der fundamentale Wandlungsvorgang, der eine deutliche Zäsur zu früheren Epochen
setzt, die Zusammenschau von Religion, Kultur und Gesellschaft bei diesem Vorgang, schließlich und besonders wichtig die Parallelität der Entwicklungen bei allen
drei (oder, bei Einschluß der Anglikaner, vier) Konfessionen. [...] Das Neue betraf
unterschiedslos alle Kirchen, einen Hauptstamm und Abzweigungen davon gibt
es in Wirklichkeit gar nicht. Schließlich handelte es sich gar nicht allein, ja nicht
einmal vordringlich um die Frage nach der Wahrheit der Religion, sondern um die
Ausprägung von Gesellschaft, Staat, Kultur und Brauchtum durch eine beliebige der
Konfessionen.[81]

---

[79]Harm Klueting, Das Konfessionelle Zeitalter (1525–1648), Stuttgart 1989, S. 249.
[80]Ebd., S. 16.
[81]Walter Ziegler, Die Konfessionalisierungsthese, in: Ders. (Hg.), Die Entscheidung deutscher Länder für oder gegen Luther, Münster 2008, S. 174.

Diese Entwicklung führte zu einer Vielzahl von Kriegen. Die Bauernkriege, die
französischen Religionskriege und schließlich der Dreißigjährige Krieg sind Beispiele dafür, dass Politik und Religion ein Gemeinsames bildeten, und Religion
als Argument für politische Ziele dienen konnte.[82] Könnten Kriege als Anzeichen
einer Abgrenzung und Spaltung gelten, und damit dem Argument der Métissage
entgegen stehen, so zeigt der von Harm Klueting gewählte Ausdruck „konfessioneller Bürgerkrieg" durchaus das Gegenteil. Die Allianzen, die sich aus Machtinteressen über konfessionelle Grenzen hinweg erstrecken, wurden schon bei
Karl V deutlich. Besonders deutlich treten sie in den französischen Konfessions-
kriegen hervor und verdichten sich an der Figur Henri IV.

Die neuere Forschung zeigt, dass diese europäischen Entwicklungen nur
schwer abzugrenzen sind von der Mission, besonders der katholischen Kirche
in Außereuropa. Denn hier gewinnt die Institution, die sich einer großen Anzahl
Gläubiger durch die Ausbreitung der protestantischen Kirchen beraubt sieht,
neue Gläubige hinzu. Mission in Außereuropa wurde, so Ronnie Po-Chia Hsia,
zu einer Kompensationsstrategie Roms.[83] Die Gegenreformation kann nun sta-
tistisch aufweisen, dass der Katholizismus erfolgreicher sei als die protestantischen Lehren. Zudem gewinnen Rom und die katholischen Mächte ein Argument
gegenüber den protestantischen Mächten hinzu.[84] Denn bis ins 18. Jahrhundert
unternahmen weder die protestantischen Kirchenorganisationen, noch die protestantischen Kolonialmächte ernsthafte Bemühungen zur Missionierung von
Nichtchristen.[85] Gleichzeitig spiegelte die Missionserfahrung zurück auf die
europäische Situation: Missionsmethoden aus Übersee bereichern nun die Innere
Mission in den mehr oder minder „alt"christlichen Regionen Europas. Zum einen
herrschte eine speziell auf Europa zugeschriebene Vorstellung von Missions-
methode und Missionsinhalten, weil Europäer, selbst wenn sie sich vom Glauben entfernt haben mochten, leichter in den Hafen der Kirche zurückführbare
Menschen betrachtet wurden, als die neu zu Missionierenden in Übersee. Einige
Methoden entwickelten sich jedoch wechselseitig zwischen der Übersee- und
der Inneren Mission, wie beispielsweise der Einsatz des Rosenkranzes oder von

---

[82]Klueting, Das Konfessionelle Zeitalter, 1989.

[83]Ronnie Po-Chia Hsia, The World of Catholic Renewal 1540–1770, Cambridge 1998.

[84]Robert Bireley, The Refashioning of Catholicism (1450–1700). A Reassessment of the
Counter Reformation, Houndsmills, London 1999.

[85]Hans-Werner Gensichen, Missionsgeschichte der neueren Zeit, Göttingen 1961.

Heiligenmedallions zu Beginn des 18. Jahrhunderts.[86] Die innere Mission von Jesuiten auf Sizilien beispielsweise brachte die Figur der Maria de la Luz, eine von örtlichen Seeleuten besonders verehrte Erscheinungsform der *Gottesmutter*, in andere Gegenden Europas. Spannend ist aber auch die Figur des kindlichen Jesus. Besonders im Böhmischen verehrt wird sie über den erweiterten Habsburgischen Herrschaftsraum in Spanien als Niño Jesús verehrt, gelangte mit spanischen Priestern und Missionaren auf die Philippinische Insel Zebú und wurde außerdem im nordmexikanischen Bergbau von den dortigen Bergleuten besonders verehrt.

Wichtig ist hier nun die Überlagerung der verschiedenen Ebenen der Geschichtsschreibung. Konfessionalisierung diente als Begriff dazu, ähnliche und vergleichbare Prozesse auf protestantischer und auf katholischer Seite mit einem einheitlichen Begriffsmuster beschreibbar zu machen. Dabei achteten beispielsweise Reinhard und Schilling darauf, dass sie selbst ihre persönlichen konfessionellen Grenzen nicht überschritten. Diese Vorsichtsmaßnahme führte zu einer Fortführung konfessioneller Grenzen, die sich mit dem Verlauf weiterer Forschung zu dem Thema jedoch ausschliffen.

Konfessionalisierung ist darüber hinaus deswegen ein Beispiel für Metissagegeschichtsschreibung, weil die herkömmlichen Grenzen immer wieder versucht werden, aufzuheben: Wie zum Beispiel geografische Grenzen, weil katholische und protestantische Bevölkerungsteile nie ganz sauber voneinander getrennt gelebt haben. Es lassen sich im sechzehnten Jahrhundert Wanderungsbewegungen feststellen und auch die Fokussierung von konfessionell definierten Lebensräumen wird sichtbar. Die Forschung zeigt aber, dass neben der Betonung von Parallelgesellschaften die Interaktion und die Verzahnung von Lebensbereichen über konfessionelle Grenzen hinweg zu finden sind.

Herrscher der Frühen Neuzeit und Métissage

Austausch ist aber auch in eher biografischen Zugängen ein zentraler Bestandteil: Karl der Große strebte als wichtiger Regionalkönig nördlich der Alpen mit der Kaiserwürde einen Titel an, den er aus der Vergangenheit mit großer Macht verband, dessen aktuelle Träger aber als Kleinkönige in Norditalien miteinander rivalisierten. So entwickelte sich ein Prozess von Staatspolitik und staatlicher Expansion mit dem Ziel der Vermischung fränkischer und lombardischer – denn hier waren

---

[86]Vgl., Marc Venard, Volksfrömmigkeit und Konfessionalisierung, in: Reinhard u. Schilling (Hg.), 1995, S. 258–270.

die letzten Kaiser beheimatet – Herrschaftssymboliken. Schon Henri Pirenne verwies auf den Vermischungscharakter, den die Herrschaftskonstruktion Karl des Großen in sich trug: Er habe – so die Fortschreibung idealisierender Darstellungen – das Heilige Römische Reich in der Reaktion auf die muslimische Expansion gegründet. Die gegenseitige Wahrnehmung und Kenntnis führte demnach zu einer direkten politischen Handlung.[87]

Herrscherfiguren der Frühen Neuzeit eignen sich ganz besonders dazu, einen europäischen Herrschertypus herauszuarbeiten, der nicht aufgrund von Eindeutigkeit seine Herrschaft begründete, sondern aufgrund der Zurschaustellung von Vermischung. Ein Prototyp dieses Herrschers wäre Maximilian I, als Erzherzog von Österreich, Thronanwärter auf die Nachfolge seines Vaters Friedrich III, Regent von Burgund in den Niederlanden und europäischer Ränkeschmied mit ernsthaften Beobachtungen der iberischen Globalisierung.[88] Seine direkten Nachfolger lassen sich als „mestizische" Könige bezeichnen, denn schon sein Sohn Philipp I (der Schöne), letzter Burgundischer Herzog, Erzherzog von Österreich und Anwärter auf die Throne im Deutschen Reich und den sich nach Italien und in die Karibik erstreckenden spanischen Königreichen, spitzt diese Akkumulation von realen und imaginären Titeln weiter zu. Als Großmeister des Ordens des Goldenen Vlieses vermischt er realpolitische Ambitionen eines starken Burgunds, einer Imitation englischer Machtstrategien der Einbeziehung und einer Antikisierung von Symbolen. Nicht als proto-nationale Auseinandersetzung sind seine Kämpfe um die Herrschaft in Geldern oder Artois zu verstehen, sondern als herrschaftszentrierte Abgrenzungsbemühungen in einem Zeitfeld der schwierigen Unterscheidbarkeit von Machtansprüchen der verschiedenen Parteien. Diese Ununterscheidbarkeit von französischen, burgundischen, „römischen" und ständischen Herrschaftsansprüchen im niederländischen Raum um 1500 sind deutliche Anzeichen für eine mestizische Situation, die als Prozess denselben Raum über Jahrhunderte prägten – mit Hinzukommen englischer Machtinteressen, konfessioneller Spaltungen und globalem Austausch.

Karl V, Enkel Maximilians und Sohn von Philipp und Juana verdeutlicht, wie sehr eine Herrscherfigur territoriale Vermischung sowie solche von Herrschaften und Herrschaftsansprüchen verkörpern kann und gleichzeitig auch Zeiten miteinander verquickt: als großer Herrscher der Spätrenaissance wird er nicht müde,

---

[87]Pirenne, Mohamed and Charlemagne, 1939. Gefunden in: C. González, Alfonso X y la conquista de la otredad, Nueva Revista de Filología Hispánica 51, 1 (2003), S. 205–212.

[88]Vgl. Harald Kleinschmidt, Ruling the Waves. Emperor Maximilian I. the Search for Islands and the Transformation of the Euorpean World Picture c. 1500, 't Goy-Hoten 2008.

antike Vorbilder zu bemühen, Karl den Großen zu seinem Vorbild zu erheben, das alte Burgund zu einem politischen Ziel auszugeben, den Orden des Goldenen Vlies zu gebrauchen oder eben auch religiöse Bilder von Universalmonarchie und *devotio moderna* – eigentlich aus der Mode gekommene Konzepte – zu besetzen. Die Vielfältigkeit von Karls Ansätzen, die auch in seinem letztendlich als ambivalent zu bewertenden Umgang mit der Reformation ihren Ausdruck finden, lassen ihn trotz intensiver biografischer Betrachtung als sperrige historische Persönlichkeit erscheinen, deren „Einzelteile" unzusammenhängend und in der Historiografie sogar partiel ausgeblendet werden.

Im Gegensatz zu seinem früh verstorbenen Vater, König Philip ist Karl ausführlich von der Historiografie gewürdigt worden. Schon Ranke beschäftigte sich mit ihm, genauso wie viele Historikerinnen und Historiker des zwanzigsten Jahrhundert. Ganz erheblich zu dieser ausführlichen Würdigung mag auch beigetragen haben, dass Karl – anders als sein Vater Philipp I – über einen sehr langen Zeitraum herrschte. Als König und Kaiser zog er die Aufmerksamkeit an, während sein Vater immer durch die dominierenden „Großväter" Maximilian und Fernand, sowie durch seinen eigenen frühen Tod keine einzige ausführliche biografische Widmung erfahren hat.

An diesem Missverhältnis, denn das Wirken Philipps sollte keineswegs unbeachtet bleiben, wird dann auch deutlich, dass die Betrachtung von mestizischen Persönlichkeiten nicht einer Ambivalenz oder einer harmonisierenden Beliebigkeit das Wort redet, sondern als Forschungsfeld der Vielheit selbst Reibung erzeugt: eindeutige Einordnungen, zum Beispiel als deutschen König und Kaiser ohne Berücksichtigung der spanischen, italienischen und überseeischen Herrschaften, als spanischer König unter Ausschluss der spanischen Heterogenität, der niederländischen und atlantischen Besitzungen oder seiner „römischen" Herrschaft, sind nicht möglich, und jede Studie, die dies versucht hat, wurde durch die Festlegungsversuche in einer anderen konterkariert.

L'Empire de Charles Quint ne ressemblait à aucun autre. […] L'Empire de Charles Quint resta, quant à lui, un État hybride. Il naquit autour de deux pôles, le duché de Bourgogne ou ce qu'il en restait, centré désormais autour des Pays-Bas, et un pôle ibérique lui-même très hétérogène, partagé entre une Castille, que la monarchie avait déjà fait évoluer vers un État territorial, et un Aragon, encore largement pactiste. À ces deux pôles originels vint s'adjoindre un troisième, le Saint Empire romain germanique, un vieil État féodal constitué par un enchevêtrement de droits, dans lequel l'empereur disposait d'une prééminence plus symbolique que réelle.[89]

---

[89]Jean-Michel Sallmann, Charles Quint. L'émpire éphémère, Paris 2000, S. 371.

In diesem aus dem Schlussteil der im Karl-der-Fünfte-Jahr 2000 erschienen Biografie über den Kaiser-König von Jean-Michel Sallmann wird das deutlich, was eigentlich mehr als nur das Endresultat einer überaus gut geschriebenen und europäisch wie selten konzipierten, jedoch dem historischen Narrativ des Vergänglichkeitsprinzips geschuldeten Biografie sein könnte: das hybride Gebilde eines Reiches rückt in das Blickfeld. Aber wie sähe eine Biografie Karls aus, wenn Hybridität nicht als Resultat, sondern als Grundlage des Narratives diente und all die feststellbaren, bekannten und weniger bekannten Ereignisse eben auf Hinblick auf eben diese Vermischung zu bewerten wären? Wie würde die Figur Karl, wie seine Herrschaft, wie die Machtkonstellation in Europa und in der näheren und ferneren Welt sich darstellen, wenn dann auch nicht von einem Reich, Empire oder Imperio die Rede wäre, sondern von einem vielschichtigen und vielfältigen Herrschaftsgebilde, das dann Rückwirkungen auf die historiografische Arbeit hätte? Sallmann geht mittels eines politikgeschichtlich-biografisches Versuchs an den Untersuchungsgegenstand Karl, Herrschaft und europäische Geschichte heran, mit dem Wissen, dass das „Empire" nur mittels seiner Teile zu verstehen sei.

Sperrig ist Karl V, weil jede Erzählung daran scheitern muss, der Gleichzeitigkeit der Ereignisse Rechnung zu tragen. Karl musste seine Politik nämlich gleichzeitig im Deutschen Reich und in Spanien, in Italien und den Amerikas, in den Niederlanden und in Österreich zumindest koordinieren – hatte er doch zumeist die Regentschaft abgetreten – weswegen der Historiker vor dem unlösbaren Problem steht, nach Einteilungsmöglichkeiten zu suchen.[90] In der nationalgeschichtlichen Tradition wird deswegen zumeist nach diesen Territorien ein Buch in Kapitel aufgeteilt und die Auseinandersetzungen mit anderen Territorialherrschern, Franz I von Frankreich, den Päpsten und – wenn der Blick wirklich so weit reicht – mit den osmanischen Sultanen.[91] John H. Elliott begründete eine solche Auswahl folgendermaßen:

> Charles's concept of his numerous and widespread territories was patrimonial. He tended to think of each as an independent entity, governed by its own traditional laws in its own traditional manner, and unaffected by the fact that it was now only one among many territories ruled by a single sovereign.[92]

---

[90]Diese Feststellung trifft auch Sallmann, Charles Quint, S. 27.

[91]Vgl. beispielsweise Luise Schorn-Schütte, Kaiser zwischen Mittelalter und Neuzeit, München 2000.

[92]John H. Elliott, Imperial Spain 1469–1716, London 1965, S. 157.

Elliott, der der seinerseits vorherrschenden, die Universalmonarchie hervor-
hebenden deutschen Narrationen der Biografien Karls nun die Territoriali-
tät der Herrschaftsorganisation entgegensetzte, macht das Herrschaftsgebilde
zu einer Ansammlung von Protonationen. Es ist nun nicht mehr der Charakter
Karls, der in Karl Brandis Schilderung für Spanien noch zu niederländisch und
für das Römische Reich zu spanisch war, der das Nationale der Erzählung bildet, sondern es sind die materialisierten Herrschaftsräume an sich. Aber Elliott unterschätzt nach Ansicht des Wirtschaftshistorikers Ramón Carande die
Bedeutung der Abstufung der Cortes in den spanischen Territorien, die Versuche
Karls, die Reichsstände aus ihrer Stellung auszuheben und die Fürsten auf seine
Linie zu zwingen: weniger als traditionelle Machtkämpfe der Territorien ist die
Umwandlung in Bürokratiestaaten mit der Andeutung eines folgenschweren Ver-
lusts von Einfluss des Territorialadels und der Stände hier der zentrale Motor.[93]

Diese Lesart läuft nun wiederum Gefahr in die Falle eines anderen Narrativs
zu tappen, das ebenfalls eng mit einer nationalstaatlichen Perspektive zusammen-
hängt, nämlich der Genese von Staatswesen als einer Identitätsgemeinschaft. Es
handelt sich hierbei um eine in der deutschen Geschichtswissenschaft seit Ranke
durchweg, über Mommsen, Ritter und Ehlers immer wieder diskutiertes und
erforschtes Thema. Ehlers Leitmotiv gibt in seinem Studienbuch „Die Entstehung des
Deutschen Reiches" eine interessante Auswahl von Forschungsrichtungen, ohne
diese selbst historisch einzuordnen.[94]

Im Zusammenhang mit der Biografie Karl V. ist diese Diskussion von doppel-
tem Interesse. Einmal wird diese Entstehung von Nationalstaaten für zwei Perio-
den besonders intensiv diskutiert: nämlich für das nach-karolingische Mittelalter
und für die frühe Neuzeit im ausgehenden fünfzehnten und beginnenden sechs-
zehnten Jahrhundert. In diesen zweiten Abschnitt fällt dann Karls Herrschaftszeit.
In Spanien tritt er 1517/1519 mehr oder minder direkt das Erbe der so genannten
Katholischen Könige an. Diese hatten in Spanien bereits bedeutende Schritte
hin zu einem emergenten Bürokratiestaat unternommen, schreibt Gerhard Ritter in seiner Darstellung „Die Neugestaltung Deutschlands und Europas im 16.
Jahrhundert". Ritter sieht Karls Wirken in einer europaweit wirkenden und in
Spanien unter Isabel und Fernando bereits wirksamen Gestaltung eines zeitgemä-
ßen Staatswesens durch den Aufbau einer Bürokratie. Ritter bewertet diese Entwicklung als einen Prozess der Klärung, weil aus den trüben Vermischungen des

---

[93]Ramón Carande, Carlos V y sus banqueros, Bd. 2: La hacienda real de Castilla, Barcelona 1990 [Org. von 1949], S. 9–65.
[94]Joachim Ehlers, Die Entstehung des Deutschen Reiches, München 1994.

Mittelalters, als staatliche und kirchliche Interessen und Institutionen kaum voneinander zu unterscheiden waren, diese nun voneinander getrennt wurden. In protestantischer Überzeugung kann der Historiker schreiben, dass das sechszehnte
Jahrhundert „zur ursprünglichen Reinheit und Unmittelbarkeit christlichen Gott-
erlebens" zurück strebte, wie auch der Staat danach trachtete, sich „von kirchlicher Bevormundung" loszulösen.

> Gemeinsam ist beiden Bewegungen nichts weiter als das Negative ihrer Wirkung:
> die Zerstörung der mittelalterlichen, längst unwahr und darum morsch gewordenen
> Einheitskultur.[95]

Zu dieser Trennung gehörte, obwohl Ritter diesen Prozess als Verlust in
wirtschaftlicher und intellektueller Hinsicht bewertete, die Verfolgung und Ausweisung der jüdischen Bevölkerung in den spanischen Königreichen. Die Ausweisung der muslimischen (Ritter hat wohl auch im Hinterkopf arabischen)
Bevölkerung aus den spanischen Königreichen führte zu einer religiösen und
ethnischen Vereinheitlichung der Bevölkerung, zu einer Eindeutigkeit, die nur
durch Trennung erreicht werden konnte. Letztendlich, so Ritter, war die maßgeb-
lich daran beteiligte Inquisition nur eine der Etappen im Prozess der Ausbildung
einer zentralen und nach festen Regeln organisierten Bürokratie in Spanien.[96]
Im Deutschen Reich scheitern Karls Bemühungen nun in ähnlicher Weise und
gegen den Widerstand der zum Teil protestantischen Fürsten, einheitliche Strukturen zu schaffen. Zu einer „trüben Gärung vermischt" stellte sich die Situation in dem von Ritter als einheitlichen Identitätsraum verstandenes „Deutsches
Reich" dar. Diese wurde erzeugt durch religiöse Spaltung, den inneren nationalen Bestrebungen (zum Beispiel der Tschechen) und den externen Einmischungen
(zum Beispiel die Gegenreformation).[97]
    Bei Gerhard Ritter ist die Entwicklung der Herrschaftsorganisation unter Karl
V also eine unvollendete. Durch den Widerstand vermischter und damit unklarer
Umstände, konnte der König und Kaiser seine aus der Entwicklung in Spanien
gemachten Erfahrungen nicht im Deutschen Reich umsetzen. Das Unvermögen
Karls klare Strukturen zu schaffen, verhinderte den in anderen Herrschaften
eingeschlagenen Weg und verzögerte die deutsche Nationalwerdung. Die Ent-
wicklungslinie hin zum Eindeutigen war für Ritter demnach vorgegeben und hat

---

[95]Gerhard Ritter, Die Neugestaltung Deutschlands und Europas im 16. Jahrhundert, Frankfurt am Main 1967, S. 15–16.
[96]Ebd., S. 45–47.
[97]Ebd., S. 425.

sich in der Geschichte des europäischen Westens durchgesetzt. In dieser großen Linie der geschichtlichen Entwicklung verschwinden all die Konkurrenzen und Auseinandersetzungen, die auf der politikhistorischen Ebene die Darstellung Ritters ausmachen.

Ganz anders hat Fernand Braudel in seiner essayistischen Skizze der Biografie Karls einen erzählerischen Zugang nach Lebensabschnitten gewählt, in denen konkurrierende Herrscher (wie Franz I de Valois) Territorien und Räume die Hauptrolle spielen. Leider ist es bei dieser Skizze geblieben – in einem historischen Genre (der Biografie), das Braudel ohnehin nicht besonders lag. Diese Einschätzung nährt sich daraus, dass Braudel ohne eine Reihe von gemeinhin üblichen Vorannahmen auskommt: Zuerst wischt er alle Habsburg-Romantik fort, wenn er die Herrschaftsakkumulation Karl als das Produkt von Zufälligkeiten in Szene setzt, nicht als Kalkül von Heirats- und Vererbungspolitik. Zufall wird in der Geschichtsschreibung gemeinhin nicht als Lösung oder Erklärung von Abläufen, Ereignissen und Prozessen anerkannt, sondern als Verschleierungsformel für ausgebliebene Forschungsleistung – und auf diese Weise meint Braudel Karls Zufälligkeit auch nicht. Vielmehr stellt sich der Zufall genau als Erklärung ein, wenn die kurze prosopografische Skizze nicht als „Notwendigkeit" (wie – leider – der Untertitel der deutschen Übersetzung suggeriert) von Todesfällen im Sinne der Erzählung von Karl Brandi auf Karl zulaufend zu verstehen ist. Seine Geburt, die Todesfälle von Juan 1497, Don Miguel 1500, Philipp des Schönen 1506 und die „Schwachsinnigkeit" von Juana bilden zwar die Ausgangslage seines nachfolgenden Lebens, sie sind aber nicht Teil eines „Masterplans", der das Ziel verfolgte, Karl zu einem „europäischen" Herrscher zu machen.

Schon Georg Wilhelm Hegel sprach in dem Zusammenhang der umfangreichen Territorialherrschaften Karls von „Zufälligkeit" – Braudel ist also nicht der erste, der diesen Begriff mit Karl in Zusammenhang setzte.

> Karl V. strebte nach einer Universalmonarchie; er war deutscher Kaiser und König von Spanien zugleich, die Niederlande und Italien gehörten ihm, und der ganze Reichtum Amerikas floß ihm zu. Mit dieser ungeheuren Macht, die, wie die **Zufälligkeit eines Privatbesitzes,** durch die glücklichsten Kombinationen der Klugheit, unter anderem durch Heiraten, zusammengebracht worden, aber des inneren wahrhaften Zusammenhanges entbehrte, vermochte er jedoch nichts gegen Frankreich, selbst nichts gegen die deutschen Fürsten und wurde vielmehr von *Moritz von Sachsen* zum Frieden gezwungen.[98]

---

[98]Georg Wilhelm Hegel, Philosophie der Geschichte. Die neue Zeit, Auf Grund der Handschrift hg. v. Georg Lasson, Hamburg 1976 (Nachdruck mit ergänzten Literaturhinweisen), S. 893. (Hervorhebung durch Helge Wendt).

Die Zufälligkeit bei Hegel ist aber von anderer Natur als bei Braudel. Hegel bindet sie an die „Klugheit" der Herrschenden, und legt dem Leser somit nahe, Karls Vorfahren hätten die Situation vorausgeahnt, dass eines Tages die verschiedenen Herrschaftstitel in einer Person vereinigt seien. Alfred Kohler weist darauf hin, dass noch Karls aragonesischer Großvater Ferdinand (der Katholische) versuchte, den mit dem „österreichischen" Großvater im Vertrag von Blois 1509 vereinbarten Herrschaftsantritt Karls zu verhindern. Mit seiner neuen Frau, Germaine de Foix wollte er einen eigenen Thronerben in die Welt setzen, was jedoch nicht gelang.[99]

Bei Leopold Ranke spielt Zufall in Nachfolgefragen durchaus auch eine Rolle, wenn er beispielsweise die Möglichkeit diskutiert, Karls Sohn Philipp hätte auch Deutscher König werden können, wenn es nach dem Willen des Kaisers gegangen wäre:

> Wie sehr aber mußte man dann erschrecken, als Karl V. den Plan fasste, seinem Sohn Philipp, der in Spanien erzogen worden und von Spaniern umgeben in Deutschland ankam, die Anwartschaft auf die deutsche Thronfolge zu verschaffen. Eine Vereinigung, die man kaum noch für eine kurze Zeit ertragen zu können glaubte, wäre verewigt worden. Die Spanier hätten sich in Deutschland leicht so einheimisch gemacht, wie in Mailand oder in Brüssel. Was hätte erfolgen müssen, wenn nach dem Schluss des tridentischenischen Conciliums ein Philipp II. unser Vaterland regiert hätte![100]

Hier findet sich auch wieder die Konstruktion des Nationalen für eine anationale Vergangenheit, die man Ranke vorhalten könnte (wie beispielsweise Albrecht Luttenberger[101]). Eher belustigend erscheint aus heutiger Sicht auch das verstärkende Ausrufezeichen am Ende des hier abgedruckten Zitats, das ebenfalls das Ende eines Abschnitts im Originaltext darstellt. Aber Ranke, und dieser Aspekt erscheint hier besonders wichtig zu sein, spielt mit dem Gedanken der Möglichkeit eines hybriden Staatsgebildes aus Spanien und Deutschland. Seiner Meinung nach, gehörten diese beiden Territorien nicht zusammen, unter Karl standen sie unnatürlicher Weise unter derselben Herrschaft. Aber wieso könnte

---

[99]Alfred Kohler, Karl V. 1500–1558. Eine Biographie, München 1999, S. 55.

[100]Leopold v. Ranke, Über die Zeiten Ferdinand's I. und Maximilian's II. Bruchstück von Betrachtungen über die deutsche Geschichte, in: Historisch-politische Zeitschrift 1 (1832), S. 223–339; Zitat auf S. 235.

[101]Albrecht P. Luttenberger, Kurfürsten, Kaiser und Reich. Politische Führung und Friedenssicherung unter Ferdinand I. und Maximilian II., Mainz 1994, S. 2.

Ranke eine solche Abscheu gegen diesen Ausgang der Geschichte gehegt haben? Gemeinhin war Ranke der Überzeugung, Philipp sei aufgrund seines Charakters der falsche Mann gewesen, um eine solch unübersichtliche Herrschaft aus Spanien, Italien, Niederlanden und Deutschem Reich zu erben, zu der sich durch die Heirat mit Elisabeth noch England gesellte.[102]

Der zweite Grund findet sich in dem obigen Zitat selbst: Das vereinigte Königreich unter einem Kaiser Philipp hätte den Spaniern die Möglichkeit eines erhöhten Einflusses in den Angelegenheiten des Reiches beschert. Wie in Mailand oder den Niederlanden hätten sie die Geschicke nach ihrem Willen gelenkt und somit die nationale Politik mitbestimmt. Das nationale Argument ist damit bei Ranke eines gegen Vermischungen, die jedoch zumindest in der Zufälligkeit historischer Abläufe im Rahmen seiner Vorstellungen gewesen waren.

Das dritte Argument findet sich – eng verbunden mit dem zweiten – in Rankes Geschichte der Reformation. Dieses Werk könnte als eine immense Biografie zu Karl beschrieben werden, denn Karl spielte als der König, unter dessen Herrschaft die Reformation sich ereignete, eine herausragende Rolle. Aber Ranke versteht Karl hier in einer Doppelrolle, als die Einzelperson, die wie auch der Papst der Kollektivperson einer möglichen deutschen Nation entgegen stand.[103] Zudem spielt er den Leitfaden in Rankes Erzählung: in den wechselnden Machtgefügen, Bündnissen und vielfältigen europaweiten Beziehungen ragt er immer heraus, wird in seiner vom Historikerpapst kritisierten Halsstarrigkeit zu einer Konstante. Vermischung bei Ranke ist also eindeutig negativ gemeint: Vermischung beeinträchtigte die deutsche Nationswerdung, verdarb den Charakter des Herrschers und verhinderte die Verwirklichung der Reformation.

Bei Braudel handelt sich – um wieder auf die oben angesprochene neuere Tradition der Geschichtsschreibung zu Karl V. zurück zu kommen – um einen viel positiver gemeinten Begriff von Zufall, der eher mit dem „Modebegriff" Kontingenz zu erklären ist: Denn entgegen bestimmter Absichten von handelnden Personen kommt es zu Entwicklungen, die außerhalb der Kontrolle dieser Menschen stehen. Die Absicht Maximilians, seinen Sohn Philipp auf dem spanischen Königsthron zu sehen, wurde durch dessen Tod durchkreuzt. Ferdinands Ablehnung gegenüber Philipp gab ihm zwar die Möglichkeit zehn Jahre lang die Regierungsgeschäfte auch in Kastilien zu führen, aber er konnte Karl nicht verhindern, weil sein spät geborener Sohn sehr jung starb und die Cortes seinem

---

[102]Ranke, Fürsten und Völker von Süd-Europa im sechzehnten und siebzehnten Jahrhundert, Bd. 1, Hamburg 1827, S. 113–117.

[103]Ranke, Deutsche Geschichte im Zeitalter der Reformation, 5 Bde, 1839–1843.

Wunsch nicht nachkamen, den anderen, in Aragon aufgewachsenen Enkel Ferdinand (der später Deutscher König und Kaiser im Römischen Reich werden sollte) als Nachfolger zu etablieren.[104]

Die Zufälligkeit kann keinesfalls national interpretiert werden. Denn es stehen persönliche und dynastische Auseinandersetzungen in der sich findenden Machtbalance Europas im Mittelpunkt. Die Habsburger, die mit dem burgundischen und dem kastilisch-aragonesischen Erbe erheblich an territorialer Macht hinzugewannen, konnten diesen aber nicht in allen beanspruchten Gebieten auch durchsetzen. In der Herrschaft Geldern oder in der vorderösterreichischen Herrschaften, auf die der Württemberger Herzog, in Verbindung mit Konfessionsfragen, einen kriegerischen Blick geworfen hatte, traten konkurrierende Herrscher auf. Und so durchzieht sich die Geschichte der Herrschaftszeit Karls mit eben solchen Auseinandersetzungen: unklare faktische Macht stand im Spannungsfeld mit unklaren Grenzziehungen, unklaren Erbansprüchen, dem kaiserlichen Willen nach Besitz und dessen Anspruch auf Vorrang. Diese Gemengelage steht im großen Gegensatz zu einem quasi-nationalen Wetteifern um eine europäische Vormachtstellung, wie es spätere Historiker interpretiert haben.

In diesem Zusammenhang wird das Handeln von Karl bei Braudel in seiner, durch ganz unterschiedliche Kräften erzwungenen Getriebenheit deutlich. Es ist eben nicht der rationale, sich seiner gegenüber einem Mittelalter abgrenzenden Rationalität bewusste Kaiser-König, der hier dem Leser entgegen tritt, sondern ein von den vielfältigen Aufgaben und Herausforderungen zu Kompromissen gezwungener Herrscher.[105] Ganz ausdrücklich unterstreicht diese Sichtweise auch Volker Press am Beispiel der Bundespläne Karls. Durch verschiedene Anläufe des Kaisers, die Institutionen des Reiches durch gesonderte Bünde zu hintergehen, funktionierten immerhin eine Zeit lang, bevor sie – auch hier die Kontingenz – durch interne und externe Faktoren gesprengt wurden. In dieser Kontingenz der Kräfteverhältnisse in den Bünden und zwischen den konfessionell geprägten Zusammenschlüssen konnten die Reichsstände sich auf die Reichsverfassung stützend, die eben nicht in dem von Karl beabsichtigten Ausmaß reformiert worden war, ihre Stellung ausbauen. Hiermit war Karls Politik gegen traditionelle Herrschaftsorganisation anzugehen gescheitert.[106]

---

[104]Alfred Kohler, Karl V., 1999, S. 55.

[105]Fernand Braudel, Karl V. Die Notwendigkeit des Zufalls, Stuttgart 1990.

[106]Volker Press. Die Bundespläne Kaiser Karls V. und die Reichsverfassung, in: Heinrich Lutz (Hg.), Das römisch-deutsche Reich im politischen System Karls V., München/Wien 1982, S. 55–107.

Eine weitere biografische Skizze hat Ernst Schulin angefertigt. Ihr Titel verrät bereits die Stoßrichtung: von einem „übergroßen Wirkungsbereich" schreibt Schulin und webt ein komplexes erzählerisches Netz von Territorien, ideologischen Strängen, sozialen und politischen Gegebenheiten. Aus diesem Netz konnte Karl nicht hinaus treten und die zufällig auf ihn gekommene Herrschaft stellte für ihn und für – hierin nimmt Schulins Darstellung eine interessante und weiter führende Wendung – den Historiker überfordernde Dimension dar. Die Historiker, so der Autor, hätten nämlich nie anders als in einer vergleichbaren Überforderung sich biografisch dem König-Kaiser nähern können. Weilte der Kaiser gerade im Reich, dann müsste der Blick des Historikers gleichzeitig das Geschehen in Italien ins Auge nehmen und narrativ einflechten, ohne sich einem narrativen Strang gemäß den Vorgaben des Faches in seiner Ausführlichkeit widmen zu können.[107] Und so wie der Historiker nun in seiner eigenen narrativen Konstruktion gefangen bleibt, so verfing sich Karl, hin und her gerissen im unübersichtlichen Feld einer unmöglichen Setzung von Prioritäten, in Spinnweben von eingeschränkter Sicht. Anders als dem Historiker blieb Karl aber gar nichts anderes übrig, als sich allen anfallenden Aspekten seiner Herrschaft ausführlich zu widmen, selbst wenn er nicht in allen Fällen auch eine Entscheidung traf. Schulin kommt zu dem Schluss, dass es dem Historiker eben obläge, auszuwählen und schlussendlich Geschichte nicht anders als mit dieser Auswahl zu erzählen. Mit Einschränkung trifft dies, so Schulin, bei (fast) jeder Geschichtserzählung zu. Nur selten jedoch handele Geschichtsschreibung eben von einigermaßen sperrigen Personen – jedoch bleibt sein Eingeständnis des gescheiterten Versuchs der Herstellung narrativer Kohärenz leider eine Ausnahme.

Eine Betrachtungsweise, wie sie hier eben angestellt wurde, steht in der Gefahr, den König-Kaiser zu verabsolutieren und ihn als Individuum „rankianisch" als *movens* jeder Geschichte zu etablieren. Die Konzentration auf eine Person trägt diese Gefahr natürlich in sich, aus der es nun gilt, sich zu befreien. In erster Linie beabsichtigt diese Darstellung nicht, für eine personalisierte Sicht auf Geschichte einzutreten. Es ist nicht Karl, der sein Leben ausgesucht hat und er beherrschte zu keinem Zeitpunkt die Ereignisse oder Folgen von Entscheidungen – und hat dies mit allen anderen Herrschern und Mächtigen zu jeder Zeit der Menschheitsgeschichte gemein. Die Feststellung, Karl (oder jeder andere) sei in seiner Vielfalt nicht zu erfassen, stilisiert nicht die Figur des Kaisers, sondern schafft zuerst Übergangsmöglichkeiten zu anderen Genres des

---

[107]Ernst Schulin, Karl V. Geschichte eines übergroßen Wirkungsbereichss, Stuttgart 1999.

historischen Fachs. Es gilt deswegen, die Auflösung des Genres „Biografie", oder Erweiterung wie sie Jean-Michel Sallmann vorschlägt fortzuführen und Biografie nicht als entkontextualisierte Charakterstudie zu verstehen. Jacques Revel hat mit dem Vorschlag von „jeux d'échelles" das Zusammenwirken von kleinen und großen historischen Einheiten verdeutlicht, wie der Historiker als Betrachtender sie formuliert.[108] Insofern ist die biografisierte Person eine Kleineinheit, deren Bezugspunkte und –räume, deren Verbindungen und Zuordnungen auszutarieren sind. Hieraus ergibt sich ein Kontext, der nun entscheidend auf die Erzählung sich auswirkt. Denn wo vorher entweder die Figur den Kontext in den Schatten stellte oder die Herausstellung des Kontextes das Ergebnis präfigurierte, so muss nun das Schreiben einer „mestizischen Biografie" ein Gesamtbild ergeben. Dafür muss der Schreibende die Bestandteile von Lebensabläufen kennen und mittels der narrativen Leitfrage der Interaktion dieser zueinander in eine Ordnung bringen.

Diskurse: Nationalistische Dekorationen

Ähnliche Herrscherfiguren finden sich in der Frühen Neuzeit in allen Teilen Europas, aber auch für das neunzehnte Jahrhundert wäre die Frage nach der Eindeutigkeit – trotz des Nationalismus – zu stellen. Hier würden sich die Hannoveraner in England genauso anbieten, wie die „installieren" Dynastien in Griechenland und Portugal, das restituierte Spanien und die mit Exilerfahrung verbundenen Herrschaftswechsel in Frankreich. Für den deutschen Raum ist die Geschichte der in 1871 mündenden „Kohäsion" in dieser Perspektive nicht als Geschichte der Nationalisierung zu schreiben, sondern als Zusammenfinden – unter friedlichen und kriegerischen Gesichtspunkten – unterschiedlicher Einflüsse mit den unterschiedlichen Versuchen von Hegemonie.

Besucht man die Befreiungshalle bei Kelheim, stolz über der Donau thronend, dann wird hier eine Ikonografie der nationalen Einheit vorgespielt. Der Rundbau – was verdeutlicht Einheit und Vereinigung besser, als der Kreis? – wird von Außen mit auf Pilastern stehen Figuren geschmückt, die marmoren die einzelnen Königreiche, Fürstentümer und alle weiteren „deutschen" Territorien allegorisch darstellen, die an den Kriegen gegen Napoleon (zumindest in der Endphase) teilnahmen. Halb um den Bau herumgegangen erreicht man den Eingang, der als dunkles Rechteck den Besucher in den, an eine Mischform aus Pantheon und Mausoleum erinnernden

---

[108]Jacques Revel, Jeux d'échelles. La micro-analyse à l'expérience, Paris 1996.

Innenraum hineinführt. Neben dem Eingang stehen zwei Statuen auf Pilastern. Die eine hält das Schild aus Marmor in der Hand, das sie als Allegorie Preußens darstellt. Die andere, repräsentiert Österreich. Die Allegorie Bayerns ist nicht an der herausragenden Stelle neben dem Eingang zu finden, sondern vielmehr als zweite – nicht aber an Seiten der preußischen Figur, sondern gleich neben Österreich. Es ist hier also die bis zum Bauabschluss 1863 noch mögliche „großdeutsche", aus der bayrischen Perspektive süddeutsche Kohäsion der deutschen Herrschaften, die hier dargestellt wird. Den beiden Staaten, die den Eingang zur Befreiungshalle zieren, wird ihre Führungsrolle in den sogenannten Befreiungskriegen zugesprochen. Gleichzeitig wird hier ein Führungsanspruch der beiden südlichen Staaten gegenüber Preußen in der damals aktuellen politischen Situation repräsentiert.

Wann auch immer das ikonografische Programm der Halle zwischen Baubeginn in den 1840er und der Fertigstellung Anfang der 1860er Jahre festgelegt wurde, so wird hier eine der nachfolgenden Entwicklung widerstrebende Interpretation der Geschichte in Stein gehauen. Und dies hatte seine Nachwirkungen insofern, als die Reihenfolge selbst nach der unter Preußen und unter Ausschluss Österreichs vereinbarte Bismark'sche „Reichseinigung" 1871 nicht verändert wurde. An der Befreiungshalle in Kelheim wurde demnach aus der Sicht der bayrischen Könige eine hegemoniale Interpretation der Geschichte versucht, die – trotz ihrer kurzen Lebensdauer von nur drei Jahren – bis heute zu beobachten ist. Hier wird besonders deutlich, wie mestizisch Geschichtspolitik eben sein kann, wenn solcherart Überlagerungen beobachtet werden. Zur Einweihung 1863 verdeutlicht der bayrische König Maximilian II das, was im preußisch-österreichischen Krieg (auf bayrischer Seite von Ludwig II geführt) dann seinen Endpunkt fand, nämlich die Allianz mit der Donaumonarchie. Der pathetische Bau zeigt auch, dass ein Bewusstsein einer Einheit in Vielheit bestand, auch wenn die möglichen Konsequenzen, nämlich entweder zu einer einzigen Einheit zu werden oder eine vielfältige Einheit damals keine realistische politische Option zu sein schien.

Schließlich und drittens verweist der Bau auf die nachfolgende Geschichtsschreibung. Bayern zusammen mit Österreich die hier baulich festgehaltene Bedeutung in den Befreiungskriegen zuzuteilen, findet in der zunehmend professionalisierten, jedoch hauptsächlich in Preußen stattfindenden Geschichtsforschung des ausgehenden 19. Jahrhunderts nur wenig Niederhall.

Hegemonie ist in diesem Zusammenhang von Herrschaft und Macht ohnehin ein willkommenes Stichwort. Denn hieran lässt sich die Frage von Dominanz des Einen unter einer weiteren Perspektive diskutieren. Hegemonie ist wohl in machttheoretischen Betrachtungsweisen die Kraft, welche ihre Vorstellungen aufgrund ihrer machttechnischen Voraussetzungen durchsetzen kann. Hegemoniale Situationen wurden in der Geschichte verschiedentlich festgestellt und die

Kolonialgeschichte scheint diejenige zu sein, in der die Hegemonie der Kolonialmacht am deutlichsten Zutage tritt.

Interessant ist in diesem Zusammenhang, wie Luhmann mit dem Begriff *Pri-
mat* umgeht, indem er es als Funktionsprimat bezeichnet. Alle Funktionssysteme
im „autopoietischen System der Gesellschaft" überschätzen „sich selbst im Verhältnis zu den anderen" und verzichten „dabei aber auf eine gesamtgesellschaft-
liche Verbindlichkeit der Selbstbewertung".[109] Luhmann spricht hiermit zum
einen die Tendenz von Funktionssystemen an, sich gegenüber anderen abzugrenzen und ihre Eigenständigkeit und mögliche Überlegenheit zu betonen. Zum
anderen bestehen die Hegemonialbestrebungen eines Funktionssystems nur
in der Auseinandersetzung und Verbindung mit anderen Funktionssystemen.
Auch Michel Foucault stellt für die Frühe Neuzeit, speziell aber für die Zeit des
Merkantilismus im achtzehnten Jahrhundert das Streben hin zu einer Souveränität
in Herrschaftsgewalt fest.

Das Ziel: der Souverän; die Instrumente: dieselben wie die der Souveränität. Der Merkantilismus versuchte, die durch eine reflektierte Regierungs-
kunst gegebenen Möglichkeiten in eine institutionelle und mentale Struktur der
Souveränität einzuführen, die sie blockierte.[110]

Dies ähnelt in gewisser Weise, den oben bereits erwähnten Zusammenhängen von Abgrenzungsrhetorik und „realer" Verknüpftheit: Hegemonie und
Souveränität sind also nur in einer Opposition zu anderen sozialen Einheiten zu
erkennen,[111] womit eine erste Austauschfigur benannt wäre. Sie sind zum anderen eine Form der Selbstbeschreibung, der die Analyse mindestens eine weitere
Beschreibungsperspektive hinzufügen muss.

Grenzen, Übergangsgebiete und konkurrierende Herrschaftsansprüche

Dass sich der nationale Raum als narrativer Fokus, wenn nicht sogar eben als der
inselgleiche Rahmen anbietet, in dem Teile miteinander in Beziehung stehen, ist
kein Gegensatz zu einer Geschichte von Vermischungen. Die Schwierigkeit, das

---

[109]Niklas Luhmann, Gesellschaft der Gesellschaft II, Frankfurt am Main 1997, S. 748.

[110]Michel Foucault, Die „Gouvernementlität" (Vortrag), in: ders, Analytik der Macht, übersetzt von Reiner Ansén u. a., Frankfurt am Main 2005, S. 148–174; hier: S. 164.

[111]Zum Konfliktpotential s.: Michael Hardt/Antonio Negri, Empire, Cambridge, London,
2000, S. 69–70.

Nationale aber so zu denken und zu beschreiben, dass es eben nicht eindeutig ist, sondern in seinen Herkünften und Entwicklungen eben auch unerforschbar verwirrt und vermischt, führt auch zur Suche nach anderen Arten von Räumen, in denen Geschichte narrativ gefasst wurde.

Der Raum genießt seit mehreren Jahren als eigenständiger Untersuchungsgegenstand in der Geschichtswissenschaft eine erhöhte Aufmerksamkeit. Raum als solches ist dabei keine absolut neue Kategorie, wird aber dadurch gewissermaßen zu etwas Besonderem, weil ein gewisser Nachholbedarf erkannt wurde, sich mit ihm als historische Zentralkategorie zu beschäftigen. Dabei liegen bereits einige seltsam unfreiwillig an den Rand gedrängte Arbeiten zu diesem Thema vor, die häufig den heutigen Ansprüchen an theoretische Fassung von Raum als nicht genügend abgewertet werden. Zu denken ist hier insbesondere an die Mittelmeergeschichten eines Fernand Braudels und der ihm nachfolgenden französischen Mittelmeerhistorikern oder an die eindrucksvolle Studie von Peter Sahlins über das Grenzgebiet der Pyrenäen zwischen sich formierenden Staatsgebieten Spanien und Frankreich.[112] Zu denken ist auch an die von Reinhart Koselleck immer wieder in die Diskussion eingebrachten Forderungen, Raum in seinen unterschiedlichen historischen Erscheinungsformen ausführlich zu beachten. Räume, wie sie umfassend sozial gebildet, politisch begründet und interaktionistisch fortbestehen, sind in allen Fällen vielschichtig: im historisch-archäologischen und im synchronen Sinn eines Netzwerks.

Für den mestizischen Raum muss in erster Linie der Fehler vermieden werden, sich alleinig an politisch-administrativen Grenzen zu orientieren, um ihn als wirkmächtigen Raum zu erkennen. Sahlins verdeutlicht in „Boundaries", dass Grenzen zwischen staatlichen Gebilden sich erst mit der Zeit herausbilden und selbst dann, als an den Grenzen schon Befestigungsanlagen und bis zu den Zähnen bewaffnete Soldaten stehen, die Interaktion der Bewohner eines Grenzgebietes im Alltag nicht abreißt. Erst im Laufe einiger Zeit ist es den Staaten unter Einsatz einigen Aufwands möglich, ihren Anspruch auf die Grenzkontrolle durchzusetzen: denn nicht allein gegen den Staat jenseits dieser Grenze galt es der Linie Respekt zu verschaffen, sondern besonders gegenüber der Bevölkerung. Hierbei spielen Strukturen eine Rolle, die Staaten nur schwerlich beeinflussen können. Staatszugehörigkeit, Steuerhoheit oder Anpassung von Territorien kirchlicher Würdenträger an den zwischenstaatlichen Grenzverlauf mögen noch Maßnahmen sein, für die die Macht der fernen Hauptstädte ausreicht. Für Heiratsverhalten,

---

[112]Peter Sahlins, Boundaries. The Making of France and Spain in the Pyrenees. Berkeley 1989.

den Marktalltag, Lieferwege, Transhumanz und Familienbande bedurfte es einiger Zeit und einigen Drucks, um dem Grenzverlauf angepasste Verhaltensmuster herzustellen.[113]

Was hier deutlich wird, ist die Bedeutung von Performativität bei der Herausbildung von Räumen: dient die Grenze zwischen Frankreich und Spanien quasi als Boje, so wird das Hinabgleiten am Ankerseil zu einer Entdeckungsfahrt ins Unbekannte und Unsichere. Das im ersten Hinblick Feststehende löst sich nicht auf, wird aber vielschichtig Infrage gestellt, facettenreich und wird somit zu einem Vermischungsraum. Zum einen ein Vermischungsraum aus unterschiedlichen Zeitschichten, die ein guter Historiker wie Peter Sahlins jeweils ausführlich kontextualisiert. Facettenreich wird der Vermessungsraum zusätzlich, weil eben kein einheitlicher in einem historischen Kontext bestehender Umgang mit der Grenze, mit dem Grenzraum und in dem Grenzgebiet festzustellen ist. Die Menschen leben mit der Grenze, nutzen sie zu ihren Vorteilen, werden durch sie in ihrem Aktionsraum beschnitten, gehen gegen sie an, richten sich an ihr aus, können jedoch zunehmend nicht an ihr vorbei leben. Ob aber ein Bischof, ein Soldat, ein Hirte oder ein Marktbauer mit ihr konfrontiert ist macht den synchronen Unterschied aus.

> The development of national identities and the formation of a territorial boundary line in the Cerdanya were historically variable and hardly unilinear processes. There were moments in the history of the Cerdanya when inhabitants of the two Cerdanyas felt themselves to be distinct, just as there were times when they felt a common identity against the imposition of political authority from above.[114]

Grenzen üben auf Geschichtswissenschaft und die Raumdiskussion überhaupt eine eigene Faszination aus. Frederick Jackson Turners *frontier* wurde breit rezipiert und in einigen Punkten für weitergehende Forschung genutzt. Turner definierte 1893 die *frontier* als einen Raum, der zwischen zwei Entitäten liegt. Diese Einheiten sind jedoch nicht durch eine Linie, sondern eben durch einen breiten Interaktionsraum voneinander getrennt. Innerhalb dieses breiten Raums kommt es aufgrund der Interaktion zu erklärbaren Veränderungsprozessen von sozio-kulturellen Gegebenheiten, deren „Reinheit" im absoluten Rückraum der jeweiligen Räume zu finden ist. Diese Pole lagen für die weiße Siedlergemeinschaft, die

---

[113]Ebd.
[114]Ebd., S. 298.

deterministisch sich gegen Westen vorschob, an der US-amerikanischen Ost-küste. Für die indigene Gemeinschaft, die Turner als Gegenspieler identifizierte, lag er wohl mehr in einer historischen Vergangenheit, als dass er hätte verortet werden können. Für Turner verlief Geschichte noch recht einfach in Bewegungen von Ost nach West und vom Traditionellen zum Modernen. Insofern kann sein Verständnis von *frontier* als Trenn- und Verbindungsraum zwischen fest stehenden und prä-determinierten Entitäten nicht übernommen werden. Auch in seiner Aneignung durch Herbert Bolton[115] oder Webb wird der frontier-Begriff nicht einfacher handzuhaben. Schließlich bleib die Bewegungsrichtung von Geschichte eindeutig definiert – von Süden nach Norden im Falle Boltons (später auf-genommen von Bannon)[116], von Europa nach Amerika in Webbs Konzept des Atlantiks[117] als Grenzraum.

Spannender sind Anwendungen und Abwandlungen wie sie Hans Medick für die europäische Geschichtsschreibung vorgeschlagen hat. Hier werden Grenzen nämlich, selbst wenn sie als Nationalgrenzen vorliegen, zu Interaktionsräumen. Die von ihm als „offene Grenze" bezeichnete Institution bildet nicht etwa alleinig einen undurchdringlichen Raum (was auch geschehen kann), sondern zu Räumen, in denen auch Divergenz als Form von Kontakt zu verstehen ist.[118]

Grenze ist einer der historischen Räume, die in den vergangenen Jahren erhöhte Aufmerksamkeit erfahren hat. Diese Grenzräume verweisen immer auf einen dahinter liegenden Raum. Sei es, dass wie in der Studie von Sahlins die Hauptstädte zu Quasi-Magneten der sozio-politischen Entwicklung dies- und jen-seits der zu Beginn schwachen und unsicheren Linie wurden. Sei es, dass sich Räume ganz ohne eine thematisierte Begrenzung zu Gegenständen der histori-schen Betrachtung werden. Weiter oben wurde bereits auf Braudels *Méditerranée* verwiesen. Den geschichtswissenschaftlichen Ansatz dieses Buches brachte er in Verbund mit anderen Historikern in den 1970er Jahren auf einen neuen theo-retischen Stand – und weitete das rund 30 Jahre zuvor formulierte Forschungs-feld zudem aus. Deswegen soll hier nicht der 1948 im ersten Original, dann in

---

[115]Herbert E. Bolton, The Mission as a Frontier Institution in the Spanish-American Colo-nies, in: AHR 23, 1 (1917/18), S. 42–61.

[116]John Francis Bannon, Bolton and the Spanish Borderlands, Norman 1964.

[117]Howard Prescott Webb, The Great Frontier, Austin 1964.

[118]Hans Medick, Grenzziehung und die Herstellung des politisch-sozialen Raumes, in: Richard Faber u. Barbara Neumann (Hrsg.), Literatur der Grenze. Theorie der Grenze, Würzburg 1995, S. 211–224.

leserlicheren Fassungen 1951 und nachfolgend publizierte „Histoire de la Médi-
terranée" im Zentrum einer kurzen Besprechen stehen, sondern der dünne Band
mit kurzen Aufsätzen zum Land, zum Meer, zum Morgengrauen, zu Rom, zur
Geschichte und zu Räumen, die von Braudel selbst, von Filippo Coarelli und
Maurice Aymard in „La Méditeranée. L'espace et l'histoire" zusammen getragen
wurden. Weiter oben wurde bereits die Bedeutung von Raum für Prozesse der
Métissage hervor gehoben, ohne dass dieser Aspekt weiter vertieft worden wäre.
Dies soll am Beispiel des Mittelmeers, wie Fernand Braudel es historisch-theore-
tisch fasste, nachgeholt werden.

> Qu'est-ce que la Méditerranée? Mille choses à la fois. Non pas un paysage, mais
> d'innombrables paysages. Non pas une mer, mais une succession de mers. Non pas
> une civilisation, mais des civilisations entassées les unes sur les autres. […] C'est
> rencontrer de très vieilles choses, encore vivantes, qui côtoient l'ultra-moderne […]
> Tout cela parce que la Méditerranée est un très vieux carrefour. Depuis des millé-
> naires tout a conflué vers elle, brouillant, enrichissant son histoire: hommes, bêtes
> de charge, voitures, marchandises, navires, idées, religions, arts de vivre. […] Dans
> son paysage physique comme dans son paysage humain, la Méditerranée carrefour, la
> Méditerranée hétéroclite se présente dans nos souvenirs comme une image cohérente,
> comme un système où tout se mélange et se recompose en une unité originale.[119]

Hier wird die Einheit wieder zu einem zentralen Thema, weil sie eben nicht an
sich und *a priori* besteht, sondern weil – wie das Beispiel des Mittelmeers es
zeigt – die Einheit nur aufgrund der historischen Semantik besteht. Sie setzt sich
aber zusammen aus einer Vielzahl von „Einflüssen" und Zeitschichten, die aus
aller Welt stammen und aus allen Epochen Spuren – sichtbarer und unsichtbarer
Art im Bewusstsein und Unbewusstsein historischer Akteure hinterlassen.

Maurice Aymard verdeutlicht den Zusammenhang von Mittelmeer, Raumein-
heiten und Zeitschichten am Beispiel der Mittelmeerstadt, die – so Aymard – der
eigentliche Lebensraum der Menschen sei. Jede Zivilisation habe ihre Form der
Stadt an den Ufern des Mittelmeers gefunden und sich in diesen kulturell und
politisch geformt. Hier werden die fortdauernden Zeitschichten deutlich, wenn
Aymard schreibt:

---

[119]Fernand Braudel, Méditeranée, in: ders. (Hg.), La Méditerranée. L'espace et l'histoire,
Paris 1985 (2. Aufl.), S. 7–11; Zitate auf S. 8–10.

> Chaque civilisation a ainsi laissé son héritage urbain, et contribué à définir le cadre
> où les hommes continuent à vivre, aujourd'hui encore, au milieu des contraintes
> du passé alors même que les conditions qui ont présidé à sa création ont cessé de
> jouer.[120]

Aymard schaut wehmütig auf die alten Städte zurück, die sich in Zeiten der modernen Entwicklung als Vorstädte bewahren und liest in den Stadtkernen eine Ausdauer alter Siedlungsformen in den nutzenden Händen nachfolgender Generationen. So ist die Stadt der Ort unter den mediterranen Räumen, in denen sich die Vermischung von Gleichzeitigem und Ungleichzeitigem besser ablesen lässt, als in den ewigen und nur sehr langsam sich verändernden ländlichen Räumen. Klar tritt die Stadt auch hervor als der nicht homogene Raum sozialer Exklusion und strenger Organisation hervor. Aber trotz der zunehmend transparenten Ordnung des öffentlichen Raums, sind es die Häuser und die Wohnungen, die Vielfältigkeit und Rückzugsraum des Ungeordneten garantieren. Aymard konstruiert in der Folge, sich in Richtung der Arbeit von Pierre Bourdieu über die Kabylen entwickelnd, das Haus selbst zu einem Ort relationaler Dichotomien: zwischen Teilräumen von Mensch und Tier, dem Familienoberhaupt und der restlichen Familie, einem durch die Schwelle getrennten Innen und Außen, zwischen Frauen- und Männertätigkeiten und der weiteren Familienmitglieder.[121] In ähnlicher Absicht konstruiert Aymard den öffentlichen Raum als Gegensätzlich zum Privaten des Hauses, als Ort der Rituale, der auch aus der Stadt hinaus führenden Straßen, des Hauptplatzes, auf dem sich getroffen wird, wo Auseinandersetzungen stattfinden und Bürgerschaftstreffen abgehalten werden.[122] Diese Stadt ist in ihrer Differenziertheit ein Raum der Kohäsion, dort wo die Gegensätze unauflöslich und mächtig beieinander sich befinden und miteinander interagieren.

Weiterführend kann diese an Städten des Mittelmeers gemachte Beobachtung auch an Städten anderswo angewandt werden. Sind mittelalterliche Städte möglicherweise ebenso Kohäsionsräume? In Mainz beispielsweise, eine kleine Stadt mit Erzbischofsitz, lebte eine relativ an der Gesamtbevölkerung gezählte große jüdische Gemeinde. Sie unterstellte sich dem Schutz des Erzbischofs, der hier sowohl als geistliches wie als weltliches Oberhaupt fungierte und suchte die jeweiligen Kaiser um Privilegien nach. Das Zusammenleben, also die mestizische

---

[120]Maurice Aymard, Espaces, in: Fernand Braudel, La Méditerranée, Paris 1985 (2. Aufl.), S. 191–223; Zitat auf S. 198.

[121]Ebd., S. 204–214.

[122]Ebd., S. 218–219.

Situation änderte sich jäh, als mit dem Kreuzzugsaufruf von Papst Urban II 1095 der Graf Emicho mit einem wilden Haufen von mehreren tausend Heimatlosen in der Rheinregion die „Ungläubigen" im Abendland verfolgte. Das Eindringen der Brandstifter, Mörder und fanatisierten Massen in die Stadt war deswegen möglich, weil ein Teil des Stadtrats sich auf die Seite Emichos gestellt hatte und die Anweisungen des Erzbischofs ignorierte.[123] Die bis dahin bestehende mestizische Gesellschaft aus christlichen und jüdischen Einwohnern Mainz' wurde durch die Durchsetzung einer bis dahin „unsichtbaren" Grenze beendet. Die nun von einigen Akteuren sichtbar gemachte zwischen Christen und Juden gezogene Grenze weist auf zwei Probleme, Geschichte zu schreiben hin. Erstens können Grenzen in sozialen Räumen bestehen, die möglicherweise nicht zu jeder Zeit deutlich sind oder nur aufgrund nachfolgender Ereignisse für eine Zeit zuvor angenommen werden können. Das zweite Problem umfasst die Wirkmächtigkeit von sichtbaren und unsichtbaren Grenzen, deren Dauer genauso bestimmt werden muss wie die Undurchlässigkeit. Am Beispiel des Judenpogroms in Mainz von 1095 ist selbst die sichtbare Grenze durchlässig, weil Teile der christlichen Entscheidungsträger – wenn auch erfolglos – die jüdische Bevölkerung in Schutz zu nehmen versuchen.

Eng mit dem Thema der Grenze, ist das Thema der Migration verbunden. Es soll in diesem Buch nicht in einem eigenständigen Kapitel behandelt werden, sondern als Querschnittsthema einzelnen anderen Untersuchungsschwerpunkten zugeordnet, einen prominenten Platz erhalten. Migration betrifft letztendlich die meisten der hier behandelten historischen Kategorien. Im Zusammenhang mit Grenzen wird in der Forschung die Frage nach ihrer Überwindung, und damit das Problem der transterritorialen Migration behandelt. Die Vielfalt von Vermischungen in den Vordergrund stellend, untersucht beispielsweise Henri Bresc die Migrationsbewegungen von Juden nach und von Sizilien zwischen dem dreizehnten und dem fünfzehnten Jahrhundert. Er findet, neben den eingesessen Juden, solche aus den spanischen Königreichen herkommende, aus dem syrischen Raum, aus dem Maghreb und Einwanderer aus Norditalien. Sizilien war ein Handelsplatz, an dem bis in die Mitte des 15. Jahrhunderts eine hohe religiöse Toleranz bestand, einige Juden gute Beziehungen an den Königshof unterhielten und die Migranten besonders mit Kaufleuten in ihren Heimatregionen in

---

[123]Vgl. Dieter Mertens, Christen und Juden zur Zeit des ersten Kreuzzuges, in: Bernd Martin u. Ernst Schulin (Hrsg.), Die Juden als Minderheit in der Geschichte, München 1981, S. 46–67.

Verbindung standen. Waren wurden hier umgeschlagen und verschiedene Strömungen des Mosaischen Glaubens mussten ein Auskommen miteinander finden. Sie erhielten Privilegien vom König und suchten zum großen Teil, sich ständig auf der großen Insel niederzulassen, indem sie dort heirateten (zum Teil nicht zum ersten Mal und zum Teil in einer zusätzlichen Ehe) und nach nur einem Jahr Residenzzeit naturalisiert wurden.[124]

Das Zusammenleben von unterschiedlich eingeordneten Kulturen hat Mary Louise Pratt als „contact zone" definiert: Als „Social spaces where disparate cultures meet, clash and grapple with each other, often in highly asymmetrical relations of domination and subordination – like colonialism, slavery."[125]

Insofern sind Räume, Migrationsräume wie Stadträume mestizisch. Filiz Turhan zeigt dies anhand der Wahrnehmung britischer Reisender und Reiseschriftsteller zu Beginn des 19. Jahrhunderts, die Konstantinopel entdecken. Nach ihren ersten Eindrücken von einer durch und durch türkischen Stadt entdecken sie die griechischen Kulturwurzeln. Dieser Wahrnehmungswandel oder die Schärfung der Wahrnehmung ist dabei hoch politisch zu interpretieren. Denn indem der Hauptstadt des Osmanischen Reiches der türkische Charakter abgesprochen wird, kann sie umso leichter aus dem osmanischen Verbund gelöst werden. Die Beschreibung einer Vielfältigkeit, die keine Erfindung oder Fantasie sein muss, wird durch, durch die Briten unterstützten griechischen Anstrengungen um Unabhängigkeit vom Osmanischen Reich zu einem politischen Manifest gegen Fremdaneignung.[126]

Mestizierung und energetische Revolution

Im Zuge von Kapitalakkumulation (wie besonders auf den britischen Inseln) oder durch staatliche Interventionen (wie in Frankreich, Spanien und vielen Staaten im Deutschen Reich) verstärkten sich eine bereits bestehende, aber noch kleine Entwicklung: das gesamte europäische System von Energiegewinnung sollte verändert werden. Diese Veränderungen betrafen besonders die Landwirtschaft und

---

[124]Henri Bresc, La Sicile médiévale, terre de refuge pour les juifs. Migration et exil, in: Al-Masaq 17, 1 (2005), S. 31–46.

[125]Mary Louise Pratt, Imperial Eyes Travel Writing and Transculturation London 1992, S. 4.

[126]Filiz Turhan, The Other Empire. British Romantic Writings about the Ottoman Empire, New York, London 2003, S. 110–111.

die Brennstoffwirtschaft. Beide Veränderungen hängen miteinander zusammen und sie bedingen sich vielseitig, wie beispielsweise Anthony Wrigley in seinem Buch „Energy and the English Industrial Revolution" vorgestellt hat.[127] Im Europa des 18. und 19. Jahrhunderts kann man vielerorts von einer Art „Grünen" oder „landwirtschaftlichen Revolution" sprechen. Denn ein Prozess komplexer gesellschaftlicher Veränderungen erfasste auch die Landwirtschaft. Bekannt ist in diesem Zusammenhang, dass in dieser Periode ein erhebliches Bevölkerungswachstum einsetzte, wie auch die Produktionsformen sich veränderten.

In der sogenannten Sattelzeit[128] entstand ein von ökonomischen Prämissen bestimmtes, physiokratisches und kapitalistisches Landwirtschaftswissen. In Frankreich wurde das neu bestimmte Feld der Wissenschaft Agronomie genannt und ein wichtiger Teil der staatlichen Politik und einer an praktischen Belangen durchaus interessierten Forschungstätigkeit der Académie des Sciences.[129] Diese agronomische Literatur, besonders der zweiten Hälfte des 18. Jahrhunderts, eröffnete einer Agronomie ein breites Wirkungs- und Forschungsfeld, die auf den umfassenden Systemcharakter von Landwirtschaft bestand.[130] Ähnliches passierte in Schottland und England, wo Literatur über neue Methoden in der Landwirtschaft *en masse* produziert wurde.[131] Gleiches geschah im deutschen

---

[127]E. Anthony Wrigley, Energy and the English Industrial Revolution, Cambridge u. a 2010.

[128]Vgl. Reinhart Koselleck, Das achtzehnte Jahrhundert als Beginn der Neuzeit, in: Reinhart Herzog u. ders. (Hrsg.), Epochenschwelle und Epochenbewusstsein, München 1987, S. 269–282.

[129]Jean Boulaine, Histoire de l'agronomie en France, London u. a. 1992. André-Jean Bourde, Agronomie et agronomes en France au XVIIIe siècle, 3 Bde, Paris 1967. Elizabeth Fox-Genoves, The Origins of Physiocracy. Economic Revolution and Social Order in Eighteenth-Century, Ithaca, London 1976. Folkert Hensmann, Staat und Absolutismus im Denken der Physiokraten. Ein Beitrag zur physiokratischen Staatsauffassung von Quesnay bis Turgot, Frankfurt a. M. 1976. Claire Amouretti u. François Sigaut (Hrsg.), Traditions agronomiques européennes. Èlaboration et transmission depuis l'Antiquité, Paris 1998. Georges Weulersee, Le mouvement physiocratique en France (de 1756 à 1770), Bd. 1, Paris u. a. 1968 [org. 1910].

[130]Vgl. Roy Porter, Enlightenment. Britain and the Creation of the Modern World, London u. a. 2000, S. 307–309.

[131]Mark Overton, Agricultural Revolution in England. The Transformation of the Agrarian Economy (1500–1800), Cambridge u. a. 1996. Clemens Picht, Handel, Politik und Gesellschaft. Zur wirtschaftspolitischen Publizistik Englands im 18. Jahrhundert, Göttingen, Zürich 1993. Sidney Pollard, Peaceful Conquest. The Industrialization of Europe (1760–1970), Oxford 1981.

Sprachraum,[132] ob in Württemberg oder Berlin, wo landwirtschaftliche Versuchs-
anstalten gegründet wurden, sich kameralistische Professoren mit der Bienen-
zucht genauso beschäftigten wie mit dem Führen von Wirtschaftsbüchern durch
Großbauern.[133] Hier wurden dann naturwissenschaftliche und natürliche Voraussetzungen für Landwirtschaft mit den Möglichkeiten ihrer Veränderbarkeit und
Beeinflussbarkeit formuliert. Die sozialen Fragen des bäuerlichen Lebens konnten ebenso in die neue Wissenschaft einfließen wie Entwicklungsperspektiven der
Produktion.[134]

Gefördert wurden Agronomie und deren Entwicklung als Wissenschaft durch
wissenschaftlichen Gesellschaften und Akademien, die sich überall in Europa
gründeten und zur Emergenz und Zirkulation von Wissensbeständen beitrugen.
Als Promotoren einer Diversifizierung der agronomischen Wissensfelder waren
solche Gesellschaften selbst Akteure im Raum und definierten einen gewissen
geografischen Aktionsraum, indem sie mit anderen Gesellschaften im Austausch
standen und durch Publikationen Wissen verbreiteten.[135]

Das Interessante an dieser überall in Europa stattfindenden Diskussion über
eine „verbesserte", ertragsreichere und effizientere landwirtschaftliche Produktion ist, dass Methoden und Anbauprodukte ebenfalls in ganz unterschiedliche
Teile Europas verpflanzt wurden. Ungarischer Weizen kam nach England, die
holsteinische Kuh in die Auvergne, die Kartoffel verbreitete sich aus den königlichen Botanischen Gärten in Wien, Paris und Berlin auf die bäuerlichen Felder. Ähnliche Mittel zur Unterstützung einer erneuerten Landwirtschaft wurden
angewendet, die Anreize setzen und Veränderungen belohnen sollten: besonders
landwirtschaftliche Kalender, Leistungsschauen auf Jahrmärkten, Prämien, Aus-
schreibungen und Auslobungen sollten die Entwicklung unterstützen. Hand in

---

[132]Sigmund v. Frauendorfer, Ideengeschichte der Agrarwirtschaft und Agrarpolitik im deutschen Sprachgebiet, Bd. 1, Bonn u. a. 1957.

[133]Karl Friedrich von Benekendorf, Gesetzbuch der Natur für den wirthschaftenden Landmann. Oder allgemeine sowol theoretische als praktische Grundsätze der deutschen Landwirthschaft, beides in ihrem Zusammenhange und besondern Theilen, 1. Bd, Halle 1786.

[134]Joachim Georg Darjes, Erste Gründe der Cameral-Wissenschaften darinnen die Haupt-
Theile so wohl der Oeconomie als auch der Policey und besondern Camerl-Wissenschaft in
ihrer natürlichen Verknüpfung zum Gebrauch seiner academischen Fürlesung, Jena 1756.

[135]Für Frankreich s. den Sammelband: Marie-Claire Amouretti u. François Sigaut, Traditions agronomiques européennes, 1998. Vgl. ebenfalls: Andreas Kraus, Die Bedeutung der
deutschen Akademien des 18. Jahrhunderts für die historische und naturwissenschaftliche
Forschung, in: Fritz Hartmann u. Rudolf Vierhaus (Hrsg.), Der Akademiegedanke im 17.
und 18. Jahrhundert, Bremen/Wolfenbüttel 1977, S. 139–170.

Hand ging diese Entwicklung zur Steigerung des Energieangebots in Form von Lebensmitteln mit einer Erhöhung der Fleischproduktion. Dazu bedurfte es zum einen der Verstärkung von Kreislaufwirtschaften: Der Kleeanbau sollte dem Boden Nährstoffe zuführen und das Weidevieh schön fett machen. Durch Luzernen wurde die Landnutzung in der Dreifelderwirtschaft intensiviert, denn in der Brachezeit konnten die Landwirte das Feld als Viehweide benutzen. Der Dung der Tiere sollte als Dünger auf die Felder ausgebracht werden. Das Fleisch der Tiere brachte den Konsumenten mehr Energiezufuhr pro Kilo, als pflanzliche Nahrung. Schließlich erhöhte sich die Milchproduktion, womit der Sektor der Verarbeitung landwirtschaftlicher Rohprodukte wachsen konnte.

Die Neuordnung von Landwirtschaft beschränkte sich jedoch nicht allein auf die bestehenden landwirtschaftlichen Nutzflächen, sondern forderte eine Erweiterung dieser. Waldstücke, besonders aber Moore und Sümpfe, Auen, Flutgebiete und Altarme von Flüssen sollten weichen: in ganz Europa kam es deswegen zu einer neuen Landnahme, bei der besonders holländische Damm-, Graben- und Mühlenbauer europaweit gefragt waren. Die neu gewonnenen Landstriche mussten jedoch auch besiedelt werden, sodass Holländer an die Havel umsiedelten, Deutsche in die spanische Sierra Madre oder ins dänische Christiansholm. Schweizer wurden in die Auvergne als Käsebauern gelockt und Mennoniten bekamen an der Wolga eine neue Heimat. Die innere Kolonisierung dieser neuen Territorien war demnach häufig eine Art „Durchmischung", häufig auch mit Problemen mit der einheimischen Bevölkerung verbunden.

Demnach ist der eine Teil der Veränderung europäischer Energiesysteme in der Landwirtschaft ebenfalls eine Geschichte der Vermischung: Wissen vermischte sich, wirtschaftsweisen vermischten sich. Es kam zu einer Vermischung von Menschen, von Pflanzen und Tieren. Eine weitere Form von Vermischung ist auch mit der Umstellung der Brennstoffwirtschaft verbunden. In der langen Übergangsperiode von der menschheitshistorischen Epoche der „landwirtschaftlichen Zivilisationen", die hauptsächlich auf der Nutzung von Tieren, Pflanzen, Wind und Wasser neben der Menschenkraft beruhte, und der „paleotechnischen" und „neotechnischen" Phase des 19. und 20 Jahrhunderts[136] treten die von Richard N. Adams als Konversionsprozesse bezeichneten Wechselwirkungen zwischen den verschiedenen Ressourcentypen und den unterschiedlichen Nutzungssystemen

---

[136]Carlo M. Cipolla, Sources d'énergie et Histoire de l'Humanité, in: Annales HSS 16, 3 (1961), S. 521–534. Wrigley, Energy and the English Industrial Revolution 2010.

zutage, deren Gesamtheit als Energiesystem zu verstehen ist.[137] Diese Konversionsprozesse werden vervollständigt durch den Komplex der Entwicklung von sozialen und ökonomischen Gegebenheiten, von Wissensformen und Wissenskulturen und ergeben ein umfassendes Energiesystem.

Besonders deutlich ist dieser Komplex am Beispiel der Steinkohle. Denn die Steinkohle löste in vielen Bereichen Holz als Brennstoff ab. Aber diese Entwicklung dauerte lange an und war vielerorts nicht vollständig. Besonders aber, war der Einsatz von Steinkohle in vielen Bereichen nicht einfach, weil Steinkohle ganz anders brennt, andere Temperaturen erzielt und andere chemische Prozesse bei der Verbrennung in Gang setzt als Holz oder Holzkohle. In England und Schottland, in Frankreich, im deutschen Sprachraum, aber auch in Spanien und Italien wurde deswegen seit Mitte des 18. Jahrhunderts viel Literatur produziert, um die unterschiedlichen Eigenschaften von Steinkohle darzustellen.

Wir haben es auch hier mit einem europäischen Prozess zu tun, an dem, ähnlich zur Landwirtschaft, viele Wissenschaftler ihrer Zeit beteiligt waren. Gleichzeitig waren es die Praktiker, die Bergleute und Minenbesitzer, die Techniken, Methoden und Wissen des Bergbaus und der Verwendung von Steinkohle europaweit (und darüber hinaus) verbreiteten. Im Zuge der Umstellung von Produktionsweisen von Holz(kohle) auf Steinkohle kam es zu Vermischungsprozessen: die seit vielen Jahrzehnten gewonnenen Erfahrungen aus England wurden auf dem Kontinent genauso intensiv rezipiert, wie die Maschinen, die seit ca. 1700 in Verbindung mit Steinkohlebergbau entstanden sind. Besonders bekannt ist das Beispiel der Dampfmaschine, die ja noch vor der technischen Neufassung durch James Watts in Frankreich einige Neugier hervorgerufen hatte.[138] Weniger bekannt, aber mindestens ebenso wichtig, waren die englischen Hochöfen zur Eisenschmelze oder Abbautechniken.[139] Hinzu kamen Chemie und Geologie, zwei wissenschaftliche und praktische Tätigkeiten, die nur in einem Zusammenspiel und Austausch zwischen Beteiligten in ganz Europa neue Erkenntnisse erzielen konnten.

---

[137]Richard N. Adams, Energy and Structure. A Theory of Social Power, Austin 1975. Jean-Claude Debeir, Jean-Paul Deléage, Daniel Hémery, Les servitudes de la puissance. Une histoire de l'énergie, Paris 1986.

[138]J.-F. C. Morand, L'art d'exploiter les mines de charbon de terre, Vol. I: Du charbon de terre et ses mines, Paris, 1768/1771.

[139]Vgl. Ludwig Beck, Die Geschichte des Eisens in technischer und kulturgeschichtlicher Beziehung, Braunschweig 1897.

Die Energieversorgung europäischer Staaten wurde im 19. Jahrhundert zu einem Grundpfeiler staatlicher und nationaler Politik. Und obwohl nationale Selbstversorgung zu einer Leitidee heranreifte, führten viele der Entwicklungen zu erhöhten Verknüpfungen. Technische Systeme wurden kopiert oder weitergegeben, der Handel mit Steinkohle war ein Rückgrat des europäischen Wirtschaftssystems bis in die letzte Hälfte des Jahrhunderts, die Gewinnung von Strom aus Kohle und Wasserkraft führte schon in der Zeit nach dem Ersten Weltkrieg zu einer Verknüpfung nationaler Stromnetze. Letztendlich ließe sich diese Geschichte auch in einer globale Dimension fortschreiben, denn zunehmend wurde dieser Rohstoff in anderen Weltgegenden gefördert und Teil der europäischen Energieversorgung. Und auch die oben beschriebene Umstellung der Landwirtschaft ist letztendlich in einer globalen Dimension zu verstehen, wie auch die Produktwirtschaft und das Konsumverhalten seit dem 19. Jahrhundert sich verstärkt globalisierten. Zum Austausch und Vermischen haben in den vergangenen Jahrzehnte Wirtschafts-, Produkt- und Konsumgeschichte zahlreiche Erkenntnisse geliefert. Beispielsweise hat Sydney Mintz schon früh veränderte Ernährungsgewohnheiten der britischen Arbeiterklasse anhand des steigendes Zuckerkonsums beschrieben. Zucker, anfangs als Kolonialprodukt aus der Sklaven- und Plantagenwirtschaft, später dann aus Zuckerrüben stammend, breitete sich in Europa aus. Die Kartoffel und viele andere Feldfrüchte wären genauso Teil dieser globalen Geschichte eines „Colubian exchange". Und Guano aus Südamerika als landwirtschaftlicher Dünger oder chemisch hergestellter Dünger zeigen, wie eng auch die industrialisierte Landwirtschaft und globaler Wissens- und Warenaustausch verbunden waren.

Zeit und Vermischungsprozesse

Die Anordnung von historischen Erzählungen geschieht zumeist in einer Chronologie. Dieser liegt in den allerhäufigsten Fällen ein synchrones Zeitmodell zugrunde, in dem Ereignisse in einer Reihenfolge von älterem zum neueren angeordnet sind. Es gibt unterschiedliche Spielarten dieser historischen Narrative, indem beispielsweise eine Kausalität eines späteren von einem früheren Ereignis angenommen wird. Andere Erzählungen nehmen zwar eine weniger enge, aber dennoch notwendige Verlaufseigenschaft von Geschichte an. Ein zeitlich später sich ereignender historischer Beobachtungsgegenstand wird somit dem früher stattgefundenen narrativ nachgeordnet, wenn auch hiermit über die Bedeutung der jeweiligen Ereignisse nichts ausgesagt sein muss.

Diese narrative Ordnung hat in der europäischen Geschichtswissenschaft eine lange Tradition. Zum Teil ergibt sie sich aus den vor-wissenschaftlichen Chroniken und Annalen, in welchen wie bei Tagebucheinträgen Ereignisse in derselben zeitlichen Anordnung der erlebten Verlaufszeit zu finden sind. Ein anderer Einfluss dürfte das sich im Christentum durchgesetzte lineare Zeitverständnis darstellen. Demnach ergeben sich Ereignisstränge und relativ eng gezogene Möglichkeiten, Einflüsse und Auswirkungen nachzuvollziehen. Wie wichtig die Anordnung der Ereignisse in ein lineares Narrativ ist, machte Voltaire in „Abrégé de l'histoire universelle" deutlich:

> Je me propose de diviser mon étude par Siécles; mais je sens qu'en ne préséntant à mon esprit que ce qui se fait precisément dans le Siécle que j'aurai sous les yeux, je serai obligé de trop partager mon attention, de séparer en trop de parties les idées suivies que je veux faire, d'abandonner la recherche d'une Nation, ou d'un Art, ou d'une Révolution, que pour ne la reprendre que long-tems après. [...] J'anticiperai quelque-fois, mais le moins que je pourrai, & en évitant, autant que ma faiblesse me le permettra, la confusion & la dispersion des idées. Je tâcherai de présenter à mon esprit une peinture fidèle de ce qui mérite d'être connu dans l'Univers.[140]

Geschichten der Mestizierung bedürfen eines eigenen methodischen Apparats, den es aus bereits bestehenden Ansätzen zu entwickeln gilt. Keine Geschichtstheorie kann ohne Vorläufer auskommen, keine kann den Anspruch erheben, ohne Vordenker zu sein. Zudem bedarf es bei einem Unternehmen, wie die Mestizierungs-Studien eines darstellen, einer heuristisch begründeten Herleitung des Konzepts *métissage* und einer Übersetzung in den Kontext europäischer Historiografie. Eine der in den vergangenen Jahrzehnten erfolgreichsten deutschen und teilweise europäischen Formen von Geschichtsforschung stellt die vergleichende europäische Geschichtsforschung dar. In der Analyse der *histoire croisée* wird der vergleichenden Geschichtsschreibung Europas der alleinig die auf den Nationalstaat ausgerichtete Erzählung als Spiegel einer Begrenztheit dieses wissenschaftlichen Ansatzes vorgehalten. Trotz dieser Kritik sind viele der Forschungsergebnisse der vergleichenden Methode nützlich. Erstens wird nämlich deutlich, dass eine enge realhistorische oder aus Erkenntnisinteresse konstruierte Verbindung von in unterschiedlichen sozialen und historischen, obwohl weitgehend synchronen Kontexten angesiedelten Phänomenen bestehen kann,

---

[140]Voltaire, Abrégé de l'histoire universelle de Charlemagne jusques à Charlesquint, Bd 1, London 1753, S. 12–14.

für den Fall, dass ein Wissenschaftler die entsprechende Frage zu stellen weiß.
Zweitens zeigen die Forschungsergebnisse, dass diese doppelten Verbindungen
in weitere Felder hinein verfolgt werden müssten, um umfassende Aussagen
über inter-sozietäre Vergleichbarkeit und den zumindest in diesen Relationen
diskursiven Charakter treffen zu können. Hier verdeutlicht sich ein gewisses
perpetuiertes Defizit dieser Forschungsrichtung, die zwar für den untersuchten
Teilbereich eine Bezüglichkeit der für den Untersuchungszweck fein säuber-
lich getrennten Untersuchungsgegenstände annehmen kann, diese Feststellung
jedoch in selbst auferlegter und gut begründeter Beschränkung und Vorsichtig-
keit auf eben jenen Gegenstand beschränkt wissen möchte. Fraglos hat dies der
Redlichkeit historischen Arbeitens viele Verdienste eingebracht. Nachteilig wirkt
sich diese Selbstbegrenzung dennoch aus; denn allgemeine Synthesen sind entweder nicht möglich oder werden bislang nicht vorgelegt. Die relative Stasis der
Untersuchungsbereiche, in denen die Gegenstände verortet werden, trägt zudem
dazu bei – auch dies gut begründet in der relativen Bedeutung des Gegenstandes
bezüglich zum Gesamtkontext – die Veränderbarkeit des Kontextes weitgehend
unberücksichtigt zu lassen.

Zu den weitestgehenden Fortentwicklungen der Diskussion um vergleichende Methoden gehört wohl die Stellungnahme, die ihre beiden deutschen
Doyens, Jürgen Kocka und Karl-Heinz Haupt 2004 auf Englisch veröffentlicht haben.[141] Diese Intervention lässt sich als Reaktion auf die zuerst für ein
deutschsprachiges Publikum veröffentlichten Thesen von Bénédicte Zimmermann und Michael Werner zur *histoire croisée*[142] begreifen. Die beiden Autoren wiederholen jedoch nicht allein ihre Thesen, die sie acht Jahre zuvor in
einem grundlegenden Aufsatz zur vergleichenden Gesellschaftsgeschichte auf-
gestellt haben,[143] sondern betonen drei zentrale neue Bereiche: Zuerst steht die

---

[141]Heinz-Gerhard Haupt u. Jürgen Kocka, Comparative History. Methods, Aims, Problems, in: Deborah Cohen u. Maura O'Connor (Hrsg.), Comparsion and History. Europa in
Cross-National Perspective, New York, London 2004, S. 23–39.

[142]Michael Werner u. Bénédicte Zimmerman, Vergleich, Transfer, Verflechtung, in:
Geschichte und Gesellschaft, 28 (2002), S. 607–636. Eine Präzisierung erfahren diese Thesen: Michael Werner u. Bénédicte Zimmermann, Beyond Comparsion. Histoire croisée and
the Challenge of Reflexivity, in: History and Theory, 45 (2006), S. 30–50.

[143]Heinz-Gerhard Haupt u. Jürgen Kocka, Historischer Vergleich. Methoden, Aufgaben,
Probleme. Eine Einleitung, in: dies. (Hrsg.), Geschichte und Vergleich. Ansätze und Ergebnisse international vergleichender Geschichtsschreibung, Frankfurt am Main, New York
1996, S. 9–45.

Modernität Europas im Zentrum.[144] Hier scheint noch ein nur geringer Unterschied zu den 1990er Jahren zu liegen, denn Moderne und Modernisierung dienen sowohl zur Konstruktion des Betrachtungsgegenstandes, wie zu seiner Einordnung in einer historischen Zeit. Der zweite Aspekt betont, dass der Vergleich gleichermaßen in enger gefassten Kontexten durchgeführt werden könne, wie er auch dem Umstand der Globalisierung Rechnung tragen müsse, womit sich dann eine Relativierung der europäischen Perspektive notwendigerweise aufdränge. Scheinbar – so lässt sich hier herauslesen wäre hiermit die Überwindung eines rein europäischen Untersuchungskontextes möglich (was bisher nur für die USA statthaft schien)[145] und darüber hinaus wären nun auch Vergleiche zwischen einem europäischen und einem nicht europäischen Vergleichsgegenstand denkbar. Die dritte Neuerung ist die Abkehr vom Nationalstaat, die (natürlich nicht) in seiner Ablehnung liegen kann, sondern in seiner Aufsplitterung in regionale[146], lokale, kulturelle und ideelle Aspekte. Eine weitere Neuerung gegenüber dem Ansatz von 1996 besteht darin, dass die Vergleichsobjekte nicht mehr in zwei unterschiedlichen nationalen Kontexten verortet sein müssen, sondern sich aufgrund einer unterschiedenen räumlichen Anordnung als Entitäten auszeichnen können.[147]

---

[144]1975 wollte Kocka Modernisierungstheorie noch auf den besonderen Fall Deutschland beziehen (Jürgen Kocka, Theorien in der Sozial und Gesellschaftsgeschichte. Vorschläge zur historischen Schichtungsanalyse, in: Geschichte und Gesellschaft 1, 1 (1975), S. 9–42; bes. S. 27–28.).

[145]Seymour Martin Lipset, History and Sociology. Some Methodological Considerations, in: Seymour Martin Lipset u. Richard Hofstadter (Hrsg.), Sociology and History: Methods, New York, London 1968, S. 20–58. Der Autor zeigt, dass die komparative Methode die eingeschränkte Aussagekraft eines in einem Kontext herausgestellten Befundes zeigen kann, wie dass beispielsweise nicht jede *frontier* zu einer offenen, demokratischen Gesellschaft führte (S. 41).

[146]Dies fordert auch: Wolfgang Schmale, Historische Komparatistik und Kulturtransfer. Europageschichtliche Perspektiven für die Landesgeschichte. Eine Einführung unter besonderer Berücksichtigung der Sächsischen Landesgeschichte, Bochum 1998, S. 87.

[147]Charlotte Tackes Untersuchung (Denkmal im sozialen Raum, Göttingen 1995) ist für die Abkehr vom Nationalstaat als Rahmen ebenso ein Zeichen, wie die beiden nun untersuchten regionalen Räume sich in zwei unterschiedlichen Nationen befinden, somit also dem alten Anspruch des Bi-Nationalen entspricht.
Hartmut Kaelble war sich dieser Sache noch nicht ganz sicher: Hartmut Kaelble, Die interdisziplinären Debatten über Vergleich und Transfer, in: Hartmut Kaelble u. Jürgen Schriewer (Hrsg.), Vergleich und Transfer. Komparatistik in den Sozial-, Geschichts- und Kulturwissenschaften, Frankfurt am Main 2003, S. 469–493, hier S. 471.

Hier hat die vergleichende Methode also eine bedeutende Veränderung ihres konstruktiven Rahmens erfahren. Auf einen zentralen, besonders von der Transfer-Geschichte eingebrachten Vorwurf gehen Haupt und Kocka in dem Aufsatz von 2004 jedoch nicht ein. Nämlich den, dass die Prozessualität eines Untersuchungsgegenstandes nur unzureichend Gegenstand der komparatistischen Methode sei. Espagne und Werner lösten in den 90er Jahren diese Problematik ihrer Meinung nach dadurch, dass sie den Austausch zwischen zwei Entitäten studieren wollten, und durch die hierin festgestellten Wechselwirkungen ein erhöhtes Maß an Zeitlichkeit und Veränderlichkeit erkennen wollten. Die damit eingeführte neue, aber nur begrenzt wirksame Methode der Transfergeschichte stellte in gewisser Weise eine Umakzentuierung dar, wenn nicht gar einen Bruch mit dem Vergleich als methodischem Konzept.[148] Da aber der Vergleich als solcher für eine wertvolle, wenn auch verbesserbare Methode angesehen wird[149], ist die Frage zu stellen, welche Ansätze aus der Komparatistik selbst[150] und aus Überlegungen des strukturalistischen Umfeldes[151] herkommend eine Weiterführung und Verfeinerung vergleichender Arbeitsweisen darstellen könnten.[152]

Ein wenig ausführlicher muss jedoch vorher auf die Transfergeschichte eingegangen werden. Anders als die Komparatistik weiß die Transfergeschichtsschreibung historische Akteure, mit Vorliebe Institutionen, in teilweise recht

---

[148]Hartmut Kaelble, Der historische Vergleich. Eine Einführung zum 19. und 20. Jahrhundert, Frankfurt am Main, New York 1999. Kaelble ist diesem Essay der Meinung, Transfer sei eine nützliche Ergänzung der komparatistischen Methode, jedoch müssen die Vergleichsgegenstände eindeutig bleiben. Das Beobachten Frankreichs in der Herausbildung des deutschen Nationalismus ist bereits Thema bei: Heinz-Gerhard Haupt, Sozialgeschichte Frankreichs seit 1789, Frankfurt am Main 1989.

Vgl auch Charlotte Tacke, Nationale Symbole in Deutschland und Frankreich, in: Haupt u. Kocka, Geschichte und Vergleich, 1996, S. 131–154.

Hannes Siegrist versucht in einem Forum-Beitrag auf H-Soz-Kult von 2005, Verbindungen zwischen Vergleich, Transnationalem Vergleich und Transferstudien herzustellen und warnt vor methodischen Scheuklappen.

[149]Vgl. Jürgen Kocka, Asymmetrical Historical Comparison. The Case oft he German Sonderweg, in: History and Theory 38, 1 (1999), S. 40–50; bes. 48–50.

[150]Jürgen Kocka, Comparison and Beyond, in: History and Theory 42, 1 (2003), S. 39–44.

[151]Zu der Verbindung zwischen Vergleich und Braudel'schem Strukturalismus: John H. Elliott, National and Comparative History, Oxford 1991.

[152]Vgl. außerdem: Sebastian Conrad, Vergleich, Transfer, transnationale und globalgeschichtliche Perspektiven. (Geschichte der Geschichtsschreibung jenseits des Nationalstaates am japanischen Beispiel), in: Jan Eckel u. Thomas Etzemüller (Hrsg.), Neue Zugänge zur Geschichte der Geschichtswissenschaft 2007, S. 230–254.

überraschende direkte Austauschbeziehungen zu setzen, obwohl diese Institutionen, bzw. ihre „Sprecher" ein hohes Maß an eigenständiger Entwicklung annahmen und propagierten. Im Vergleich zu einer Geschichte der *métissage* hat die Transfergeschichtsschreibung den Nachteil, nur relativ einfache Beziehungen, z. B. zwischen zwei oder drei Institutionen untersuchen zu können, das Objekt des Austauschs in seinem eindeutigen Herkunftskontext verorten zu müssen, um im nachfolgenden Schritt die Veränderungen im Aufnahmekontext zwischen einem „Vorher" und einem „Nachher" zu ermessen. Die Transfergeschichte benötigt weitestgehend den ständigen und lückenlosen Beweis des Austausches, sodass eine minutiöse Spurensuche die Möglichkeiten von Traditionsbrüchen nicht berücksichtigen kann. Dies ist dann problematisch, wenn in einer historischen Situation die Verbindung ausdrücklich verschwiegen, vertuscht und ausgemerzt wurde und wenn andererseits in ihrem Charakter ähnlich erscheinende historische Gegenstände dem Historiker entgegen treten. In solchen Fällen bricht die Erkenntnismöglichkeit ab oder es brechen Diffusionstheorien in das Transfermodell ein, die es eigentlich vermeiden wollte. Folglich stößt die Transfergeschichte an ihre Grenzen, die zudem von dem eingeschränkt zu fassenden Untersuchungsbereich und dem Zweifel über eine weitergehende Aussagekraft von Forschungsergebnissen gesetzt werden.

Weitgehend haben Michael Werner und Bénédicte Zimmermann den Beweis der Unzulänglichkeiten der eben skizzierten Ansätze geführt und als Alternative eine *histoire croisée* vorgeschlagen, die aus der allgemeinen Diskussion postmoderner Ansätze die Methode einer polyphonen Geschichtsschreibung entwickelt.

Für ein Forschungsprogramm eines mestizischen Europas

Im Kapitel *Für ein Forschungsprogramm eines mestizischen* Europas geht es in erster Linie darum, die in den vorherigen Kapiteln gemachten Beobachtungen und Perspektivverschiebungen ansatzweise zu konzeptualisieren. Die erste Frage nach dem „Eigenen und dem Fremden" geht auf verschiedene Strategien der Fremdheitskonstruktion und von Ausschlüssen „des Fremden" ein, die das Ziel hatten, Vermischungen zu vermeiden. Da die Ausschlüsse darauf hinweisen, dass Vermischungen vorlagen, muss ein in der Geschichte oder der Geschichtsschreibung definiertes einheitliches Ganzes immer als aus einer Vielfalt bestehend verstanden werden. Dies ist das Thema des zweiten Unterkapitels. Drittens ist es wichtig, auf die Teile oder auch Bestandteile zu achten, die einem Ganzen zugehörig sein sollen. Wie sie zueinander gelagert sind, in welcher Beziehung sie historisch oder historiografisch stehen, verlangt nach einer eigenen Untersuchung.

Das Eigene und das Fremde

Métissage widerspricht in gewisser Weise den in Europa seit langer Zeit erprobten Prozessen zur Einbindung von historiografischen Narrativen in imaginäre und tatsächliche politische, ideologische sowie soziale Kollektive. In erster Linie ist natürlich an die Nation zu denken, die sich aufgrund ihrer Exklusivität gegenüber anderen definiert, in besonderer Weise zudem auf einen als eindeutig feststellbaren Charakter besteht. Über die vergangenen 300 Jahre lassen sich diese auf die Nation zugeschnittenen Argumente und Diskurse wiederfinden, die selbst vor dem Hintergrund offensichtlich und zur Kenntnis genommenen „Störungen", wie Migrationsströmen, Änderungen von Grenzverläufen, politischen Allianzen fortbestehen. Das Problem liegt in nicht geringem Maße in der Konzeption

© Springer Fachmedien Wiesbaden GmbH, ein Teil von Springer Nature 2019   129
H. Wendt, *Geschichte des mestizischen Europas*,
https://doi.org/10.1007/978-3-658-22458-5_5

und Nachwirkung von Gedächtnis – denn Gedächtnis ist die zentrale Basis von Nationalbewusstsein und Nationaldiskursen.

Jedoch zeigt die Analyse von Gedächtnisgeschichten, dass bereits das „individuelle Gedächtnis", so Maurice Halbwachs, meistenteils nur dann bestehen kann, wenn es auf Erinnerungen Anderer fußt.[1] Damit ist sowohl die Bedeutung des Individuums für ein gesellschaftliches Ganzes angesprochen, wie die Korrespondenz, welche zwischen Einzelperson und Kollektiv zu bestehen hat.[2] Demnach ergibt sich ein kollektives Gedächtnis, das sich nach Maurice Halbwachs als ein Geflecht aus Daten und Ereignissen und damit als Grundlage eines nationalen Gedenkens, Wissens und Gemeinschaftsgefühls definiert.[3] Hieran wird bereits deutlich, dass das Gewordene (hier die Nation) nicht allein auf Zeitgenössischem, sondern in existenzieller Weise auf Symbolen (und Daten sind in erster Linie Symbole) aus der Vergangenheit beruht, und hiermit eine Vermischung von Zeitebenen zu erkennen ist. Der Akt öffentlichen Gedenkens, eines in der Vergangenheit stattgefundenen Ereignisses an einem bestimmten Datum führt Zeitebenen zusammen, weil in der Jetztzeit der Gedächtnisakt einem gewissen Anliegen unterworfen ist, das ohne diese Praxis nicht vorgebracht werden könnte. Ebenso funktioniert die Geschichtsschreibung. Die Themenauswahl und die Formen ihrer Darstellung „sind zugleich deutend und rekonstruktiv",[4] wie Sabine Rau, sich ihrerseits auf Maurice Halbwachs beziehend, in ihrem Überblick über frühneuzeitliche Geschichtsschreibung feststellt.

Trotz des allgemeinen Wissens um das Vergangene des Ereignisses, übt das Ereignis an sich noch eine Folgewirkung aus, die jedoch vom Ereignis selbst, oder den an ihm beteiligten Akteuren in keiner Weise intendiert war. Somit vermischt sich neben den Zeitebenen in dem Gedächtnisakt zweitens die Ebenen der Intention: Zwischen Ereignisakteuren und Gedächtnisakteuren und zwischen Ereignisbeobachtern und Gedächtnisbeobachtern.

Jenseits dieser Art analytischer Betrachtungsweisen, könnte man unmittelbar anschließend darauf hinweisen, dass eine Betrachtung eines (nationalen) Gedenkens als Konstrukt unterschiedlichster Zeit- und „Traditions"-Ebenen den

---

[1] Maurice Halbwachs, La mémoire collective, Paris 1997, S. 98.

[2] Norbert Elias formuliert diesen Zusammenhang als „Ich-Selbst" und „Wir-Selbst" in seiner Einleitung zum Band Engagement und Distanzierung (Frankfurt am Main 2003, S. 15).

[3] Maurice Halbwachs, La mémoire collective, 1997, S. 99–102.

[4] Sabine Rau, Erinnerungskultur. Zu den theoretischen Grundlagen frühneuzeitlicher Geschichtsschreibung und ihrer Rolle bei der Ausformung kultureller Gedächtnisse in: Jan Eckel u. Thomas Etzemüller (Hrsg.), Neue Zugänge zur Geschichte der Geschichtswissenschaft, Göttingen 2007, S. 135–170; hier S. 139.

eigentlichen Verlust des kollektiven Gedächtnisses bedeute: denn die Vergangenheit, als im Dunkeln liegendes Gedächtnis, wird hier ans Licht gezerrt[5] und als eine Assamblage enttarnt, die der ursprünglichen Intention von Gedächtnisfeiern und kollektivem Gedächtnis überhaupt entgegen steht. Nur ist dieser Einwand dann nicht mehr statthaft, wenn kollektives Gedächtnis, auch in seiner nationalen Funktion zum Gegenstand von Analysen wird und zudem die Métissage selbst kollektives Gedenken begeht.[6] Die neueren Nationalismusstudien im Anschluss an Benedict Anderson zeigen zudem auf, inwiefern Nationalideen ein Amalgam aus unterschiedlichsten Traditionsbereichen darstellen. Jedoch gehen sie davon aus, dass das sie begleitende Ideologem der Herstellung von Eindeutigkeit in der Umsetzung weitestgehend erfolgreich war. Diese Feststellung wäre aus der Sicht der Métissage infrage zu stellen, und vielmehr durch die Frage zu ersetzen, inwiefern auch in den periodisch auftretenden Hochzeiten von Nationalismen und zu Symboldaten nationalen Gedenkens Vermischungen stattfanden.

Im Französischen bedeutet das Verb „méler", also „vermischen" in der deutschen Übersetzung gleichermaßen „Unruhe stiften" oder „Unordnung schaffen".[7] Und es scheint so, als ob sich diese Zwitterbedeutung im Französischen wie im Deutschen auch im Substantiv der Vermischung, des Vermischten „mélange" erhalten hat, obwohl sie nun nicht mehr zum Ausdruck kommt.

Diesem implizierten Verstehenskomplex folgend wäre das Hinzukommen von Fremden von vornherein negativ zu verstehen, als ein Stiften von Unruhe und die Transformation eines Zustands der Ruhe in einen der Unruhe. Wie Jean-Paul Sartre meinte, sind es individuelle „Reaktualisierungsbemühungen", die Einheit von Gruppen herstellen. Die Frage, wie sich Gruppen, Einheiten und deren Teile konstituieren und zueinander verhalten, wird in einem späteren Kapitel ausführlicher behandelt. Sartres Feststellung dialektischer Verfahren, wie Individuen in einer Gruppe ihre Beziehung zu und ihre Stellung in dieser Gruppe bestimmen können, geht nämlich über die Grenzen der Gruppen hinaus. Es bedarf einer dem Ver- und Abgleich dienenden dritten Größe. Diese kann auch als feindlich definiert sein, von der abzugrenzen ein Sinnziel der Praxis von Gruppen ist.[8]

Die Problematik vom Eigenen und vom Fremden, die in den neunziger Jahren des vergangenen Jahrhunderts die post-koloniale Diskussion prägte, muss auch hier eine Rolle spielen. Denn wenn von einer Métissage in Europa die Rede ist,

---

[5]Sally Price u. Richard Price, Shadowboxing in the Mangroves, in: Cultural Anthropology 12, 1 (1997), S. 3–36; hier S. 5.

[6]Ebd., S. 36–38. Wade, Rethinking Mestizaje, 2010.

[7]Vgl. http://www.cnrtl.fr/definition/meler.

[8]Jean-Paul Sartre, Critique de la raison dialectique, S. 485–488.

dann müssen Möglichkeiten von Fremderfahren, von Eigen-Bestimmung und von Umgangsformen beachtet werden. Der Historiker Richard van Dülmen meinte, „dass sich jede Hausgemeinschaft, jedes Dorf und jede Stadtgemeinde in der frühneuzeitlichen Gesellschaft gegen ungebetene Fremde und Auswärtige abschirmte und nur der Einheimische vollen Schutz genoß."[9] Jedoch war nicht in allen Fällen das Fremde wirklich fremd und das Eigene tatsächlich eigen, da beispielsweise gruppenspezifische Rechtsformen und Territorialprinzipien herrschten, ohne dass hierdurch Interaktion und Kommunikation mit anderen Gruppen ausgeschlossen waren. Ebenso stand das Eigene und das Fremde nie festgelegt, da weite Bevölkerungsteile der Frühen Neuzeit in ständiger klein- und großräumigen Bewegung waren[10] und weniger mobile Menschen durch diese Migranten zum einen Fremdes kennen lernten. Zum anderen wurden die in unterschiedliche Entfernungen und in unterschiedlicher Zeitdauer Deplatzierenden in gewisser Weise zu Fremden.

In diesem Kontext war ein Wissen von Vermischen, gepaart mit einer Angst vor Verlust von Reinheit ständig präsent: Das Denken eines Vermischten war in Europa zu keiner Zeit unbekannt, jedoch meistens negativ belegt, wie es die „limpieza de sangre" verdeutlicht oder spätere Reinheitsgebote im nationalen Kontext. Diese Tradition, wenn nicht ein Diskurs der Frühen Neuzeit, findet sich im Grimm'schen Wörterbuch. Hier thematisieren verschiedene literarische Aussagen das Paradox von Vermischungsvorgang und Vermischungsangst. Unter dem Eintrag „Mischvolk" findet sich beispielsweise folgender Auszug aus Joseph Victor von Scheffels „Trompeter von Säckingen" (1853 erstmals veröffentlicht:

> wiszt ihr was daraus *(aus dem durcheinanderschütteln der Stände HW)* hervorsprieszt?/enkel, die von allem etwas/haben und im ganzen nichts sind;/flaches, inhaltsloses mischvolk.[11]

Stände sind hier nicht allein die nach sozio-ökonomischen und genealogischen Prinzipien geformten, hierarchisch zueinander geordneten Einheiten mit Anspruch auf politischen Einfluss. Der Begriff muss wahrscheinlich breiter gelesen werden, sodass er eine quasi ethnische Bedeutung erlangt, wie er auch durch den Begriff der Nation oder *nation* wiedergegeben wurde. Aber selbst wenn er auf die erstere Bedeutungsfassung beschränkt bliebe, wird ein Bewusstsein

---

[9]Richard van Dülmen, Historische Anthropologie, Köln, Weimar, Wien 2001, S. 94.

[10]Leslie Page Moch. Moving Europeans. Migration in Western Europe since 1650, Bloomington, Indianapolis 2003.

[11]Deutsches Wörterbuch von Jacob und Wilhelm Grimm, Band 12, Spalte 2257 (online- Ausgabe: http://germazope.uni-trier.de/Projects/WBB/woerterbuecher/dwb)

von Vermischungsmöglichkeiten deutlich, deren Untersuchung unter der Fragestellung der Métissage in Europa seine Gegenstände findet.

Deswegen ist es sinnvoll, zu schauen, wie der Begriff „Mischvolk" im Grimmschen Wörterbuch definiert ist: *„MISCHVOLK, n. aus verschiedenen bestandtheilen gemischtes volk"*[12] Es scheint demnach ein Wissen gegeben zu haben, wonach nicht nur Teile einer Bevölkerung ein „Mischprodukt" waren, sondern – so legt es zumindest der Begriff „Mischvolk" nahe, ganze Gesellschaften als solche bezeichnet werden konnten. Die soziale und die geografische Durchmischung war demnach Realität, weil es ansonsten keiner besonderen Definierung gebraucht hätte.

Ebenfalls aus Grimm's Wörterbuch, diesmal aus dem Eintrag mit dem Lemma „Vermischung" stammt folgendes Zitat vom Theologen, Prediger und satirischen Dichter Johann Balthasar Schupp (1610–1661):

> wären diese stämme aber ursprünglich, so liesze es sich gar nicht erklären und begreifen, warum nun in der wechselseitigen vermischung derselben unter einander der character ihrer verschiedenheit grade unausbleiblich anarte. 10, 58; will man, um dieses letztere zu beweisen, thiere anführen, bei denen dieses ungeachtet der verschiedenheit ihres ersten stamms dennoch geschehe, so wird ein jeder in solchen fällen die letztere voraussetzung leugnen und vielmehr eben daraus, dasz eine solche fruchtbare vermischung stattfindet, auf die einheit des stamms schlieszen, wie aus der vermischung der hunde und füchse *u. s. w.* 10, 60; da dann durch vermischung der geschlechter im ganzen das leben unserer mit vernunft begabten gattung fortschreitend erhalten wird. 10, 307; die urkunde giebt sie *(tyrannen)* als söhne der freude an, als die unächten kinder, die in gesetzwidriger vermischung erzeugt wurden.[13]

Im Gegenteil zum vorherigen Zitat wird hier eine gewisse Positivierung des Begriffs Vermischung deutlich: Es ist sogar von einem Fortschritt der Arten durch Vermischung die Rede, weil durch Vermischung gute Eigenschaften der einzelnen, in Verbindung getretenen Bestandteile weitergegeben, in post-linnéischer Sprache würde man sagen vererbt werden. Dies gilt sowohl für Tiere wie für Menschen. Aber Schupp wendet den Begriff der Vermischung auch in ein negatives Verständnis, das der Bastarden. Tyrannen hätten zumeist die Eigenschaft, uneheliche Kinder zu sein, die diesen auch legitimatorisch wirksamen Mangel – so lässt sich weiterdenken – durch besondere Grausamkeit ausgleichen wollten. Demnach erzielt Vermischung möglicherweise eine höhere Vernunft, möglicherweise jedoch eine höhere

---

[12]Deutsches Wörterbuch von Jacob und Wilhelm Grimm, Band 12, Spalte 2257 (online- Ausgabe: http://germazope.uni-trier.de/Projects/WBB/woerterbuecher/dwb).

[13]Deutsches Wörterbuch von Jacob und Wilhelm Grimm. 16 Bde. in 32 Teilbänden. Leipzig 1854–1961. Quellenverzeichnis Leipzig 1971. Online-Version vom 29.08.2016. „Vermischung" Bd. 25, Sp. 873–877.

Unterdrückung. Vermischung in diesem Sinn ist für den (modernen) Bürger also eine Grundkategorie, die über sein Glück und seine bürgerliche Freiheit entscheidet.

Evelyne C. Samama verweist in ihrem Artikel *Etymologies des métissages* auf Franz Dornseiffs *Deutscher Wortschatz nach Sachgebieten* von 1934. Hier werden unter dem Eintrag „Mischung" folgende Korrelate gegeben: „Unordnung, Verbindung, unrein; sowie: Bastard, Halbblut, Kreuzung, Mestize, Mischling, Mulatte, Promenadenmischung, Scherenschleifer (von Hunden), Quarterone, Terzerone, Zwitter, Hermaphrodit."[14] Die hier deutlich werdende Ablehnung durch die Belegung mit negativen Konnotationen des Begriffs und des Konzepts der Mischung und Vermischung kann für die Forschung nutzbar gemacht werden, um über das Gefühl der Angst einen allgemeinen Wissensstand zu konstatieren. Und trotz der Zeitumstände (oder gerade ihretwegen) stehen die hier angeführten Bezeichnungen in einem Verhältnis zu Erscheinungen in der Erfahrungswelt und zwingen den Autor zu einer Stellungnahme.

Zu beachten ist hier zudem das politische Umfeld. Die im Nationalsozialismus heftig vertretene Ideologie einer Reinheit bildet hier den Rahmen der Argumentationsfreiheit. In diesen Bereich fällt auch das Thema von sexuellen Beziehungen zwischen Angehörigen als verschieden zu bezeichnenden religiösen, ethnischen oder nationalen Gruppen. David Nierenberg untersucht solche Beziehungen für die spanische Halbinsel des Hoch- und Spätmittelalters und entdeckt daran zwei, historische Untersuchungen bereichernde Erkenntnisse. Zum ersten zeigen bekannt gewordene Beziehungen, häufig auch außereheliche Affären, wie solcherart Kontakte zustande kommen konnten. Außerdem weisen die bekannten Fälle daraufhin, wie intensiv überhaupt sozialer Kontakt über Grenzen hinweg war. Schließlich zeigen die Reaktionen, die Gerichtsurteile, obrigkeitlichen Erlasse und Dekrete, dass Grenzziehung und exklusive Gruppenzugehörigkeit durch Strafe und Gesetz immer wieder hergestellt neu werden mussten.[15]

In diesen Bereich fällt auch das Thema der Mischehen. Man findet Mischehenverbote in vielen Kulturen. Zum Teil, wie im Judentum, werden sie religiös betont, aber nur wenig sanktioniert.[16] Dabei steht in erster Linie die Religion als Ausschlusskriterium fest, bevor im Einzelfall andere wie Herkunft, sozialer

---

[14]Evelyne C. Samama, Etymologies des métissages, in: Bernard Grundberg u. Monique Lakroum (Hrsg.), Histoire des métissages hors d'Europe. Nouveaux mondes? Nouveaux peuples?, Paris, Montréal 1999, S. 13–24; hier S. 20.

[15]David Nierenberg, Neighboring Faiths. Christianity, Islam, and Judaism in the Middle Ages and Today, Chicago, London. 2014.

[16]Marius Hetzel, Die Anfechtung der Rassenmischehe in den Jahren 1933–1939. Die Entwicklung der Rechtsprechung im Dritten Reich. Anpassung und Selbstbehauptung der Gerichte, Tübingen (1997).

Stand oder Familienpolitik hinzutreten. Für die Christen konnte die Ehe mit Andersgläubigen eine Möglichkeit sein, diesen Ehepartner zur Bekehrung zu bewegen – und eine von den Institutionen anerkannte Ehe verlangte nach der „Rechtgläubigkeit" beider Ehepartner. So bestanden seit dem Mittelalter Verbote, mit Andersgläubigen Ehen einzugehen. Bei Verstößen gegen diese Normierungsbemühungen staatlicher und kirchlicher (nicht immer voneinander vollständig trennbarer) Institutionen wurden harte Bestrafungen durchgeführt. In der mittelalterlichen Situation Westeuropas (nimmt man die iberische Halbinsel mit der muslimischen Bevölkerung vorläufig aus der Betrachtung heraus), war jedoch die einzige Gruppe, die nicht derselben Religion anhing die jüdische Glaubensgemeinschaft. Insofern richtete sich das Mischehenverbot in erster Linie gegen diese. Scheinbar bestand ein Bedarf, die Frage nach dem religiösen Verhältnis von zwei Ehepartnern für den Fall zu klären, dass die beiden nicht dieselbe Religion ausübten.

Ohne allzusehr nach belastbaren Zahlen zu forschen, muss davon ausgegangen werden, dass seit der Spätantike, im Mittelalter, in der Frühen Neuzeit und der Phase der nationalen Reorganisation Europas seit dem 19. Jahrhundert, Mischehen zwischen Christen und Juden, dann auch zwischen unterschiedlichen christlichen Konfessionen bestanden.

Die Kirche(n) als zentrale Wächterinstitutionen konnte daran kein Interesse haben, weil sie sich um ihren Fortbestand fürchtete, wenn Kinder in gemischt religiösen Haushalten aufwuchsen. Diese Haltung fand ihre Fortführung in der Zeit nach der Reformation, als in Westeuropa konkurrierende christliche Ritualgemeinschaften gegenseitig ihre Sanktionsmechanismen neu gestalteten. Und der Staat – auch wenn diese Trennung von Kirche und Staat in der Frühen Neuzeit nicht vollständig zu treffen ist – bemühte sich zum einen um ein gutes Verhältnis zur spirituellen Macht und zum zweiten erkannte er in dieser Frage regulative Möglichkeiten, die ihm ohne derartige Normierung verwehrt blieb. Diese Möglichkeit gab er erst aus der Hand, als er im Laufe des neunzehnten Jahrhunderts andere Möglichkeiten der Regulierung von Privatangelegenheiten der nun zu Bürgern werdenden Untertanen fand. Das Mischehenverbot zwischen Juden und Christen wurde meistenteils in den europäischen Staaten aufgehoben, jedoch im zwanzigsten Jahrhundert, in besonders verstärkter Form im Deutschen Reich der Nationalsozialisten wieder eingeführt. So grausam die Geschichte der 1930er und 1940er Jahre mit dem Tod von Nachkommen aus Mischehen ist; sie zeigt, dass Mischehen zwischen Juden und Christen weit verbreitet waren. Die nationalsozialistische Propaganda nutzte diesen Umstand, um ihre Ideologie von rassischer Reinheit zu verbreiten.[17]

---

[17]Allgemein zu Mischeheverboten als Teil rassistischer Politik: George M. Frederickson, Racism: A Short History, Princeton, Oxford 2015.

Andere Formen von Mischehen bestanden während der kolonialen Expansion europäischer Mächte in den Kolonien – zumeist zwischen Europäern (Männern) und Nichteuropäerinnen. Hier waren dann Kolonialinstitutionen gefragt, Verbote durchzusetzen und die Ehepartner zu sanktionieren oder die Ehe und die daraus entstehenden Kinder anzuerkennen. Diese Anerkennung konnte auf unterschiedlichen Ebenen erfolgen: Entweder der Kolonialstaat entwickelte – wie der spanische – ein ausgetüfteltes System von „Casta"-Kategorien oder nur die Zugehörigkeit zu einer der beiden Gruppen (Europäer oder Einheimischer) – wie im Deutschen Kolonialreich – war möglich, sodass problemlos Mulatten als Deutsche anerkannt werden konnten, wenn denn die bürokratischen Hürden zur Anerkennung der Rechtmäßigkeit von Kindern überwunden worden waren.[18] Andere Systeme, zum Beispiel das holländische in Indonesien, beharrten auf absolute Trennung und nahm damit in Kauf, nur Teile der „weißen" Bevölkerung in koloniale Strukturen einbinden zu können. In manchen Fällen verlagerte sich der Lebensmittelpunkt dieser Ehen zurück nach Europa, wo dann die soziale Position des Paares entweder aufgrund der Stellung des Mannes definiert wurde oder aufgrund des Mischverhältnisses ganz neu verhandelt werden musste.

Die Ehe als Form der „nationalen", ethnischen oder religiösen Vermischung war – so lässt sich im Umkehrschluss aus immer wieder neu aufgelegte Gesetzen schlussfolgern – ein fester Bestandteil im sozialen und/oder imaginären Verhalten der Menschen in Europa. Dabei stehen Studien vollkommen aus, die das Heiratsverhalten über feste Grenzen hinweg systematisch ins Auge fassen. Peter Sahlins untersucht das Heiratsverhalten von Bewohnern der östlichen Pyrenäen über eine Zeitspanne, in der sich die Grenze zwischen den spanischen und französischen Königreichen herausbildete.[19] Sahlins greift das Thema der vor-nationalen Mischehen in „Unnaturally French" zentral wieder auf. Obwohl der Nationalstaat noch nicht in seiner modernen Fassung bestand, wurde Ende des siebzehnten und Anfang des achtzehnten Jahrhunderts eine Steuer erhoben, wenn ein mit einem Franzosen verheirateter nicht französischer Ehepartner die Naturalisierung beantragte. Außerdem musste er oder sie eine Reihe von Voraussetzungen

---

[18]Horst Gründer, „Neger, Kanaken und Chinesen zu nützlichen Menschen erziehen", in: ders., Christliche Heilsbotschaft und weltliche Macht, Münster 2004, S. 227–245.

[19]Peter Sahlins, Boundaries The Making of France and Spain in the Pyrenees, Berekley 1989.
Dieses Thema wird ausgeführt und neu akzentuiert in: Montserrat Salvat u. a., Seasonality of Marriages in Spanish and French Parishes in the Cerdanya Valley (Eastern Pyrenees), in: Journal of Biosocial Science 29 (1997), S. 51–62.

erfüllen, damit dem Ersuchen stattgegeben wurde.[20] Sahlins verdeutlicht die Schwierigkeiten, die durch die Aufnahme von „Ausländern" in die Bürgergemeinschaft entstanden. So konnten Rechtsstreitigkeit aufgrund einer nur kurzen Wohnzeit der entsprechenden Person nicht immer vollständig ausgetragen werden, weil die Dokumentation zu dieser Person nicht zugänglich war. Oder Erbangelegenheiten konnten aufgrund desselben Umstands nicht vollständig geklärt werden.[21] Aber es lassen sich bei Sahlins keine Zahlen finden, die auf das Ausmaß von solchen Mischehen im Vergleich zur Gesamtzahl der geschlossenen Heiraten hinweisen. Es sind Einzelfälle, die jedoch durchaus zum Gegenstand für Gesetzgebung wurden oder zumindest rechtliche Probleme der Zeit verdeutlichen. Mischehen waren demnach ein gängiges Thema, dessen Ausmaß aber durch weitere Forschung erst noch bemessen werden muss.

Aber das Thema der Mischehe erschöpft sich nicht in der Betrachtung von nationalen oder religiösen Kategorien. Wenn Handelsbeziehungen zwischen Kaufleuten aus unterschiedlichen Handelsstädten oder Heiraten zwischen Mitgliedern von Adelsgeschlechtern und Königshäusern die politische Seite von Eheschließungen verdeutlichen, dann ist nicht auszuschließen, dass auch nationale (oder vor-nationale) oder religiöse Grenzen überschritten wurden: zentral ist aber die politische Absicht, die verfolgt wurde. Handelsgeschäfte (auch kleineren Ausmaßes) durch Verheiratung zusammen zu bringen konnte das Vermischen von Geschäfts- und Handelsmodellen bedeuten, den Transfer von Kaufmannswissen, der zum Güter- und Geldtransfer trat. Adelsfamilien vermischten sich mit anderen, um den eigenen Stand abzusichern, aber auch um im Fortbestand Optionen auf die Zukunft zu erstehen: Je nach „Partie" konnten Herrschafts- sowie Titelansprüche erhoben werden – sollte die historische Entwicklung dies ermöglichen. Aus der europäischen Geschichte ließe sich als Beispiel anführen, die Verpflanzung von Adelshäusern von einem Territorium in ein anderes, wie z. B. die Geschichte des Hauses Borja/Borgia zeigt. Mit der Ausweitung des aragonesischen Herrschaftsraum auf die Königreiche Sizilien und Neapel gelangten die Borja dort zu einflussreichen Posten. Das eigentlich aus Aragon stammende Adelshaus richtete sich in einem lange Zeit mit dem „Haupthaus" verbundenen Familienzweig in Süditalien ein und baute seine Beziehungen in Richtung Mittel- und Norditalien aus. Damit einher ging ein Ausbau der Machtstellung in verschiedenen italienischen Territorien, womit die heiratsfähigen Nachkommen zu begehrten Heiratspartnern des italienischen Hochadels wurden. Mit der Zeit

---

[20]Sahlins, Unnaturally French. Foreign Citizens in the Old Regime and After, Ithaca 2004.
[21]Ebd., S. 111–113.

ging die „Italienisierung" der Borja soweit, dass sie auch ihren Namen in Borgia änderten und der italienische Familienzweig unabhängiger vom iberischen agieren konnte.

Aus der Adelsgeschichte ließen sich weitere Beispiele anderer „Wanderungen" und Vermischungen finden. Es ist das Europa der Migration,[22] in dem dieser hohe Adel eine ökonomisch gesicherte, aber in keinem Fall häufigere Mobilität als andere soziale Gruppen aufwies. Beispiele von Handwerkern, Bauleuten, Kaufleuten etc. zeigen nicht nur Wanderungen mit relativ kurzen Verweildauern, sondern intensive Austauschgeschichten von Generationen übergreifendem Charakter. Die Hamburgischen Kaufleute in Lissabon oder in Sevilla, die Genuesen ebendort und auf den Kanarischen Inseln, die Graubündner Bauleute in verschiedenen Residenzstädten[23] usw. usf. sind nicht nur Geschichten von Menschen, die einer Beschäftigung in einer anderen Region nachgingen, als in ihrer Geburtsregion. Zum einen hinterließen sie sichtbare Zeichen ihrer teilweise zeitlich begrenzten Präsenz. In dieser bauten sie oder schufen Anderweitiges, setzten Geld und Waren um, führten Arbeitsweisen und –methoden ein, bildeten aus, lehrten in Alltagssituationen und nicht selten heirateten sie, gründeten Familie und blieben, weil sie ein ständiges Auskommen unabhängig von ihrer „Heimat" fanden, in dieser Aufnahmeregion.

Noch einmal zurück zum Anfang national-ethnischer Diskurse, noch einmal zurück ins 19. Jahrhundert! Ernst Moritz Arndts Sicht auf die Franzosen ist stark geprägt von der als Demütigung empfundenen Niederlagenserie, die französische und alliierte Heere unter Napoleon den meisten deutschen Staaten zugefügt hat. Arndt nutzt den nationalen Minderwertigkeitskomplex, um ihn gegen die Franzosen zu münzen: Erstens, setzt er sie (oder zumindest einen Teil) als Mischvolk und Verbastardete in einen Gegensatz zu den meistenteils reinen Deutschen. Zum zweiten macht er aus seinem, wie er schreibt, eher unwirtlichen Pommern eine Tugend, denn es wären doch hauptsächlich die angenehmen Weltgegenenden, in denen so viele Menschen leben wollten, und sich daher vermischten. Arndt schreibt schwere Kost, beispielsweise in seinem „Versuch einer vergleichenden Völkergeschichte": Seitenweise führt er Volkscharaktere auf, Franken und Sachsen stehen gehen Slawen. Die ersten beiden sind so ähnlich, weil sie eben Germanen sind, die anderen sind aus den im Mittelalter kolonisierten Gegenden verschwunden – das Fremde wurde

---

[22]Zum Begriff siehe Leslie Page Moch, Moving Europeans, 2003.

[23]Diesen Hinweis verdanke ich Frau Draghici.

„germanisiert". Dabei ist das „Eigene" in der Darstellung von Arndt dermaßen vielfältig und widersprüchlich, dass man sich immer mal wieder wundern
muss, welche Einigkeit Arndt überhaupt konstatieren kann. Hier wird dem
Leser auch bewusst, weswegen die Konstruktion der „Germanen" im neunzehnten Jahrhundert so fundamental wichtig war: denn es musste eine in einer
Frühzeit bestehende Einheit geschaffen werden, die später einsetzende Vermischungsprozesse unproblematisch erschienen ließen. Nun konnten sich, wie
es Arndt beschreibt Flandern, Friesen, Sachsen und Franken miteinander vermischen, ohne dass dies eine Bastardisierung darstellte. Mit den Germanen war
ein „Eigenes" definiert, das gegen gleichzeitig stattfindende Vermischungsprozesse abgegrenzt werden konnte.[24] Es muss an dieser Stelle nicht vertieft
werden, wie ahistorisch und konstruiert dies auf den heutigen Leser wirkt. Es
muss auch nicht die dahinter stehende politische Intention betont werden – es
ist halt ein wirkmächtiger Diskurs, in dem Arndt zu verorten ist. Ein Diskurs
der Ein- und Ausgrenzung, der Konstruktion von Ganzheiten und des Verschweigens von bis ins 19. Jahrhundert hinein noch laufenden Prozessen von
Vermischung, Konstruktion von Ganzheiten und des Verschweigens, von bis ins
19. Jahrhundert hinein noch laufenden Prozessen von Vermischung.

Das kollektiv Totale

Am Anfang war der Glaube: der Glaube an den *einen* Gott.[25]

Wenn am Anfang von Etwas, das Heinrich August Winkler den *Westen* nennt,
der Glaube an einen einzigen Gott war, dann war der Anfang der Geschichtsschreibung der Glaube, dass das Eine Vergangenes für die Gegenwart verständlich machen könne. Das Eine ist das Allumfassende: eine einheitliche Erklärung,
ein Raum, eine Zeit, eine Entwicklung – ein Totales. Das Totale, so schien es
lange, war die Nation, weil sie als die mit dem Staat einhergehende Gemeinschaft umfassende Mechanismen von Ein- und Ausschluss, von Beteiligung
und Fürsorge, von Verantwortung und Rechten, Schutz und Strafe garan-
tierte. Jede Infragestellung dieser Einheit führte zum Problem einer möglichen
Vereinzelung des Untersuchungsgegenstandes und damit zu einer als bedrohlich

---

[24]Ernst Moritz Arndt, Versuch in vergleichender Völkergeschichte, Leipzig 1844 (2. Aufl.).
[25]Heinrich August Winkler, Die Geschichte des Westens. Von den Anfängen in der Antike
bis zum 20. Jahrhundert, München 2009, S. 25.

empfundenen Entkontextualisierung. Entgegen den ersten Lesereaktionen von an Nationalgeschichten geschulten Historikern des ausgehenden zwanzigsten Jahrhunderts sind die *Imagined Communities* von Benedict Anderson keinerlei Dekonstruktion des Nationalen. Hier wird ja gerade die Wirkmächtigkeit der Nation betont, wenn dieses auch nur in einer vermittelten Art der historischen Analyse zugänglich wird, nämlich mittels der Medien und ihrer Rezeption in einem sich in diesem Prozess und durch diesen Prozess als Nation definierenden sozialen und geografischen Raum.[26] Wie in herkömmlichen historischen Narrativen auch, dient hier das Kollektiv, als welches die Nation gesehen wurde, als Korrektiv für Untersuchungsergebnisse, welche ein Alleinstellungsmerkmal verlangen. Andersons Beschreibung einer Nationen-Genese zeigt auf, dass der nationale Rahmen nicht präfiguriert ist, sondern durch einen, in gewisser Weise kontingenten Aushandlungsprozess entsteht – selbst wenn mit fortschreitendem zwanzigsten Jahrhundert die Nation zum Normalfall und nicht (wie noch in der teilweise feudal, teilweise kolonial geprägten Welt des 19. Jahrhunderts) eine weit verbreitete Ausnahme.

Der eine und häufiger beschrittene Weg ist die Aufteilung von Nation in Einzelbestandteile, die als im hohen Maße unabhängig vom nationalen Rahmen untersucht und beschrieben wurden. Teilweise entwerfen hier beispielsweise Regional- oder Landeshistoriker Bilder von kleiner dimensionierten, übersichtlicheren und handlichen Quasi-Nationen. Weiterhin besteht in der „kleinteiligen" Geschichte die Möglichkeit, den nationalen Rahmen auch nicht durch einen kleineren geografischen, Identität stiftenden Kollektivraum zu ersetzen, sondern diese Frage aus dem Untersuchungsprogramm ganz heraus zu halten. Dies geschah bisweilen in der Historischen Anthropologie oder der Alltagsgeschichte. Hier erscheint der Zusammenhang zwischen dem in großer Nähe Beobachteten und in einer dichten Beschreibung narrativ Gefassten auf der einen Seite und einem auf der anderen Seite angesiedelten Makrozusammenhang eher schwach. Dieser wird zwar rhetorisch bemüht, entgegen des eigenen Anspruchs jedoch nicht in der Relationalität zum Untersuchungsgegenstand immer ausreichend behandelt. So bleibt es häufig undeutlich, ob eine Bedeutung eines als übergeordnet angenommenen Rahmens – zum Beispiel einer Nation oder staatlichen Institution – für den Untersuchungsgegenstand angenommen wird, ob der untersuchte Teil nun als ein Sonderfall zu gelten habe oder als beispielhaft angesehen werden sollte. Und auch, wie der Einzelfall zu anderen Einzelfällen sich verhält

---

[26]Benedict Anderson, Imagined Communities. Reflections of the Origin and Spread of Nationalism, London, New York 1991.

wurde zwar verschiedentlich theoretisch gefasst, aber in den seltensten Fällen durchgeführt.

Die zweite Weise das Nationale zu relativieren ergibt sich aus einer Transzendenz des nationalen Raums durch die Bevorzugung der Perspektive von Außen. Dieses Außen definiert sich hierbei nicht unbedingt durch Angehörige einer anderen Nation, sondern durch in anderen Staaten und Weltgegenden lebende Bürger des fokussierten Nationalstaates.[27]

Obwohl Métissage-Forschung die Nation nicht ablehnt, sie vielmehr als Besonderheit für Identitätsbildungsprozesse rückbindet, so fällt es aufgrund der vielseitigen Herangehensweise doch schwer, die Nation exklusiv als Referenz oder Korrektiv zu betrachten. Vielmehr wird die Nation zu einer unter anderen Kategorien, welche den Untersuchungsgegenstand kontextualisieren. Métissage verlangt nach einem breit aufgestellten Beziehungs- und Begründungsnetz, dessen Bestandteile dann als Referenzen, Beweise und Korrektive gelten können.

Bereits 1977 haben François Furet und Jacques Ozouf die Möglichkeit erkannt, vermittels von Konzepten, die herkömmliche Einteilungen in der Geschichtswissenschaft übergreifen, neue Erkenntnisse zu erzielen. Die beiden französischen Historiker arbeiteten anhand der Geschichte der Alphabetisierung im achtzehnten und neunzehnten Jahrhundert in Frankreich heraus, dass Grenzen von kirchlicher und staatlicher Einflusssphäre oder auch von Sozialem und Institutionellem undeutlich wurden sowie die Schriftlichkeit breiter Bevölkerungsteile eine Entzeitlichung von Wissensbeständen ermöglichte. Interessanterweise überschreiben beide Autoren ihren Aufsatz in der Annales, der auf die im selbem Jahr veröffentlichten Bände „Lire et écrire" hinweisen sollte, mit „métissage", ohne den Grund oder das Bedeutungsfeld in den Ausführungen zu erklären.[28] In der Monografie wird dann ausführlicher die in der Erinnerungspolitik der Alphabetisierung in Frankreich geführte Auseinandersetzung zwischen unterschiedlichen Akteuren thematisiert.

> Ce qu'elle a de frappant, c'est que les deux partis y partagent sans le savoir un grand nombre d'idées communes. Conservateurs et républicains s'accordent à valoriser hautement l'école comme instrument d'une alphabétisation que les uns et les autres proclament nécessaire. Conservateurs et républicains s'accordent également à y voir

---

[27]Vgl. David Blackbourn, Das Kaiserreich transnational. Eine Skizze, in: Sebastian Conrad u. Jürgen Osterhammel (Hrsg.), Das Kaiserreich transnational. Deutschland in der Welt 1871–1914, Göttingen 2004, S. 302–324; hier S. 305.

[28]François Furet und Jacques Ozouf, Trois siècles de métissage culturel, in: Annales HSS 32, 3 (1977), S. 488–502.

un des éléments essentiels de la cohésion et la force nationales: après la défaite de 1871, on n'a pas cherché ailleurs les causes du désastre, et la réforme de l'école est devenue, pour les deux camps, un objectif essentiel.[29]

Unter anderem weisen Furet und Ozouf auf die anthropologische Dimension der Geschichte der Schule, Schrift und Schriftlichkeit in der modernen Gesellschaft hin, wenn sie hier einen wichtigen Anteil von Akkulturation in der Überlagerung von Traditionsschichten erkennen. Wird diese Geschichte zum Teil zu einer Nationalgeschichte, so unterscheidet sie sich von den bis dahin als klassisch zu bewertenden Nationalgeschichten dadurch, dass nicht die landesweite Einheitlichkeit, sondern die regionalen und departementalen Unterschiede deutlich heraus gearbeitet werden. Die Geschichte der „massiven Alphabetisierung"[30] in Frankreich läuft demnach vielmehr einer nationalen einheitlichen Betrachtung zuwider und wird zu einer auf Departements-Statistiken beruhenden Geschichte der Schulen in den sich in einem nationalen Rahmen eingeordneten Departements.[31] Heraus kommt ein fein gewebtes Narrativ der Unterschiedlichkeiten von Regionen, Departements, städtischen und ländlichen Räumen, Geschlechtern, sozialen Schichten, Sprachen und Zeitabschnitten, dessen Zusammenhalt zum einen durch die erzählte Geschichte der Alphabetisierung, besonders aber durch die gleichzeitig existierenden Gegensätze von Schriftkundigkeit, Schriftunkenntnis und oraler Tradition sowie durch die gegensätzlichen Rezeptionsgeschichten erreicht wird. Die Autoren betonen zudem eine gewisse Entzeitlichung, die mit ihrem Untersuchungsgegenstand einher geht, wenn sie schreiben:

Mais, il est déjà une *histoire*, c'est-à-dire un temps-vecteur, ouvert à l'activité créatrice et cumulative des hommes et des sociétés. Il permet de distinguer le passé des origines, et par conséquent du présent; autant dire qu'il le constitue.
L'écrit est dès lors dépositaire de ce passé. Il lui permet d'exister à la fois par rapport au moi et par rapport au groupe.[32]

So, wie nun Erinnerung und Mitteilung durch Schriftlichkeit dem zeitlichen Bezug enthoben wird, so kann Kommunikation auch jenseits von Situationen eines face-à-face und demnach unabhängiger von räumlichen Zwängen

---

[29]François Furet und Jacques Ozouf, Lire et Écrire. L'alphabétisation des français de Calvin à Jules Ferry, Bd. 1, Paris 1977, S. 9–10.

[30]Ebd., S. 353.

[31]Ebd., S. 46.

[32]Ebd., S. 359. (Hervorhebung in Furet/Ozouf).

und Einschränkungen gesellschaftlicher Gruppenbildung und Überwachung stattfinden.[33] Es ist eine Geschichte des Vermischens, zu der „Lire et écrire", dessen sind sich Furet und Ozouf sicher, einen Baustein, aber nicht den Abschlussstein beigetragen habe:.

> Pendant des siècles de lent déracinement, le paysan français a été un métis culturel. De sorte qu'il faudra un jour reprendre ce livre à partir d'autres traces, l'écrire sur d'autres donnés, pour étudier, derrière les chiffres qu'il donne et les hypothèses qu'il propose, l'histoire d'une mutation anthropologique.[34]

Diese Veränderungen, und hier könnte die Idee der Métissage wieder gefunden werden, in der historischen Zeit und in den nachfolgenden Diskussionen ordnen sich ihrem Zusammenwirken in der Entwicklung zur Alphabetisierung unter und werden darin in ihren Argumentationsweisen, ihrer gegenseitigen Bezüglichkeit und ihrer historischen Wirkung zu einem mestizischen Gesamten.

In dieser Zusammenfassung erreichen Furet und Ozouf das, was anderen sich einer historischen Anthropologie zuwendenden Historikern nicht gelingt oder was nicht in ihrer Absicht liegt: nämlich eine Integration von Teilen in ein nicht absolutes, ständig evolutives Gesamtes, in dem Unterschiede sich nicht gegenseitig ausschließen und langfristige Prozesse nicht als die Durchsetzung eines bestimmten historischen Faktors, sondern als das Hinzufügen von Elementen in ständigen Vermischungsprozessen zu verstehen sind.

Teile erzeugen demnach ein Totales, wenn die Frage nach ihrem Zusammenhang überhaupt gestellt wird. Ob sie als Teile noch zu identifizieren sind, oder unter welchen Umständen sie als solche erkannt werden können, hängt von den überformenden Kräften des Totalen ab. Eine Nation ist bestrebt, Einteilungen zu verhindern, die der imaginären Einheit der Nation entgehen stehen könnten. Dennoch ist es wahrscheinlich nicht falsch zu behaupten, dass jeder langfristig stabilen Nationswerdung Vermischungsprozesse voraus gehen müssen, die auf biologischer, kultureller und sozialer Ebene verlaufen. Dies bedeutet folglich anzunehmen, dass keine Nation eine natürliche Nation sei, sondern immer „nur" eine gewordene. Eine weitere Folge ist darüber hinaus, dass die Nation als ein Totales aus dem Vielfältigen wahrgenommen werden muss, in der das Vielfältige ständig besteht und ständig neue Vermischungen erzeugt. Andererseits erschwert die einmal vorhandene Nation in der Retrospektive die Möglichkeiten,

---

[33]Ebd., S. 360–363.
[34]Ebd., S. 369.

Teile zu identifizieren. Dies wird vorrangig die Aufgabe des Historikers und die eines breiten Bewusstseins über die Möglichkeiten weiterer Entwicklungen des gesellschaftlichen Zusammenlebens sein, weil eine Antwort, wann eine Entwicklung der sozialen Formation zu einem Abschluss gekommen sein könnte, gar nicht gegeben werden kann.

Das Teil im Totalen

> Verhältnis der Operationen im Verstehen durch die Beziehung des Äußeren auf ein Inneres, des Ganzen auf Teile usw. Ein Bestimmt-Unbestimmtes, ein Versuchen des Bestimmens, ein Niezuendekommen, ein Wechsel zwischen Teil und Ganzem.[35]

Diese Position Diltheys behauptet den Unterschied zwischen einem unsicheren Prozess des Verstehens und einer sicheren und eindeutigen faktischen Historizität. Genau das Gegenteil würde aus der Sicht der Métissage zutreffen: denn das Verstehen hat bisher Eindeutigkeiten erzeugt, wohingegen historische Prozesse das Erzeugen von ständiger Vielfalt und Vielheit, des nie eindeutigen Ursprungs oder eindeutiger Begrenzungen beinhalten. Diese Entgegnung ist in erster Linie eine Behauptung. In zweiter Linie zeigt sie zudem die Reaktion, die weiter oben den Abgrenzungsbewegungen unterstellt wurde, nämlich die Reaktion auf Gegenteiliges. Der Vorteil liegt hierin eindeutig auf der Seite der Métissage, denn diese kann mit ihrem eigenen Gegenteil umgehen und es analytisch einverleiben.[36]

Serge Gruzinski begegnet dem Argument, nur die Scheu vor der Konfrontation des radikal Unterschiedlichen würde als Form des politisch Korrekten die Métissage aufs Schild heben, indem er auf die Schwierigkeit verweist, die Vermischtheit der Welt feststellen zu können:

> Accepter dans sa globalité la réalité mêlée qu'on a sous les yeux est un premier pas. Mais cet effort aboutit souvent à un constat qui débouche sur une sorte d'impasse angoissée. Le mélange serait invariablement placé sous le sceau de l'ambiguïté et de l'ambivalence. Telles seraient les malédictions que planeraient sur les mondes composites.[37]

---

[35]Dilthey, Der Aufbau der geschichtlichen Welt, 1992, S. 227.
[36]Price u. Price, Shadowboxing, 1997, S. 11.
[37]Serge Gruzinski, La pensée metisse, 1999, S. 20.

Es ist ein erster Schritt, die vermischte Realität in ihrem ganzen Umfang zu akzeptieren, die man vor Augen hat. Gruzinskis Begriff der *mondes composites* ist an Glissants Begriff der *cultures composites* angelehnt.[38] Jedoch mündet die Feststellung in einer Art angsterfüllter Sackgasse, weil Vermischung häufig unter der Kategorie von Ambiguität und Ambivalenz geführt wird. Dies wären die Verwünschungen, die über den zusammengesetzten Welten *(mondes composites)* schwebten.[39]

Gruzinski spricht in dieser Passage das Konfliktpotenzial an, das auf der Ebene der Vermischung selbst und auf der Ebene der nachträglichen Analyse zu finden ist. Einem „anything goes" steht hier scheinbar das sakralisierte Eindeutige entgegen, wobei beide sich gegenseitig verwünschen und verteufeln. Aber ist Métissage wirklich eine Angst vor der Festlegung? Oder ist die Festlegung auf Einheiten nicht vielmehr der Verzicht auf eine weitergehende Hinterfragung des Untersuchungsgegenstandes, sei es in seinem Wesen oder sei es in seinem Bezugssystem? Ausgangspunkt muss die These sein, dass kein Individuum, keine Institution und kein Staat, kein Prozess und keine Struktur für sich bestehen kann, sondern immer aufs tiefste ko-evolutiv verbunden ist.

Dabei reicht eine Feststellung, ein historischer Gegenstand sei Ergebnis von Vermischungsprozessen selbstverständlich nicht aus. Denn es müssten die Bestandteile einzeln herausgearbeitet werden, die dieses Objekt konstituieren. Bildlich ließe sich dies als die Identifizierung von Puzzleteilchen eines bereits zusammen gesetzten Puzzles beschreiben, auch wenn dieses Bild eine Gleichzeitigkeit des *mélange* suggeriert sowie eine festgesetzte Platzierung jeden Teilchens, die der hier angestrebten Verdeutlichung von Métissage als dynamischen und kontingenten Prozesses widerspräche. Dennoch mag es für einen kurzen synchronen oder situativen Schnitt in einen Prozess der Métissage hinein hilfreich sein, dieses Bild zu bemühen:[40] Aus der Entfernung ist ein Puzzle nicht als aus Teilen zusammengesetztes, sondern als

---

[38]Vgl. zur Bedeutung dieses Begriffs: Gisela Febel, Das Diverse und das Unberechenbare. Über die Thesen Edouard Glissants zu transkulturellen Prozessen und die Rolle der Literatur, in: Heinz Antor (Hrsg.), Inter- und transkulturelle Studien. Theoretische Grundlagen und interdisziplinäre Praxis, Heidelberg 2006, S. 63–80.

[39]Serge Gruzinski, La pensée metisse, 1999, S. 20.

[40]Karl Mannheim wies in *Die Strukturanalyse der Erkenntnistheorie* (Vaduz 1991[1922], S. 17) darauf hin, dass Teilstücke einer Reihe zwar aufgrund ihrer Funktion und ihrer Anordnung identifiziert werden können, dass sie jedoch auch als Einzelteile eine Bedeutung haben, die der funktionalen Anordnung vorausgehen. Beides ist demnach nicht voneinander losgelöst zu analysieren: Weder kann das Teil nur als Einzelstück, noch kann es ausschließlich als Teilstück verstanden werden.

ein einheitliches Bild zu erkennen. So bedarf es einer Annäherung, wodurch die Umrisse der Teilstücke hervor treten. Aber nur durch Herauslösen der Teile verstärkt sich die Erkenntnis über die Art und Weise der Konstruktion. Durch dieses Vorgehen zerstört man jedoch das Gesamtbild, das durch die Herausnahme von Stücken immer neue Lücken aufweist. Deswegen ist für die Analyse nach der Idee der Métissage wichtig, das Teilchen zurück an seinen Platz zu legen, und erst dann ein weiteres Puzzlestück zu entnehmen. So seziert, werden die Einzelbestandteile des Puzzles deutlich und beschreibbar und die jeweilige Beziehung für den Zusammenhang erkennbar und verstehbar. Sind diese Arbeitsschritte gemacht, ist erstens die Kenntnis über die Art und die Beziehung jedes oder eines bestimmten Einzelteils sowie die Art und Relationalität des „Gesamtzusammenhangs" bekannt.

Wie gesagt, das Bild des Puzzels verstellt den Blick auf das Prozesshafte und die Zeitverläufe: Simultaneität ist vor allem in den letzten Jahren zu einem wichtigen Bestandteil der Geschichtswissenschaften geworden, denn nur so lässt sich überhaupt ein enges Heranrücken an den beschriebenen Kontext ermöglichen. Als Korrektiv braucht es etwas, das Edmund Husserl als „korrelative Genesis" bezeichnet hat, also das Verständnis der Nationwerdung als aus sich heraus und in Verbindung mit anderen.[41]

An dieser Stelle sei auf E.P. Thompsons für die neuere Sozialgeschichte so wichtiges Werk „The Making of the English Working Class" verwiesen. Thompson geht der Frage nach, wie diese soziale Gruppe und Klasse entstanden sei, die in der Nachbetrachtung durch Historiker, Politiker und im allgemeinen Verständnis als Arbeiterklasse bezeichnet wurde und als bekannte Einheit voraus gesetzt wurde. Das „Klassenbewusstsein", so Thompson, musste aber erst entstehen – er stellt nicht infrage, dass es ab 1833 ein solches einheitliches gegeben habe. Es spielten in seiner Entstehung religiöse Fragen mit hinein, vor allem die Entwicklungen und Strömungen des Methodismus, mit seinen abweichenden und „verdeckten" Strömungen, wie Quäker und Herrnhuter.[42]

> No easy summary can be offered as to the Dissenting tradition which was one of the elements precipitated in the English Jacobin agitation. It is its diversity which defies generalisation and yet which is, in itself, its most important characteristic. In the complexity of competing sects and seceding chapels we have a forcing-bed for the variants of nineteenth-century working-class culture.[43]

---

[41]Husserl, Die Krisis der europäischen Wissenschaften, S. 55.
[42]E.P. Thompson, The Making of the English Working Class, London 1968, S. 51–58.
[43]Ebd., S. 55.

Thompson steht in den 1970er Jahren und aufgrund seiner eigenen nicht-christ-lichen[44], dafür umso marxistischer geformten Weltsicht, vor dem an dieser Stelle besonders hervorstechend formulierten Problem, eine Zusammenfassung für eine historische Problematik anbieten zu müssen und anbieten zu wollen, die jedoch nicht diejenige sein kann, die er beabsichtigt. Seine Untersuchung ist eine Dis-kursgeschichte *avant la lettre* mit nicht unerheblichen Versuchen, sie durch Daten, Zahlen und Statistiken zu einer den Zeitgeist befriedigenden Sozialgeschichte zu machen. Thompson bespricht die Schriften von Intellektuellen und Politikern ein-gehend und klopft sie auf ihre gemeinsamen Aspekte ab, trotz der divergierenden Aussagen. Aus seiner Analyse sind zwei zentrale, auch für die Frage nach dem Métissage-Charakter der englischen Gesellschaft im ersten Drittel des neun-zehnten Jahrhunderts bedeutende Prozesse erkennbar: erstens der Prozess, der als zeitgenössischer Prozess bezeichnet werden kann. Durch im religiösen Raum angesiedelte Maßnahmen, sollten Bevölkerungsgruppen diszipliniert werden, die unterschiedlichen Handlungs- und Moraltraditionen in die, von den damaligen Eliten und der zunehmenden Selbstbeobachtung als Einheit bezeichnete Arbeiterklasse mit brachten. Zweitens ist es der nachholende Blick des Historikers, der den Prozess der Katalyse, Emergenz oder Konversion hin zu einer Arbeiterklasse nachvollzieht.

Die Methodisten sind nicht die einzige vielfältige Strömung innerhalb der präsum-tiven Einheit der Arbeiterklasse. Denn diese rekrutiert sich aus städtischen Armen, ländlichen Migranten und aus den traditionellen Handwerken her stammenden, selbst einen Diskurs des sozialen Abstiegs führenden Berufsgruppen. Diese unterschied-lichen Herkünfte schlagen sich in den unterschiedlichen Formen der Disziplinierung nieder, was Thompson ausführlich am Beispiel der Weber darstellt:[45]

> Finally, we have all these objections, not taken separately, but taken as indicative of the ‚value-system' of the community. This, indeed, might be valuable material for a study in historical sociology; for we have, in the England of the 1830s, a ‚plural society', with factory, weaving, and farming communities impinging on each other, with different traditions, norms, and expectations.[46]

Die Beobachter stellten einen „irischen Charakter" der Arbeiter fest, eine Anspielung auf eine leichte Reizbarkeit, eine Überformung der ländlichen Wirtschaftsweisen durch die Geldwirtschaft oder der Fabrikglocke als den Tagesablauf bestimmendes

---

[44]Ebd., S. 918. Im Postscript auf Kritiker reagierend.

[45]Ebd., S. 297–346.

[46]Ebd., S. 340.

Instrument.[47] Setzt Thompson diese Prozesse noch in einen rein eindimensionalen Zeitablauf von einem Früher in ein Später, so wäre mittels der Métissage genau die Dauer der Gleichzeitigkeit zu betonen, in der jeder einzelne Prozess steht, mag einer von ihnen auch dominierend auftreten. Denn, um noch einmal auf das Bild des Puzzels zurück zu kommen, muss der Übergang vom Stationären und Statischen zum kontextuell definierten Dynamischen oder der „korrelativen Genesis" des Forschungsgegenstandes gelingen. Die Grenzen der Einzelstücke stehen nicht fest und nicht jedes Einzelstück ist über die gesamte Dauer seiner Existenz Nachbar derselben anderen Puzzelteile. So passt sich das Puzzelteil in neue Zusammenhänge ein und ändert demnach auch sein Bild, das seinen Teil zum Gesamtbild beiträgt, weil dieses Gesamtbild ein anderes geworden ist. Das veränderte Bild beherbergt aber ausreichend Referenzen der vergangenen Darstellungen, sodass es als aus dem anderen hervorgegangen zu identifizieren ist.

Die Vielfalt und das Totale

Das Feststellen von Einheiten, bedarf der Festlegung, wann ein Ganzes und wann ein Teil eines Ganzen bestehe. Ist das Teil aber gleichzeitig Element der Vermischung mit anderen Teil-Elementen, dann würde die Zusammenfügung all jener zu einer Schaffung eines Ganzen führen. Nimmt man jedoch an, dass alles Ganze nie in seiner Ganzheit erfasst werden könne, das angenommene Ganze jedoch wiederum immer nur in Relation zu anderen Ganzen zu denken ist und damit wiederum Teil wird, wird deutlich, dass das Reden von Teil und Ganzem nicht absolut gesetzt werden kann, sondern immer als Relationalität des Untersuchungsgegenstands aufgefasst werden muss.

Hier zeigt sich, wie entfernt ein Denken in der Métissage von der Geschichtsphilosophie eines Georg Wilhelm Friedrich Hegels ist, der in seiner Weltgeschichte noch schrieb:

> Jede Seite steht in Beziehung auf die andere, und die verschiedenen Seiten der Bildung versammelt der Geist des Volks in sich; und er ist die Beziehung, die Einheit der Seiten, das Bindende in diesen Beziehungen. Dieser Geist nun ist ein konkreter, und ihn haben wir kennenzulernen, und indem wir ihn erkennen, können wir erst diese Beziehung kennen.[48]

---

[47]Ebd., S. 443–444.
[48]Hegel, Weltgeschichte, S. 16.

Dieses Zitat ist sperrig – übersetzt heißt es, dass der Historiker den Geist eines Volks verstehen muss, um erforschen zu können, wie die einzelnen Teile des Volks zueinander in Beziehung stehen. Damit steht für Hegel das Ganze fest, es ist nämlich die Idee von Volk, im besten Sinne die Nation.

Das Reden vom Ganzen hat den Nachteil, dass einmal der Nachweis seiner Totalität erbracht, sofort Kritik daran und folglich der Vorschlag eines alternativen oder übergeordneten Ganzen erfolgt. Es bedarf demnach eines Auswegs aus der Spirale konkurrierender, laut Foucault kartesianischer[49] Ganzheitskonzepte. Métissage kann hierfür ein Angebot sein, weil der Begründungszusammenhang in historischer Vergangenheit und historiografischer Analyse die einzige Begründung liefern kann, wann ein Ganzes als solches zu gelten habe. Dieser relativistische Reduktionismus birgt in diesem Fall den Vorteil, unterschiedliche, teilweise konkurrierende Ganzheitskonzepte zusammenfassen zu können.

Neben dem Problem, wie sich ein Ganzes beschreiben ließe, besteht die Frage, wie sich die Teile eines erkannten oder definierten Ganzen zueinander verhalten. Häufig wird hier ein systemischer Druck angenommen, dessen Wirkung in der Homogenisierung der Teile läge. Ohne diese Wirkung ausschließen zu wollen, stehen diesem eindeutig wirkenden Systemdruck, die Respondenz oder in systemtheoretischer Sprachfassung „Rückkopplungen" entgegen. Zudem bedarf es einer stärkeren Berücksichtigung der Korrespondenz der Teile untereinander, die nicht losgelöst von der Systemkommunikation, aber in relationaler Eigenständigkeit zu sehen ist. Claude Lévi-Strauss schreibt zum Zusammenhang der Teile und des Gesamten in „Le cru et le cuit":

> … cette multiplicité offre quelques chose d'essentiel, puisqu'elle tient au double caractère de la pensée mythique, de coïncider avec son objet dont elle forme une image homologue, mais sans jamais réussir à s'y fondre parce qu'elle évolue sur un autre plan. La récurrence des thèmes traduit ce mélange d'impuissance et de ténacité.[50]

Für Lévi-Strauss ist es demnach nicht allein die Vielheit, sondern die immer wieder feststellbare – wenn teilweise auch minimalste – Unterscheidbarkeit, die die totale Einheit, die nämlich im ineinander Verschmelzen aller Teile bestünde, verhindert und die Wiederholung ergibt. Dabei sind Wiederholungen nicht

---

[49]Foucault, Die Ordnung der Dinge, Frankfurt am Main 1974, S. 82–91.
[50]Claude Lévi-Strauss, Le crue et le cuit, Paris 2009 [1964], S. 14.

konsekutiv und nicht eindeutig chronologisch festlegbar zu denken, sondern die Strukturen ergeben sich durch rekursives Auftauchen von bereits Bekanntem. Es geht Lévi-Strauss um die „Bandbreite an möglichen Variationen", die zu einem „Netz grundlegender und gemeinsamer Zwänge" führten.[51] Nicht, weil Objekte in einer analytischen Sichtweise oder einer historischen Situation in enger Verbindung zueinander stehen, müssen sie eine Einheit bilden. Andersherum gilt: Obwohl etwas sich als zusammen gezwungen betrachtet oder von anderen als solches angesehen wird, besteht dennoch eine Verbindung und ein Mischungsverhältnis. Folglich gilt es Kollektive als Vielfältiges zu untersuchen, oder wie Vicent Descombes in einer Besprechung von Louis Dumonts *Homo Hierarchicus* 1999 schreibt: „En fait, dès le XVIIIe siècle, on voit se constituer des sociétés basées sur des ‚représentations collectives hybrides'."[52]

Wäre das Ganze im Dilthey'schen Sinne als „Zusammenhang zwischen dem Einzelnen und dem Allgemeinen, den Teilen und dem Ganzen" erschöpfend beschrieben, dann würde sich „die Fruchtbarkeit der Vereinigung von individueller und genereller Betrachtungsweise in der methodologischen Reflexionen" ergeben.[53] Die Aussage, die die Relation von Teile zum Ganzen hervorragend thematisiert, müsste noch stärker dahin gehend befragt werden, ob denn Teil und Ganzes überhaupt zu definieren seien und inwiefern eine Relationalität analysiert werden könne. Acham und Schulze erkennen aus der Biologie ableitend das Problem, dass die „Lagebeziehung" der betrachteten Einheit in Beziehung zur vorgestellten Gesamtheit und innerhalb einer „Mannigfaltigkeit" bedeutend sei.[54] Die Autoren kommen in ihrem Aufsatz, der wohl am besten für die Geschichtswissenschaft das Problem von Ganzheit und Teil thematisiert hat, auf das Problem der Beziehung von Einzelteilen untereinander zu sprechen. Aber es geht durchweg um klar definierte Einheiten, die in kleinerem Umfang Teil, im großen Umfang Ganzes sind. Deren Bezug zueinander ist vornehmlich durch ihre Zugehörigkeit zu dem Ganzen definiert, ohne dass eine zumindest teilweise Bedeutung der Beziehung zwischen Einzelteilen, oder sogar die Unabhängigkeit von Teilen ausführlicher thematisiert würde. An diesem Punkt wird wieder die Möglichkeit eines Konzepts wie Métissage deutlich: Denn nicht nur kann die Dynamik in

---

[51]Ebd., S. 19.

[52]Vicent Descombes, Louis Dumont ou les outils de la Tolérance, in: Esprit 253 (1999), S. 65–85.

[53]Karl Acham und Winfried Schulze, Einleitung, in: dies. (Hrsg.), Theorie der Geschichte, Bd. 6: Teil und Ganzes, München 1990, S. 13.

[54]Ebd., S. 17–18.

„Lagebeziehungen" zum Ausdruck gebracht werden, vielmehr beschränken sich diese dann auch nicht allein auf eine Abhängigkeit von Teilen zu einem Ganzen. Zudem kann das Teil, wie der Zusammenhang aus ihren Beziehungen selbst als dynamisch angesehen werden, womit eben auch die Veränderung, die teilweise Unbestimmtheit und die Vermischung gemeint sind.

Ganz konkret wird die Problematik der Beziehung der Teile zueinander und ihrer zu einer Gesamtheit im Manuskript von Lucien Febvre und François Crouzet.[55] Unter dem Arbeitstitel *Manuel de l'histoire de la civilisation française* behandeln die Autoren zu Beginn der 1950er Jahre das Problem der Ganzheit einer Nation vor der Geschichte ihrer Vielheit. Das als Lehrbuch für die UNESCO konzipierte Manuskript, das jedoch in dieser Form nie veröffentlicht wurde, möchte jungen Lesern deutlich machen, dass die aktuelle französische Gesellschaft aus einer Geschichte der Vermischung entstand. Eine deutsche Version des Textes wurde stark verkürzt 1953 veröffentlicht, nachdem wohl bereits feststand, dass die UNSECO diesen Text nicht in ihr Programm aufnehmen würde. Auf Französisch erschien er erst 2012, nachdem das Manuskript wiederentdeckt worden war. In einer vom Front National mitgeprägten politischen Landschaft ist die Erstveröffentlichung von höchster politischer Aktualität (ein Aspekt, den die Herausgeber Denis und Élisabeth Crouzet unerwähnt lassen). Das *Manuel de l'histoire de la civilisation française* ist zudem auch ein Zeitzeuge der französischen Nachkriegsgesellschaft, teilweise die eigene koloniale Vergangenheit und mit Einschränkungen auch die Gegenwart ausblendend und in der Vielheit der Traditionen einen Identität stiftenden Wert herausstellend.[56]

> En fait, tous les Français sont les produits croisés; et recroisés; et surcroisés de milliers et de milliers d'alliances hétérogènes: Et nul ne saurait se pencher sans un sentiment de trouble profond sur ce gouffre du passé, sur cette suite prodigieuse d'unions et de rencontres, de rapts et de violences, de hasards heureux et de misères subies dont il est finalement, après des millénaires, l'aboutissement imprévu.[57]

---

[55]Lucien Febvre und François Crouzet, Nous sommes des sang-mêlés, Paris 2012.

[56]Febvre ist natürlich alles andere als jemand, der die historische Bedeutung von Kolonien vernachlässigte oder an der Bedeutung einer Geschichte aus diesen, nun teilweise unabhängig gewordenen Kolonien zweifelte. Zum Vergleich: Lucien Febvre, Sur une nouvelle collection d'Histoire, in: Annales ESC 9, 1 (1954), S. 1–6, bes.. S. 1: „[…]et que partout, insurgées contre la vieille Europe et contre les puissances imprégnées de sa culture, les nationalités, hier encore asservies, d'Orient et d'Extrême-Orient, d'Afrique et d'Asie et d'Insulinde, — des nationalités qu'on croyait à jamais ensevelies dans les vitrines de quelque musée d'archéologie glacée, — se réveillent et réclament leur droit à la vie….".

[57]Febvre u. Crouzet, Sang-mêlés, 2012, S. 42.

Das unter dem Titel „Nous sommes de sang-mêlés" von den Erben herausgegebene Manuskript geht in den ersten Kapiteln den Fragen nach Reinheit einer
„französischen" Rasse und einer „französischen" Sprache nach. Diese werden
von Febvre und Crouzet als politisch motivierte Konstruktionen verworfen und
einer Geschichte der vielfältigen Einflüsse zugeführt. In den weiteren Kapiteln
folgt nun ein chronologischer Abriss von allerhand Geschichte der Vermischung
in politischer, kultureller und wirtschaftlicher Hinsicht. Einflüsse aus anderen Teilen und Ländern Europas, besonders Englands stehen hier im Vordergrund, später kommt die USA als Einflussgeber hinzu. Die Herausgeber des Manuskripts
bewerten diese Anlage des Buches als eine Replik Lucien Febvres auf Gordon
Childe und Ernest Baker, die im Rahmen der UNESCO nicht wie von Febvre
beabsichtigt, eine Universalgeschichte der Beziehungen von Zivilisationen, sondern eine auf Europa zentrierte Fortschrittsgeschichte schreiben wollten.[58] Aber
nicht allein die Einflüsse von „Außen" in Frankreich, sondern auch die französischen Einflüsse in anderen Ländern, wie die Gotik als Stil, der Palastbau und die
Hofhaltung à la Versailles und eben die Revolution mit ihren Auswirkungen in
anderen Ländern, bis einschließlich Napoleon werden von Frebvre und Crouzet
thematisiert.

Febvre und Crouzet schreiben also eine Geschichte Frankreichs als Vermischungsgeschichte, während der Teile aus anderen Regionen Europas ins
Französische Einzug gehalten haben, dort assimiliert wurden und auch in der
nationalen Identität als zentrale Kategorien zu finden sind. Beispielsweise, so
wiederholen die Autoren an mehreren Stellen, sei die französische National-
speise des *Beefsteak avec frittes* eben eine Mischung aus der englischen Tradition des Essens rohen Fleisches und der amerikanischen Feldfrucht Kartoffel. Die
Teile fanden sich dann zusammen in dem *Nous*, dem nationalen Ganzen Frankreichs. So taucht denn der Begriff *métissage* erst in der Zusammenfassung auf,
in dem abschließenden Kapitel, überschrieben mit „Qu'est-ce qu'un Français?".
Beschränkt ist seine Verwendung hier – wie dies in den 1950er Jahren eben auch
üblich war – auf die ethnische Durchmischung Frankreichs. Sie wird als „außer-
gewöhnlich" bezeichnet und die Autoren erahnen die Unmöglichkeit, die Art und
Weise, das Ausmaß und die genaue Komposition der Vermischung durch Forschung erfassen zu können.[59]

---

[58]Ebd., S. 343–347.
[59]Ebd., S. 289.

Febvres und Crouzets Manuskript ist ein Beispiel dafür, dass im Europa der Nachkriegszeit durchaus ein Wissen dafür vorhanden war, die europäische Geschichtswissenschaft einer Weltgeschichte öffnen, somit auch Narrative anpassen zu müssen. Das Narrativ der Nation wollten die Autoren aufbrechen, indem sie zum einen die Grenzen durchlässig gestalteten und zum zweiten die Gesamtheit der Nation in Teile splitteten. Einzelne Ereignisse, Institutionen oder Personen stellen sie heraus und zeigen, inwiefern diese jeweils als in ihrem Sinne vermischt zu verstehen wären. Die Teile selbst bleiben unzusammenhängend, was auch der starken Diachronie des Textes geschuldet war. Es gibt kaum Ableitungen, noch weniger Kausalitäten; Kontextualisierungen werden nur vereinzelt vorgenommen und dann zumeist als externe Einflüsse und externalisierende Prozesse beschrieben. Der vergleichende Teil zur englischen Industrialisierung, sicherlich ganz aus der Feder des Englandhistorikers Crouzet, stellt hier fast eine Ausnahme dar – thematisiert aber eben genau nicht die Vermischungsgeschichte Frankreichs, sondern wiederholt in Teilen das Narrativ der englischen Eigenentwicklung, wenn von der Fabrik Soho von Boulton und Watts oder dem Verkokungsverfahren von Darby die Rede ist. Erst im Schlussabsatz wird diese Eigenentwicklung relativiert: „Non, elle n'est pas une île…".[60]

---

[60]Ebd., S. 225.

Ausblick: Vermischungsforschung

Es gibt keine historische Entität, die nach außen hin vollkommen abgeschlossen ist. Genauso wenig lassen sie sich als intern homogen definieren, ohne eine Vielzahl von inneren Konflikten, Gruppenbildungen und kleinteiligen Beziehungen zu einem „Außen". In diesem zusammenfassenden Kapitel, soll auch ein Ausblick gegeben werden. Ein Ausblick auf die Möglichkeiten, die europäische Geschichtsschreibung stärker in einen globalen Kommunikationsraum zu verorten. Und ein Ausblick auf die bereichernden Wirkungen von Geschichtsschreibung von Vermischungsprozessen für die Vielfalt von Themen, die sich im Komplex der Geschichtswissenschaften wiederfinden.

Nein, weder waren die Fabriken in Soho, noch irgendeine andere Institution oder Gesellschaft im historischen Verlauf eine Insel. Zu keiner Zeit seiner Geschichte, war Europa auch nur irgendwie abgeschnitten vom Rest der Welt, und so sehr Staaten und Ideologien in verschiedenen Jahrhunderten und zu unterschiedlichen Zeitpunkten versuchten, sich als autark zu gerieren – unbeeinflusst waren sie nicht. Stattdessen wird deutlich, je mehr sie versuchten sich als eigenständig, einzigartig und unbeeinflusst darzustellen, desto mehr verdeutlichten sie die Einflüsse, unter denen sie standen. Geschichtsschreibung war (und ist vielleicht immer noch oder wieder mehr) Teil von Abwehrstrategien und der Herstellung von einfachen Einheiten und unterliegt doch genauso gleich der Feststellung, dass es die Reinheit nicht gibt, die nicht selbst Vermischtheit zutage fördert.

Wie an der Erläuterung des Begriffes Métissage/Mestizaje in seiner historischen Herleitung, seiner wissenschaftlichen Anwendung und seiner kulturpolitischen Bedeutung in der Gegenwart deutlich wurde, bezeichnet er ursprünglich allein kulturelle und biologische Zustände und Verhältnisse in der außereuropäischen Welt. Meistenteils ist Europa derart am Prozess der Mestizierung beteiligt, als es einen Teil der Elemente beiträgt, die andernorts im Prozess der Vermischung stehen. Es sind Gedanken, Ideen und Kulturtechniken, die hier

© Springer Fachmedien Wiesbaden GmbH, ein Teil von Springer Nature 2019   155
H. Wendt, *Geschichte des mestizischen Europas*,
https://doi.org/10.1007/978-3-658-22458-5_6

beobachtbar sind und die – wenn auf diesen Strang der Métissage-Studien überhaupt Wert gelegt wird, auf Europa zurückzuführen sind.

Allgemein wird also die starke Trennung Europas von einem Rest der Welt angenommen, die aus Zeiten stammt, als das Denken in der auf für offensichtlich gehaltenen Machtdifferenz basierenden Binarität des Kolonisierers und des Kolonisierten auch die Trennung der räumlichen Welt und der Menschheit bestimmte. Mit den postkolonialen Studien wurde hingegen zunehmend deutlich, dass diese strikte Trennung, die mit der Dekolonisierung in einem „Vergessen" Außereuropas durch Europa mündete, nicht immer einzuhalten ist. Europa in der kolonialen Expansion nimmt dennoch insofern eine Sonderstellung ein, als es einzigartig eine sehr hohe Anzahl von Bestandteilen in nicht europäische Diskurse trug und dort inkorporierte, in Kommunikation mit einer sehr hohen Anzahl distinkter Einheiten. Diesen hohen Verbreitungsgrad erreichte in dieser hohen Dichte kein anderer, sich als kulturelle Einheit definierender Kollektivakteur. Diese Feststellung schließt demzufolge nicht aus, dass aus anderen Kontexten ebenso eine beachtliche Zahl von Elementen in Vermischungsprozesse eingegangen sind, ja sogar über europäische Verbreitungswege diffundierte. Zumeist jedoch waren sie kein Bestandteil eines ökonomisch-politischen Großprozesses, als der der Kolonialismus, Imperialismus, Kapitalismus oder die Industrialisierung zu bezeichnen sind, sondern standen in einem davon nur mehr oder minder mittelbaren historischen Kontext.

Gleichzeitig zeigen die ersten Versuche der Métissage-Studien, dass eine Suche nach den „Ursprüngen" der festgestellten Vermischungselemente nur oberflächlich zu einer Klärung der Verhältnisse beiträgt. Denn entweder sie münden in pseudo- oder quasi-rassistischen Einteilungen oder sie zeigen die Schwierigkeiten auf, welche das Postulat eines als rein gedachten Ursprungselement mit sich bringt: Denn eine Reinheit kann immer nur als die Kapitulation vor einer weiteren Untersuchung des identifizierten Elements gewertet werden, nie jedoch als tatsächlicher Zustand. In der Folge müssten sich „ethnisch-rassische" Ursprünge demnach relativieren lassen und es ermöglichen, über die Feststellung von Transferprozessen hinaus, auch europäische Gesellschaften als mestizische zu betrachten und die Auswirkungen von kolonialen und nicht-kolonialen Einwirkungen auf eine europäische sozial-historische Situation in Untersuchungen einzubeziehen.

Métissage ist ein ständiger Prozess des Nicht-Identischen. Keine Métissage kann folglich als abgeschlossen gelten, auch wenn Formen von Métissage verschwinden können. Es bestehen Konjunkturen erhöhter Geschwindigkeit des „Fusionierungsprozesses". Dieser findet sowohl im Bewusstsein wie im Unbewussten sozialer Akteure statt. „Fusion" meint, dass Bestandteile – deren Ursprung oder ursprüngliche Zugehörigkeit nicht im Einzelnen immer geklärt werden können oder müssen – sich zu einem neuen sozial relevanten Wirkungszusammenhang zusammenfinden. Dies kann im Bereich von Wissenskulturen durch die Aneignung und Verwertung von vorher nicht bekannten oder nicht verwendeten Wissensbestandteilen einer dann folgend bestehenden, mestizierten Wissensordnung geschehen: direkte Beobachtung, indirekte Vermittlung, mehrfach verschachtelte Referenz- und Zitatsysteme, „schweigendes" Wissen, durch Fusion neu erstandenes Wissen etc. geschehen, werden gemacht und finden statt. In der Beobachtung anderer sozialer Zusammenhänge kann der Beobachtende – um nur eine Möglichkeit von Fusion in erhöhter Geschwindigkeit zu beschreiben – zum Schluss kommen, dass die Übertragung von Bestandteilen des beobachtenden Wissens für das als eigen oder bekannt gehaltene Wissenssystem bereichernd wirken kann. Nicht wenig bewirkt eine Ablehnung gleichfalls eine Veränderung der Wissensökonomie. Denn was nach einer solchen „Entscheidung" geschieht, wird vor dem Hintergrund der möglichen Alternative bewertet und somit in der Folge nachwirken. Hierfür hat besonders die transkulturelle Hermeneutik, an deren Anfang die Frage nach Möglichkeit von transkulturellen Verständnisprozessen überhaupt stand, Antworten dafür erarbeitet, in welcher Form solche Adaptionen stattfinden können.

Als eine grundlegende Definition von Métissage könnte gelten: Es sind alle beobachtbaren sozialen Prozesse und Zustände, die sich aufgrund der Beschäftigung, Auseinandersetzung oder Verbindung einer sozialen Gruppe oder eines Individuum mit einer als anders oder gegenteilig eingestuften sozialen Gruppe, einem ebenso eingestuften Individuum oder einer als anders oder gegenteilig bewerteten Ideenwelt ergeben.

Dabei soll hier nicht vorgeschlagen werden, einen ein-eindeutigen Begriff von Métissage anzubieten. Die obigen Ausführungen haben gezeigt, dass hiermit ganz unterschiedliche historisch zu beobachtende und Diskurse prägende Phänomene bezeichnet werden können. Nach dem biologisch-rassischen Ansatz wird ein breit verstandener kultur-sozialer zu einem zunehmend wichtigen Themengebiet: Ideologie, Religion, Nation, historische Erinnerung und Narrativstrategien, soziale Komposition und Interaktion, künstlerische Produktion in Musik, Wort und Bild, Regierungsformen und (besonders nicht verfasste) normative Systeme (der europäischen Vormoderne). Alle diese Themen zeigen auch, dass sie mit der bisher bereits bekannten, erforschten und als grundlegend gewichteten Historiografie Europas konform gehen. Die oben angeführten Beispiele, die europäische Geschichte in einer Art und Weise interpretierend lesen, dass sie in dieser Sicht als Métissage verstanden werden können (vielleicht auch müssen), ändern die Perspektive und die Perspektivierung – jedoch kaum den Inhalt. Sie stellen zuvorderst, dass wir als historisch Denkende, ebenso als Handelnde und Arbeitende, das Bewusstsein mitbringen sollten, dass Geschichten nicht linear sind und eine Vielheit der Faktoren Faktizität erhöhen, nicht sie trüben. Es wäre anzustreben, dass eine solche Herangehensweise auf weitere Geschichts- und Forschungsfelder ausgeweitet würde. Natürlich macht diese Art Geschichte zu schreiben Geschichte nicht einfacher.

Desto mehr wird sie anregen, sich auch mit Details auseinanderzusetzen und sie in größere Zusammenhänge einzuordnen. Desto mehr wird zudem ein Verständnis erzeugt, warum Dinge nicht aus logischen Gründen sich erklären lassen und weswegen es einen Unterschied zwischen dem Willen Einzelner oder einzelner Gruppen und den historischen Resultaten gibt. Denn nicht beabsichtigte Folgen, die durch das Einwirken vieler Faktoren entstanden und entstehen, erklären sich aus der Vielzahl der Einflüsse und der Vielheit des untersuchten Objekts.

Deswegen lohnt sich eben auch, den Untersuchungsgegenstand genau einzuordnen und selbst zu klassifizieren: In welchen Zusammenhängen steht er? Wie lässt sich definieren, wann eine Totalität oder Entität bestand? Wie ist diese wiederum gelagert zu anderen Einheiten? Welche Beziehungen bestanden und wie drückten sie sich aus? Aus welchen Teilen besteht die definierte Einheit und in welcher Beziehung stehen diese Teile miteinander? Zudem ist die Frage zu stellen, wie sich Teile und Einheiten veränderten und die Beziehungen sich über die Zeit modifizierten.

Die in diesem Essay vorgeschlagene Perspektivierung von Geschichte als einer Geschichte der Vermischungen regt an, am außereuropäischen Beispiel geformte Konzepte, Methoden und Begriffe auf die europäische Geschichte zu übertragen. Métissage/Mestizaje bedient sich dabei der Vorlagen aus der Kolonialzeit und der europäischen Kolonialgeschichte. Ob die Thematik jedoch nur aus diesen Kontexten der europäischen Kolonialisierung weiter Weltteile zu finden ist, oder ob sie nicht vielmehr in den meisten imperialen und territorialen Expansionen von Staaten zu finden sein dürfte, wäre eine durchaus bedenkenswerte Forschungsfrage. Alfonso de Toro und Charles Bonn haben einen Anfang gemacht, und den Fragenkomplex von unzureichenden nationalen Entitäten, dekolonialer Perspektive und Diskursräumen für die Literatur des Maghreb erläutert.[1] Die Übertragung der Denkfiguren geschah durch französische Vermittlung genauso wie durch die Anwendung postkolonialer Theorien anderer Herkunft. Stark also noch in der „französischen" Tradition verankert schafft dieser Band dennoch eine Übertragung auf einen geografischen Raum, der bisher auch wenig sich derlei Studienrichtung gewidmet hat.

Die hier, zugegebenermaßen noch recht skizzenhaft, angestellte Übertragung auf die europäische Geschichte soll anregen, weitere Forschungsfelder in diesem Sinne zu erschließen. Die aufgeführten Themen dienen vielleicht eher einer Illustration. Aus unterschiedlichen historischen Feldern, der Wissensgeschichte, der Biografie, der Sozialgeschichte oder auch der Kulturgeschichte werden mögliche

---

[1]Alfonso de Toro und Charles Bonn (Hrsg.), Le Maghreb *writes back*. Figures de l'hybridité dans la culture et la littérature maghrébines, Hildesheim u. a.: Olms Verlag 2009.

Potenziale beleuchtet, Geschichte „mestizisch" zu lesen. Gleichzeitig dienen diese Beispiele dazu, die Mechanismen von Geschichtsschreibung aus unterschiedlichen Jahrzehnten zu behandeln. Es geht um Mechanismen, wie Historiker seit Mitte des 19. Jahrhunderts mit dem Thema der Vermischung umgegangen sind. Und es scheint doch mehr als nur überraschend, wie bewusst beispielsweise Theodor Mommsen sich für ein Gegennarrativ entschieden hat. Niebuhrs Herangehensweise schien dagegen eher davon geprägt zu sein, über die Vermischungen hinwegzugehen, sie als Phänomen zu beschreiben ohne sie jedoch historisch zu analysieren. Friedrich Meinecke schien sich darüber den Kopf zu zerbrechen, auf welche Weise er Vermischungsprozesse darstellen könnte. Dies war in seiner Zeit sicherlich keine einfache Themenwahl, anders als dann bei François Furet und Jacques Ozouf in den 1970er Jahren. Nicht nur war das politische Umfeld ein anderes geworden, auch die Methodik, die Sprache und die Thematiken in den historischen Wissenschaften hatten sich so verändert, dass eine offensivere Herangehensweise möglich gewesen ist. Dennoch blieben sie eher zaghaft: weder machten beide Autoren Vermischungsgeschichte zu einem Leitthema, noch gewann dieser Aspekt ihrer Arbeit eine breitere Aufmerksamkeit unter Historiker-Kollegen.

Die Übernahme des Konzepts der Métissage auf europäische Geschichte würde auch bedeuten, dass europäische Historikerinnen und Historiker der postkolonialen Situation Rechnung trügen – ja selbst bereit wären zu dieser beizutragen, ohne dass die Themen Europa-Außereuropa, Europa in nichteuropäischen Regionen oder Nichteuropäer in Europa unbedingt behandelt würden. Denn, wie schon eingangs ausgeführt, handelt es sich hierbei um ein Konzept, dass am nichteuropäischen Beispiel entwickelt wurde. Später hat es eine starke Weiterentwicklung in vielen nichteuropäischen Staaten erfahren und entwickelte sich größtenteils zu einer Form nationaler Geschichtserzählung. Dieses Konzept nun über den großen Teich zu bringen und an Gegenständen aus der europäischen Geschichte anzuwenden ist eine Möglichkeit, meistenteils getrennte Diskursbereiche in Beziehung zu bringen. Postkolonial wäre zudem, dass die methodischen und gegenständlichen Differenzen zwischen historischen Entwicklungen in Europa und „Außereuropa" mithilfe einer gemeinsamen Grundlage auf ihre Validität geprüft werden könnten. Damit läuft es drei derzeitigen Trends entgegen: erstens einer Überbetonung von Gegensätzlichkeiten, wie es auch auf methodischer Ebene beispielsweise das Konzept der *De-Colonization* vornimmt, oder die neue Nationalgeschichtsschreibung, die diese als „faktische" Geschichte versteht. Der zweite Trend ist hauptsächlich in der europäischen Geschichtsschreibung zu finden und besteht darin, europäische historische Modelle „globalhistorisch" auf alle anderen Kontinente zu übertragen. Der dritte Trend beschäftigt sich mit

Außereuropa und dem kolonialen Erbe Europas nur wenig, und überlässt diese Thematik – aus institutionellen und disziplinären Gründen –– denjenigen, die auf eine globale oder trans-regionale Beziehungsgeschichte setzen.

Wie schon in der Einleitung gesagt – dieser Essay beabsichtigt keinesfalls, die Geschichtswissenschaft auf den Kopf zu stellen. Die Absicht jedoch, einige Hinweise zu geben, wie sich aktuell die „Zunft" weiterentwickeln könnte, wurde breit dargestellt: anhand eines kurzen historischen Abrisses, mit einigen Themengebieten und mit eher theoretisch gehaltenen Fragestellungen nach Teil(en) und Ganzen/m. Sollte es wirklich fruchtbringend möglich sein, Vermischung als ein Grundnarrativ für historische Darstellung zu verwenden? Was hätte der Leser davon? „Historia magistra vitae." Der Spruch ist vielleicht ein wenig abgedroschen: aber wenn man aus der Geschichte lernen soll, dann könnte damit zweierlei gemeint sein. Nimmt man den Spruch zu wörtlich, dann läge die Interpretation nahe, dass Vergangenes als Vorbild für gegenwärtiges Handeln dienen sollte. So, wie die historische Persönlichkeit XY handelte, sollte auch ich oder solltest auch du handeln. Oder: weil sich in jener vergangenen Situation, dies und das entwickelte, kann sich – da sich die Parameter ähneln – heute dasselbe wieder ergeben.

Eine andere Interpretation dieses Spruchs soll hier angeboten werden: historische Darstellungen dienen der Bildung, vielleicht sogar der Erziehung. Jedoch weniger aufgrund des dargestellten Inhalts, als wegen der Art und Weise der Darstellung. Es geht hier nicht um Möglichkeit und Unmöglichkeit des historischen Narrativs, wie bei Hayden White. Es geht darum, dass Darstellungsweisen von Vergangenheit überhaupt prägend sind – wie wir, wie spätere Generationen ihre Geschichte, aber auch ihre Gegenwart (mittels Geschichte) zu verstehen versuchen. Wird Geschichte als abgeschlossen betrachtet – zeitlich und relational – stellen beispielsweise Nationalgrenzen die Grenzen des Narrativs dar und wird jede Nation zu einer mit sich selbst identischen Einheit stilisiert, dann verliert sich auch die Fähigkeit der Rezipienten, komplexere Sachverhalte reproduzieren zu können. Insofern hat der Essay vielleicht eine erzieherische Absicht. Es ist ein Aufruf – wie untypisch für Historiker*innen(!) – sich nicht einschränken zu lassen von scheinbaren Grenzen, sich nicht allzu sehr zu orientieren an Forschungspfaden. Suchen wir nach den Verbindungen und stellen den Quellen die Frage, über welche Verbindungen sie handeln und in welcher Beziehung zu anderen sie stehen. Treffen wir auch vielfach auf Dokumente, die Trennung und Reinheit affirmieren, sollte dieser Diskurs selbst, sein Kontext und sein Wirken im Zusammenhang zu den Verbindungen gesehen werden, gegen die er sich wendet. Uneinheitlichkeit und Vermischung entstehen schon dadurch, dass die Beobachtenden das einstmals Ausgegrenzte in ihre Betrachtung wieder mit einschließen.

Literatur

Karl Acham und Winfried Schulze, Einleitung, in: dies. (Hrsg.), Theorie der Geschichte, Bd. 6: Teil und Ganzes, München 1990, S. 9–29.

Richard N. Adams, Energy and Structure. A Theory of Social Power, Austin 1975.

Giorgio Agamben, Ausnahmezustand. Homo sacer II.I, übersetzt von Ulrich Müller-Schöll, Frankfurt am Main 2004.

Giorgio Agamben, Profanierungen, übersetzt von Marianne Schneider, Frankfurt am Main 2005.

Solange Alberro, Les voies du métissage, in: Annales HSS 57, 1 (2002), S. 147–157.

Thomas W. Allies, The Formation of Christendom, Band 7: Peter's Rock in Mohammed's Flood, London/New York 1890.

Claire Amouretti u. François Sigaut (Hrsg.), Traditions agronomiques européennes. Èlaboration et transmission depuis l'Antiquité, Paris 1998.

Jean-Loup Amselle, Vers un multiculturalisme français. L'empire de la coutume, Paris 2010 (aktual. u. erw. Aufl.).

Benedict Anderson, Imagined Communities. Reflections of the Origin and Spread of Nationalism, London, New York 1991.

Ernst Moritz Arndt, Versuch in vergleichender Völkergeschichte, Leipzig 1844 (2. Aufl.).

Maurice Aymard, Espaces, in: Fernand Braudel, La Méditerranée, Paris 1985 (2. Aufl.), S. 191–223.

Doris Bachmann-Medick, Cultural Turns. Neuorientierungen in den Kulturwissenschaften, Reinbek 2007 (2. Aufl.).

George Balandier, Sociologie actuelle de l'afrique noire,, Paris 1963 (2. u. erw. Aufl.).

Étienne Balibar, L'Europe, l'Amérique, la Guerre. Réflecions sur la médiation européenne, Paris 2005.

John Francis Bannon, Bolton and the Spanish Borderlands, Norman 1964.

Ludwig Beck, Die Geschichte des Eisens in technischer und kulturgeschichtlicher Beziehung, Braunschweig 1897.

Ulrich Beck und Edgar Grende, Das kosmopolitische Europa: Gesellschaft und Politik in der Zweiten Moderne, Frankfurt am Main 2004.

Karl Friedrich von Benekendorf, Gesetzbuch der Natur für den wirthschaftenden Landmann. Oder allgemeine sowol theoretische als praktische Grundsätze der deutschen Landwirthschaft, beides in ihrem Zusammenhange und besonderen Theilen, 1. Bd, Halle 1786.

Homi K. Bhaba, The Location of Culture, London 1994.

Robert Bireley, The Refashioning of Catholicism (1450–1700). A Reassessment of the Counter Reformation, Houndsmills, London 1999.

David Blackbourn, Das Kaiserreich transnational. Eine Skizze, in: Sebastian Conrad u. Jürgen Osterhammel (Hrsg.), Das Kaiserreich transnational. Deutschland in der Welt 1871–1914, Göttingen 2004, S. 302–324.

Horst Walter Blanke, Historiographiegeschichte als Historik. Stuttgart-Bad Canstatt 1991.

Franz Boas, Anthropology and Modern Life, New Brunswick 2009 (2. Aufl.) [Org. 1932].

Herbert E. Bolton, The Mission as a Frontier Institution in the Spanish-American Colonies, in: American Historical Review 23, 1 (1917/18), S. 42–61.

Michael Borgolte und Bernd Schneidmüller, Hybride Kulturen im mittelalterlichen Europa. Vorträge und Workshops einer internationalen Frühlingsschule, Berlin 2011.

Patrick Boucheron (Hrsg.), Histoire mondiale de la France, Paris 2017.

Jean Boulaine, Histoire de l'agronomie en France, London u.a. 1992.

André-Jean Bourde, Agronomie et agronomes en France au XVIIIe siècle, 3 Bde, Paris 1967.

Pierre Bourdieu, Meditationen. zur Kritik der scholastischen Vernunft, übersetzt von Achim Russer. Unter Mitwirkung von Hélène Albagnac und Bernd Schwibs, Frankfurt am Main 2001.

Fernand Braudel, Karl V. Die Notwendigkeit des Zufalls, übersetzt von Joachim Kalka, Stuttgart 1990.

Fernand Braudel, Méditeranée, in: ders. (Hg.), La Méditerranée. L'espace et l'histoire, Paris 1985 (2. Aufl.), S. 7–11.

Arndt Brendecke, Imperium und Empirie. Funktionen des Wissens in der spanischen Kolonialherrschaft, Köln, Weimar, Wien 2009.

Henri Bresc, La Sicile médiévale, terre de refuge pour les juifs. Migration et exil, in: Al-Masaq 17, 1 (2005), S. 31–46.

Michael Broers, Le Fardeau du Franc. Aufklärung zu Pferde. Eine Zivilisierungsmission in Napoleons Europa?, in: Boris Barth u. Jürgen Osterhammel (Hrsg.), Imperiale Weltverbesserung seit dem 18. Jahrhundert, Konstanz 2005, S. 73–99.

Rogers Brubaker, Ethnizität ohne Gruppen, Hamburg 2007.

Georges Canguilhem, Zur Lage der biologischen Philosophie in Frankreich, in: ders. Wissenschaft, Technik, Leben. Beiträge zur historischen Epistemologie, Berlin 2006, S. 23–39.

Ramón Carande, Carlos V y sus banqueros, Bd. 2: La hacienda real de Castilla, Barcelona 1990 [Org. 1949].

Brian A. Catlos, Muslims of Medieval Latin Christendom, c. 1050–1614, Cambridge 2014.

Dipesh Chakrabarty, Provincializing Europe: Postcolonial Thought and Historical Difference, Princeton 2000.

Roger Chartier, „Civilité", in: Handbuch politisch-sozialer Grundbegriffe in Frankreich 1680–1820, Bd. 4, hg. v. Rolf Reichardt u. Eberhard Schmitt, übersetzt von Thomas Schleich, München 1986, S. 7–50.

Carlo M. Cipolla, Sources d'énergie et Histoire de l'Humanité, in: Annales HSS 16, 3 (1961), S. 521–534.

Henry Thomas Colebrooke, On the Philosophy of the Hindoos, in: Transactions of the Royal Asiatic Society 1, 1827, S. 19–43; 92–118; 439–466; 549–579.

Mònica Colominas Aparisio, The Religious Polemics of the Muslims of Late Medieval Christian Iberia. Identity and Religious Authority in Mudejar Islam, Leiden 2018.

Sebastian Conrad, Globalisierung und Nation im Kaiserreich. München 2006.

Sebastian Conrad u. Shalini Randeria, Einleitung. Geteilte Geschichten – Europa in einer postkolonialen Welt, in: Conrad u. Randeria (Hrsg.), Jenseits des Eurozentrismus. Postkoloniale Perspektiven in den Geschichts- und Kulturwissenschaften, Frankfurt am Main, New York 2002, S. 9–49.

Sebastian Conrad, Vergleich, Transfer, transnationale und globalgeschichtliche Perspektiven. Geschichte der Geschichtsschreibung jenseits des Nationalstaates am japanischen Beispiel), in: Jan Eckel u. Thomas Etzemüller (Hrsg.), Neue Zugänge zur Geschichte der Geschichtswissenschaft 2007, S. 230–254.

Christy Constantakopoulou, The Dance of the Islands. Insularity. Networks, The Athenian Empire and the Aegean World, Oxford 2007.

Thomas J. Dandelet, The Spanish Rome, 1500–1700, New Haven 2001.

Thomas J. Dandelet und John A. Marino, Introduction, in: dies. (Hrsg.), Spain in Italy. Politics, Society and Religion 1500–1700, Leiden 2010, S. 1–18.

Joachim Georg Darjes, Erste Gründe der Cameral-Wissenschaft darinnen die Haupt-Theile so wohl der Oeconomie als auch der Policey und besonden Camerl-Wissenschaft in ihrer natürlichen Verknüpfung zum Gebrauch seiner academischen Fürlesung, Jena 1756.

Jean-Claude Debeir, Jean-Paul Deléage, Daniel Hémery, Les servitudes de la puissance. Une histoire de l'énergie, Paris 1986.

Gerard Delanty (Hrsg.), Europe and Asia Beyond East and West, London, New York 2006.

Vicent Descombes, Louis Dumont ou les outils de la Tolérance, in: Esprit 253 (1999), S. 65–85.

Wolfgang Detel, Grundkurs Philosophie, Band 4: Erkenntnis- und Wissenschaftstheorie, Stuttgart 2007.

Béatrice Didier, Le métissage de L'Encyclopédie à la Révolution. De l'anthropoologie à la politique, in: Métissages, I: Littérature-Histoire, Cahiers CRLH_CIRAOI 7, Paris 1991, S. 11–24.

Wilhelm Dilthey, Der Aufbau der geschichtlichen Welt in den Geisteswissenschaften (Gesammelte Schriften, Band 7), Stuttgart, Göttingen 1992 (8. Aufl.).

Pathe Diop, Cheikh Anta Diop et l'Afrique dans l'histoire du monde, Paris 1997.

Arif Dirlik, Modernity as History. Post-revolutionary China, Globalization and the Question of Modernity, in: Social History 27, 1 (2002), S. 16–39.

Georges Duhamel, Combat contre les ombres, Paris 1939.

Richard van Dülmen, Historische Anthropologie, Köln, Weimar, Wien 2001.

John Edwards, Spain of the Catholic Monarchs, 1474–1520, Oxford u.a. 2000.

Joachim Ehlers, Die Entstehung des Deutschen Reiches, München 1994.

Norbert Elias, Gedanken über die große Evolution. Zwei Fragmente, in: ders. Engagement und Distanzierung, hg. v. Michael Schröter, (Gesammelte Schriften 8), Frankfurt am Main 2003, S. 283–366.

John H. Elliott, Imperial Spain 1469–1716, London 1965.

John H. Elliott, National and Comparative History, Oxford 1991.

Michel Espagne und Michael Werner, Deutsch-französischer Kulturtransfer im 18. und 19. Jahrhundert. Zu einem neuen interdisziplinären Forschungsprogramm des CNRS, in: Francia 13 (1986), S. 502–510.

Aurelio Espinosa, The Empire of the Cities. Emperor Charles V, the "comunero" Revolt, and the Transformation of the Spanish System, Leiden 2009.

Gisela Febel, Das Diverse und das Unberechenbare. Über die Thesen Edouard Glissants zu transkulturellen Prozessen und die Rolle der Literatur, in: Heinz Antor (Hrsg.), Inter- und transkulturelle Studien. Theoretische Grundlagen und interdisziplinäre Praxis, Heidelberg 2006, S. 63–80.

Lucien Febvre und François Crouzet, Nous sommes des sang-mêlés, Paris 2012.

Lucien Febvre, Sur une nouvelle collection d'Histoire, in: Annales ESC 9, 1 (1954), S. 1–6.

Felipe Fernández Armesto, Before Columbus. Exploration and Colonisation from the Mediterranean to the Atlantic (1229–1492), Houndsmill, London 1987.

Charles Forsdick, Travel in Twentieth-century French and Francophone cultures: the Persistence of Diversity, Oxford 2005.

Michel Foucault, Die Ordnung der Dinge, Frankfurt am Main 1974.

Michel Foucault, Archäologie des Wissens, Frankfurt am Main 1981.

Michel Foucault, Die „Gouvernementalität" (Vortrag), in: ders, Analytik der Macht, übersetzt von Reiner Ansén u.a., Frankfurt am Main 2005, S. 148–174.

Elizabeth Fox-Genoves, The Origins of Physiocracy. Economic Revolution and Social Order in Eighteenth-Century, Ithaca, London 1976.

Sigmund v. Frauendorfer, Ideengeschichte der Agrarwirtschaft und Agrarpolitik im deutschen Sprachgebiet, Bd. 1, Bonn u.a. 1957.

George M. Frederickson, Racism: A Short History, Princeton, Oxford 2015.

Martin Fuchs, Kampf um Differenz. Repräsentation, Subjektivität und soziale Bewegungen, Frankfurt am Main 1999.

François Furet und Jacques Ozouf, Trois siècles de métissage culturel, in: Annales HSS 32, 3 (1977), S. 488–502.

François Furet und Jacques Ozouf, Lire et Écrire. L'alphabétisation des français de Calvin à Jules Ferry, Band 1, Paris 1977.

Wolfgang Gabbert, Becoming Maya. Ethnicity and Social Inequalilty in Yucatán since 1500, Tucson 2004.

Néstor García Canclini, Culturas híbridas y estrategias comunicacionales, in: Estudios sobre las Culturas Contemporaneas 3, 5 (1997), S. 109–128.

L'Abbé Geinoz, Défense d'Hérodote contre les accusations de Plutarque, in: Histoire d'Hèrodote, traduit du Grec. Avec des Remarques Historiques et Critiques, un Essai sur la Chronologie d'Hérodote, et une Table Géographique, Band 6, Paris 1802, S. 515–568.

Hans-Werner Gensichen, Missionsgeschichte der neueren Zeit, Göttingen 1961.

Édouard Glissant, Tout-monde, Paris, 1993.

Camilo Gómez-Rivas, Law and the Islamization of Morocco under the Almoravids. The Fatwās of Ibn Rushd al-Jadd to the Far Maghrib, Leiden 2014.

C. González, Alfonso X y la conquista de la otredad, Nueva Revista de Filología Hispánica 51, 1 (2003), S. 205–212.

Horst Gründer, „Neger, Kanaken und Chinesen zu nützlichen Menschen erziehen", in: ders., Christliche Heilsbotschaft und weltliche Macht, Münster 2004, S. 227–245.

Serge Gruzinski, Découverte, conquête et communication dans l'Amérique ibérique. Avant les mots, au-delà des mots, in: Laurier Turgeon, Denys Delâge u. Réal Ouellet (Hrsg.), Transferts culturels et métissages Amérique/Europe (XVIe–XXe siècle)/Cultural Transfer, America and Europe. 500 Years of Interculturation, Paris 1996, S. 141–154.

Serge Gruzinski, La pensée métisse, Paris 1999.

Serge Gruzinski, Les quatre parties du monde, Paris 2004.

Jean-Marie Guehenno, The End of the Nation-State, (Org. Frz.: La fin de la démocratie 1993), Minneapolis 1995.

Sylvain Gouguenheim, Aristoteles auf dem Mont Saint-Michel. Die griechischen Wurzeln des christlichen Abendlandes, übersetzt von Jochen Grube, Darmstadt 2011.

Dimitri Gutas, Greek Thought, Arabic Culture: The Graeco-Arabic Translation Movement in Baghdad and Early Abbasid Society (2nd–4th/8th–10th Centuries). London 1998.

Harald Haarmann, Alteuropa. Eine interdisziplinäre Expedition zu den Ursprüngen der sprachlichen und kulturellen Vielfalt Europas, in: Michael Gehler u. Sivio Vietta (Hrsg.), Europa – Europäisierung – Europäistik. Neue wissenschaftliche Ansätze, Methoden und Inhalte, (=Arbeitskreis Europäische Integration 7), Wien, Köln, Weimar 2011, S. 39–74.

Maurice Halbwachs, La mémoire collective, Paris 1997.

Alwin Hanschmidt, Panslawismus – Pangermanismus – Panromanismus. Übernationale Kulturen oder machtpolitische Ideologien?, in: Hermann von Laer u. Klaus-Dieter Scheer (Hrsg.), Münster 2004, S. 139–162.

Michael Hardt und Antonio Negri, Empire, Cambridge, London, 2000.

A. Katie Harris, From Muslim to Christian Granada. Inventing a City's Past in Early Modern Spain, Baltimore 2007.

Heinz-Gerhard Haupt, Sozialgeschichte Frankreichs seit 1789, Frankfurt am Main 1989.

Heinz-Gerhard Haupt u. Jürgen Kocka, Historischer Vergleich. Methoden, Aufgaben, Probleme. Eine Einleitung, in: dies. (Hrsg.), Geschichte und Vergleich. Ansätze und Ergebnisse international vergleichender Geschichtsschreibung, Frankfurt am Main, New York 1996, S. 9–45.

Heinz-Gerhard Haupt und Jürgen Kocka, Comparative History. Methods, Aims, Problems, in: Deborah Cohen u. Maura O'Connor (Hrsg.), Comparsion and History. Europa in Cross-National Perspective, New York, London 2004, S. 23–39.

Paul Hazard, La pensée europeénne au XVIIIème siècle de Montesquieu à Lessing, Paris 1946 (dt. Die Herrschaft der Vernunft: Das europäische Denken im 18. Jahrhundert, Frankfurt 1949).

Georg Wilhelm Friedrich Hegel, Vorlesungen über die Philosophie der Weltgeschichte, Band 1: Die Vernunft in der Geschichte, Hamburg 1955.

Georg Wilhelm Friedrich Hegel, Philosophie der Geschichte. Die neue Zeit, Auf Grund der Handschrift hg. v. Georg Lasson, Hamburg 1976 (Nachdruck mit ergänzten Literaturhinweisen).

Martin Heidegger, Historische Begriffsbildung und wissenschaftliches Erkennen. Wirklichkeit als heterogenes Kontinuum, in: Gesamtausgabe, ii. Abteilung: Vorlesungen (1919), Bd 56/57: Zur Bestimmung der Philosophie, hg. v. Bernd Heimbüchel, Frankfurt am Main 1999 (2., durchgesehene u. ergänzte Aufl.).

Folkert Hensmann, Staat und Absolutismus im Denken der Physiokraten. Ein Beitrag zur physiokratischen Staatsauffassung von Quesnay bis Turgot, Frankfurt am Main 1976.

Johann Gottfried von Herder, Auch eine Philosophie der Geschichte zur Bildung der Menschheit, Riga 1774.

Max S. Hering Torres, Limpieza de sangre en España un modelo de interpretación, in: Nikolaus Böttcher, Bernd Hausberger u. ders. (Hrsg.), El peso de la sangre. Limpios, mestizos y nobles en el mundo hispánico, Mexiko 2011, S. 29–62.

Marius Hetzel, Die Anfechtung der Rassenmischehe in den Jahren 1933–1939. Die Entwicklung der Rechtsprechung im Dritten Reich. Anpassung und Selbstbehauptung der Gerichte, Tübingen 1997.

John Hirst, The Shortest History of Europe, Tiverton 2010.

Eric Hobsbwam, On History, London 1997.

Henry Hodges, Technology in the Ancient World, Harmondsworth 1970.

Ronnie Po-Chia Hsia, The World of Catholic Renewal 1540–1770, Cambridge 1998.

Peter Hulme, Including America, in: Ariel 26, 1 (1995), S. 117–123.

Samuel Huntington, Kampf der Kulturen. Die Neugestaltung der Weltpolitik im 21. Jahrhundert, München 1996.

Edmund Husserl, Die Krisis der europäischen Wissenschaften und die transzendentale Phänomenologie. Ergänzungsband – Texte aus dem Nachlass 1934–1937, hg. v. Reinhold N. Smid, Husserliana 29, Dordrecht, Boston, London 1993.

Vera Isaiasz u. Matthias Pohlig, Soziale Ordnung und ihre Präsentationen. Perspektiven der Forschungsgeschichte „Stadt und Religion ", in: Vera Isaiasz u.a. (Hrsg.), Stadt und Religion in der frühen Neuzeit. Soziale Ordnung und ihre Repräsentationen, Frankfurt, New York 2007, S. 9–32.

Hans Joas und Peter Vogt, Einleitung, in: dies. (Hgs.), Begriffene Geschichte. Beiträge zum Werk Reinhart Kosellecks, Berlin 2011.

Hartmut Kaelble, Der historische Vergleich. Eine Einführung zum 19. und 20. Jahrhundert, Frankfurt am Main, New York 1999.

Hartmut Kaelble, Die interdisziplinären Debatten über Vergleich und Transfer, in: ders. u. Jürgen Schriewer (Hrsg.), Vergleich und Transfer. Komparatistik in den Sozial-, Geschichts- und Kulturwissenschaften, Frankfurt am Main 2003, S. 469–493.

Henry Kamen, Crisis and Change in Early Modern Spain, Aldershot 1993.

Henry Kamen, Spain's Road to Empire. The Making of a World Power (1492–1576), London 2003.

Rainer Kipper, Der Germanenmythos im Deutschen Kaiserreich: Formen und Funktionen, Göttingen 2002.

Harald Kleinschmidt, Ruling the Waves. Emperor Maximilian I., the Search for Islands and the Transformation of the Euorpean World Picture c. 1500, `t Goy-Hoten 2008.

Harm Klueting, Das Konfessionelle Zeitalter (1525–1648), Stuttgart 1989.

Jürgen Kocka, Theorien in der Sozial und Gesellschaftsgeschichte. Vorschläge zur historischen Schichtungsanalyse, in: Geschichte und Gesellschaft 1, 1 (1975), S. 9–42.

Jürgen Kocka, Asymmetrical Historical Comparison. The Case oft he German Sonderweg, in: History and Theory 38, 1 (1999), S. 40–50.

Jürgen Kocka, Comparison and Beyond, in: History and Theory 42, 1 (2003), S. 39–44.

Alfred Kohler, Karl V. 1500–1558. Eine Biographie, München 1999.

Richard Konetzke, Das spanische Weltreich. Grundlagen und Entstehung, München 1943.

Reinhart Koselleck, Das achtzehnte Jahrhundert als Beginn der Neuzeit, in: Reinhart Herzog u. ders. (Hrsg.), Epochenschwelle und Epochenbewusstsein, München 1987, S. 269–282.

Andreas Kraus, Die Bedeutung der deutschen Akademien des 18. Jahrhunderts für die historische und naturwissenschaftliche Forschung, in: Fritz Hartmann u. Rudolf

Vierhaus (Hrsg.), Der Akademiegedanke im 17. und 18. Jahrhundert, Bremen, Wolfenbüttel 1977, S. 139–170.

Giovanni Levi, Das immaterielle Erbe. Eine bäuerliche Welt an der Schwelle zur Moderne, Berlin 1986.

Claude Lévi-Strauss, Le crue et le cuit, Paris 2009 [1964].

Françoise Lionnet, „Logiques métisses", Cultural Appropriation and Postcolonial Representations, in: College Literature 19/20, 3/1 (1992–1993), S. 100–120.

Seymour Martin Lipset, History and Sociology. Some Methodological Considerations, in: ders. u. Richard Hofstadter (Hrsg.), Sociology and History: Methods, New York, London 1968, S. 20–58.

Geoffrey E.R. Lloyd, Early Greek Science. Thales to Aristotle, New York 1970.

Derek W. Lomax, The Reconquest of Spain, London u.a. 1978.

E.A. Lowe, The Beneventan Script. A History of the South Italian Miniscule, London 1914.

Niklas Luhmann, Gesellschaft der Gesellschaft II, Frankfurt am Main 1997.

Albrecht P. Luttenberger, Kurfürsten, Kaiser und Reich. Politische Führung und Friedenssicherung unter Ferdinand I. und Maximilian II., Mainz 1994.

John Lynch, Spain 1516–1598. From Nation State to World Empire, Oxford u.a. 1996.

Alex Mac Gillivray, Globalization. The Untold Story of our Incredible Shrinking Planet, London 2006.

Irad Malkin, A Small Greek World, Oxford 2011.

Karl Mannheim, Die Strukturanalyse der Erkenntnistheorie, Vaduz 1991 [Org. 1922].

Suzanne L. Marchand, Down from Olympus. Archaeology and Philhellenism in Germany, 1750–1970, Princeton 1996.

Regine Maraszek, Die Himmelsscheibe von Nebra, Halle 2008.

Humberto R. Maturana und Francisco J. Varela, Autopoiesis. The Organization of the Living, Dordrecht, Boston, London 1980.

William H. McNeill, The Shape of European History, New York 1974.

William H. McNeill, Polyethnicity and National Unity in World History, Toronto 1985.

Hans Medick, Grenzziehung und die Herstellung des politisch-sozialen Raumes, in: Richard Faber u. Barbara Neumann (Hrsg.), Literatur der Grenze. Theorie der Grenze, Würzburg 1995, S. 211–224.

Friedrich Meinecke, Germanischer und romanischer Geist im Wandel der deutschen Geschichtsauffassung, in: Historische Zeitschrift 115, 3 (1916), S. 516–536.

Friedrich Meinecke, Kausalitäten und Werte in der Geschichte, in: Historische Zeitschrift 137, 1 (1928), S. 1–27.

Stefan Meinecke, Friedrich Meinecke. Persönlichkeit und politisches Denken bis zum Ende des Ersten Weltkrieges, Berlin, New York 1995.

María Rosa Menocal, Why Iberia?, in: Diacritics 36, 3–4 (2006), S. 7–11.

Dieter Mertens, Christen und Juden zur Zeit des ersten Kreuzzuges, in: Bernd Martin u. Ernst Schulin (Hrsg.), Die Juden als Minderheit in der Geschichte, München 1981, S. 46–67.

Walter Mignolo, The Dark Side of the Reinaissance. Literacy, Territoriality, and Colonization, Ann Arbor 1995.

Walter Mignolo, Local Histories/ Global Designs. Coloniality, Subaltern Knowledges, and Border Thinking, Princeton 2000.

Leslie Page Moch. Moving Europeans. Migration in Western Europe since 1650, Bloomington, Indianapolis 2003.

Arnaldo Momigliano, Alien Wisdom, Cambridge 1975.

Theodor Mommsen, Römische Geschichte. Bd 2: Bis zur Schlacht von Pydna, Berlin 1856 (2. Aufl.).

Theodor Mommsen, Römische Geschichte. Bd 1: Bis zur Schlacht von Pydna, Berlin 1881.

J.-F. C. Morand, L'art d'exploiter les mines de charbon de terre, Vol. I: Du charbon de terre et ses mines, Paris, 1768/1771.

Edgar Morin, La nature de la nature, Paris 1977.

Edgar Morin, Introduction à la pensée complexe, Paris 2005 [Org. 1990].

Friedrich Max Müller, Indien in seiner weltgeschichtlichen Bedeutung. Vorlesungen gehalten an der Universität Cambridge, übersetzt von A. Cappeller, Leipzig: Engelmann 1884.

Alina Mungiu-Pippidi, Europeanization of South-East Europe, in: dies. u. Wim Van Meurs (Hrsg.), Ottomans into Europeans. State und Institution Building in South-East Europe, London 2010, S. 305–319.

Ashis Nandy, The Intimate Enemy. Loss and Recovery of Self under Colonialism, New Delhi u.a. 1983.

Efthymios Nicolaidis, Science and Eastern Orthodoxy. From the Greek Fathers to the Age of Globalization, übersetzt von Susan Emanuel, Baltimore 2011.

Barthold Georg Niebuhr, Historische und philologische Vorträge. Die makedonischen Reiche. Hellenisierung des Orients. Untergang des alten Griechenlands. Die römische Weltherrschaft, Berlin 1851.

David Nierenberg, Neighboring Faiths. Christianity, Islam, and Judaism in the Middle Ages and Today, Chicago, London 2014.

Pierre Nora, Entre Mémoire et Histoire, in: Les Lieux de Mémoire. Band 1: La République, Paris 1984.

Mathieu Olivier, Geschichtsschreibung im mittelalterlichen Preußen und historio-graphischer Wissenstransfer (13.–15. Jahrhundert), in: Anne Klammt u. Sébastien Rossignol (Hrsg.), Mittelalterliche Eliten und Kulturtransfer östlich der Elbe. Interdis-ziplinäre Beiträge zu Archäologie und Geschichte im mittelalterlichen Ostmitteleuropa, Göttingen 2009, S. 151–168.

Jürgen Osterhammel, Die Verwandlung der Welt. Eine Geschichte des 19. Jahrhunderts, München 2009.

Mark Overton, Agricultural Revolution in England. The Transformation of the Agrarian Economy (1500–1800), Cambridge u.a. 1996.

Mona Ozouf, L'homme régénéré, Paris 1989.

Clemens Picht, Handel, Politik und Gesellschaft. Zur wirtschaftspolitischen Publizistik Englands im 18. Jahrhundert, Göttingen, Zürich 1993.

Horst Pietschmann, Staat und staatliche Entwicklung am Beginn der spanischen Kolonisa-tion Amerikas, Münster 1980.

Henri Pirenne, Mohamed and Charlemagne, New York 1939.

Sidney Pollard, Peaceful Conquest. The Industrialization of Europe (1760–1970), Oxford 1981.

Roy Porter, Enlightenment. Britain and the Creation of the Modern World, London u.a. 2000.

Mary Louise Pratt, Imperial Eyes Travel Writing and Transculturation London 1992.

Howard Prescott Webb, The Great Frontier, Austin 1964.

Volker Press. Die Bundespläne Kaiser Karls V. und die Reichsverfassung, in: Heinrich Lutz (Hg.), Das römisch-deutsche Reich im politischen System Karls V., München/Wien 1982, S. 55–107.

Sally Price und Richard Price, Shadowboxing in the Mangroves, in: Cultural Anthropology 12, 1 (1997), S. 3–36.

Shalini Randeira, Geteilte Geschichte und verwobene Moderne, in: Jörn Rüsen, Hanna Leitgeb u. Norbert Jegelka (Hrsg.), Zukunftsentwürfe. Ideen für eine Kultur der Veränderung, Frankfurt am Main, New York 2000, S. 87–96.

Terence Ranger, The Invention of Traditon in Colonial Africa, in: The Invention of Tradition, hg. v. Eric Hobsbawm und Terence Ranger, Cambridge 1983, 211–262.

Leopold v. Ranke, Fürsten und Völker von Süd-Europa im sechzehnten und siebzehnten Jahrhundert, Bd. 1, Hamburg 1827.

Leopold v. Ranke, Deutsche Geschichte im Zeitalter der Reformation, 5 Bde, 1839–1843.

Leopold Ranke, Über die Zeiten Ferdinand's I. und Maximilian's II. Bruchstück von Betrachtungen über die deutsche Geschichte, in: Historisch-politische Zeitschrift 1 (1832), S 223–339.

Sabine Rau, Erinnerungskultur. Zu den theoretischen Grundlagen frühneuzeitlicher Geschichtsschreibung und ihrer Rolle bei der Ausformung kultureller Gedächtnisse in: Jan Eckel u. Thomas Etzemüller (Hrsg.), Neue Zugänge zur Geschichte der Geschichtswissenschaft, Göttingen 2007, S. 135–170.

Wolfgang Reinhard und Heinz Schilling (Hrsg.), Die katholische Konfessionalisierung, Münster 1995.

Wolfgang Reinhard, Was ist katholische Konfessionalisierung?, in: Reinhard u. Schilling (Hg.), 1995, S. 419–452.

Jacques Revel, Jeux d'échelles. La micro-analyse à l'expérience, Paris 1996.

Nicholas J. Richardson, Panhellenic Cults and Panhellenic Poets, in: Cambridge Ancient History (2. Auflage), Band 5. Cambridge 1992.

Gerhard Ritter, Die Neugestaltung Deutschlands und Europas im 16. Jahrhundert, Frankfurt am Main 1967.

Heinrich Ritter, Geschichte der pythagorischen Philosophie, Hamburg 1826.

Rüdiger Safranski, Wieviel Globalisierung verträgt der Mensch?, Frankfurt am Main 2003.

Peter Sahlins, Boundaries. The Making of France and Spain in the Pyrenees. Berkeley 1989.

Peter Sahlins, Unnaturally French. Foreign Citizens in the Old Regime and After, Ithaca 2004.

Edward W. Said, Orientalism, New York 1978 (dt. Orientalismus; Frankfurt am Main 2009).

Edward W. Said, Culture and Imperialism, New York 1993.

Jean-Michel Sallmann, Charles Quint. L'émpire éphémère, Paris 2000.

Montserrat Salvat u.a., Seasonality of Marriages in Spanish and French Parishes in the Cerdanya Valley (Eastern Pyrenees), in: Journal of Biosocial Science 29 (1997), S. 51–62.

Evelyne C. Samama, Etymologies des métissages, in: Bernard Grundberg u. Monique Lakroum (Hrsg.), Histoire des métissages hors d'Europe. Nouveaux mondes? Nouveaux peuples?, Paris, Montréal 1999, S. 13–24.

Javier Sanjinés C., Mestizaje Upside Down. Subaltern Knowledges and the Knon, in: Nepantla 3, 1 (2002), S. 39–60.

Philipp Sarasin, Darwin und Foucault. Genealogie und Geschichte im Zeitalter der Biologie, Frankfurt am Main 2009.

George Sarton, Ancient Science and Modern Civilization, New York 1959.

Jean-Paul Sartre, Critique de la raison dialectique. Band 1, Buch 2: Du groupe à l'Histoire, Paris 1985 (2. Aufl.).

Heinz Schilling, Konfessionskonflikt und Staatsbildung. Eine Fallstudie über das Verhältnis von religiösem und sozialem Wandel in der Frühneuzeit am Beispiel der Grafschaft Lippe, Gütersloh 1981.

Heinz Schilling, Die Konfessionalisierung von Kirche, Staat und Gesellschaft. Profil, Leistung, Defizite und Perspektiven eines Geschichtswissenschaftlichen Paradigmas, in: Reinhard u. Schilling (Hrsg.), 1995, S. 1–49.

Friedrich Schleiermacher, Geschichte der Philosophie, Friedrich Schleiermacher's sämmtliche Werke, 3. Abtheilung: Zur Philosophie, 4 Bd, 1. Teil, hg. v. Heinrich Ritter, Berlin 1839.

Wolfgang Schmale, Historische Komparatistik und Kulturtransfer. Europageschichtliche Perspektiven für die Landesgeschichte. Eine Einführung unter besonderer Berücksichtigung der Sächsischen Landesgeschichte, Bochum 1998.

Wolfgang Schmale, Die Bedeutung der Europäistik für die Geschichtswissenschaften, in: Michael Gehler u. Sivio Vietta (Hg.), Europa – Europäisierung – Europäistik, Wien 2010, S. 111–120.

Daniel Schönpflug, Revolution und „Erhebung", in: Gisela Bock u. ders (Hrsg.), Friedrich Meinecke in seiner Zeit: Studien zu Leben und Werk, Stuttgart 2006, S. 21–49.

Luise Schorn-Schütte, Kaiser zwischen Mittelalter und Neuzeit, München 2000.

Ernst Schulin, Karl V. Geschichte eines übergroßen Wirkungsbereiches, Stuttgart 1999.

Robert Eden Scott, Inquiry into the Limits and Peculiar Objects of Physical and Metaphysical Science, Tending Principally to Illustrate the Nature of Causation; and the Opinions of Philosophers, Ancient and Modern, Concerning that Relation, London 1810.

Peter Sloterdijk, Globen. Makrosphärologie, Frankfurt am Main 1999.

Peter N. Stearns, Globalization in World History, London, New York 2010.

Ann Laura Stoler, Along the Archival Grain. Epistemic Anxieties and Colonial Common Sense, Oxford/Princeton 2009.

Ryan Szpiech, The Convivencia Wars: Historiography's Polemic with Philology, in: ders. (Hrsg.), A Sea of Languages: Rethinking the Arabic Role in Medieval Literary History, Toronto 2013, S. 135–161.

Charlotte Tacke, Denkmal im sozialen Raum. Nationale Symbole in Deutschland und Frankreich im 19. Jahrhundert, Göttingen 1995.

Charlotte Tacke, Nationale Symbole in Deutschland und Frankreich, in: Haupt/Kocka, Geschichte und Vergleich, 1996, S. 131–154.

Håkan Tell, Sages at the Games. Intellectual Displays and Dissemination of Wisdom in Ancient Greece, in: Classical Antiquity 26, 2 (2007), S. 249–275.

Dietrich Tiedemann, Griechenlands erste Philosophen, oder Leben und Systeme des Orpheus, Leipzig 1780.

Michael Theunissen, Der Andere. Studien zur Sozialontologie der Gegenwart, Berlin 1965.

Nicholas Thomas, Entangled Objects. Exchange, Material Culture, and Colonialism in the Pacific, Cambridge, London 1991.

E.P. Thompson, The Making of the English Working Class, London 1968 [2. mit Nachwort versehene Aufl.].

Alfonso de Toro und Charles Bonn (Hrsg.), Le Maghreb *writes back*. Figures de l'hybridité dans la culture et la littérature maghrébines, Hildesheim u.a.: Olms Verlag 2009.

Filiz Turhan, The Other Empire. British Romantic Writings about the Ottoman Empire, New York, London 2003.

Arnold Toynbee, A Study of History. Abridgement of Volumes 1–6, hg.v. D.C. Somervell, New York, Oxford 1974 (1946) (dt.: Der Gang der Weltgeschichte. Bd. 1: Aufstieg und Verfall der Kulturen, München 1979).

José Vasconcelos, La raza cósmica, México 2010 [Org. 1925].

Marc Venard, Volksfrömmigkeit und Konfessionalisierung in: Reinhard u. Schilling (Hg.), 1995, S. 258–270.

Alan Verskin, Islamic Law and the Crisis of the Reconquista. The Debate on the Status of Muslim Communities in Christendom, Leiden 2015.

Voltaire, Abrégé de l'histoire universelle de Charlemagne jusques à Charlesquint, Bd I, London 1753.

Peter Wade, Rethinking Mestizaje. Ideology and Lived Experience, in: Journal of Latin American Studies 37 (2005), S. 239–257.

Max von Waldberg, Eine deutsch-französische Literaturfehde, in: Deutschkundliches. Festschrift für Friedrich Panzer zum 60. Geburtstag, hg. v. Hans Teske, Heidelberg 1930, S. 87–116.

Max Weber, Gesammelte Aufsätze zur Wissenschaftslehre. Hrsg. von Johannes Winckelmann. Tübingen 1985 (6. Aufl.).

Wolfgang Weber, Völkische Tendenzen in der Geschichtswissenschaft, in: Handbuch zur „Völkischen Bewegung" 1871–1918, hg. v. Uwe Puschner, Walter Schmitz, Justus H. Ulbricht, München 1996, S. 834–958.

Michael Werner und Bénédicte Zimmerman, Vergleich, Transfer, Verflechtung, in: Geschichte und Gesellschaft, 28 (2002), S. 607–636.

Michael Werner und Bénédicte Zimmermann, Beyond Comparsion. *Histoire croisée* and the Challenge of Reflexivity, in: History and Theory 45 (2006), S. 30–50.

Georges Weulersee, Le mouvement physiocratique en France (de 1756 à 1770), Bd. 1, Paris u.a. 1968 [org. 1910].

Hayden White, Auch Klio dichtet oder Die Fiktion des Faktischen: Studien zur Tropologie des historischen Diskurses, übersetzt von Brigitte Brinkmann-Siepmann und Thomas Siepmann, Stuttgart 1991.

Heinrich August Winkler, Geschichte des Westens. Von den Anfängen in der Antike bis zum 20. Jahrhundert, München 2009.

E. Anthony Wrigley, Energy and the English Industrial Revolution, Cambridge u.a. 2010.

Walter Ziegler, Die Entscheidung deutscher Länder für oder gegen Luther, Münster 2008.

Personen- und Sachverzeichnis

A

Africanité, 49
Agamben, Giorgio, 37, 38
Ägypter, 75
Alexander der Große, 73
Altes Griechenland, 67–69, 72, 73, 75, 79
Antike, 20
Archäologie, 75
Asymmetrie, 47, 49, 51, 56, 67, 74, 110, 156

B

Bastard, 70, 72, 133, 134, 138
Bayern, 109
Begriffsgeschichte, 32, 34–38, 42, 114, 132–134
Beneventa, 81
Bhabha, Homi, 12, 43, 52
Boas, Franz, 18, 19
Borgolte, Michael, 12
Boucheron, Patrick, 13
Bourdieu, Pierre, 35, 65, 115
Braudel, Fernand, 84, 103–106, 111, 113, 114

C

Canclini, Néstor, 12, 44, 45
Césaire, Aimé, 49, 50
Chaldäer, 75

Chemie, 121
Christentum, 83–86, 90, 123
Chronologie, 122
contact zone, 117
Convivencia, 85, 87, 90, 92, 135
Créolité, 49, 50, 59

D

Deutsches Reich, 95, 98–102, 106, 117, 135
Diachronie, 130, 143, 150
Dialekt, 19
Dichotomie, 4, 10, 29, 49
Dilthey, Wilhelm, 32, 144, 150
Diskretum, 33
Dualismus, 31, 47, 87, 93

E

Einfluss, 155
Elias, Norbert, 35, 36
entangled history, 68
Entität, 9, 18, 32, 158
Episteme, 7
Epistemogenese, 7
Epistemologie, 14, 21, 36, 40, 41, 46, 61, 157
Ethnologie, 8
Etrusker, 69–71

© Springer Fachmedien Wiesbaden GmbH, ein Teil von Springer Nature 2019
H. Wendt, *Geschichte des mestizischen Europas*,
https://doi.org/10.1007/978-3-658-22458-5

The manufacturer's authorised representative in the EU is Springer
Nature Customer Service Centre GmbH, Europaplatz 3, 69115 Heidelberg,
Germany. If you have any concerns regarding our products, please
contact ProductSafety@springernature.com

Printed and bound by CPI Group (UK) Ltd, Croydon, CR0 4YY
28/04/2026
02098479-0008